U0639517

國家社科基金重大委托項目"《子海》整理與研究"成果

山東省社科規劃重大委托項目成果

子海精華編

主編 王承略 聶濟冬

求闕齋讀書錄

[清] 曾國藩 撰 安忠義 點校

山東人民出版社·濟南

國家一級出版社 全國百佳圖書出版單位

圖書在版編目（CIP）數據

求闕齋讀書録／（清）曾國藩撰；安忠義點校．－－濟南：山東人民出版社，2018.9

（子海精華編／王承略，聶濟冬主編）

ISBN 978－7－209－11537－7

Ⅰ．①求… Ⅱ．①曾… ②安… Ⅲ．①國學—研究—中國—清代 Ⅳ．①Z126.275.2

中國版本圖書館 CIP 數據核字（2018）第 180070 號

責任編輯：李　濤
封面設計：武　斌

求闕齋讀書録
QIUQUEZHAI DUSHULU
［清］曾國藩 撰　安忠義 點校

主管部門　山東出版傳媒股份有限公司
出版發行　山東人民出版社
出 版 人　胡長青
社　　址　濟南市英雄山路 165 號
郵　　編　250002
電　　話　總編室（0531）82098914
　　　　　市場部（0531）82098027
網　　址　http：//www.sd－book.com.cn
印　　裝　山東臨沂新華印刷物流集團有限責任公司
經　　銷　新華書店

規　　格　32 開（148mm×210mm）
印　　張　11.5
字　　數　200 千字
版　　次　2018 年 9 月第 1 版
印　　次　2018 年 9 月第 1 次
ISBN 978－7－209－11537－7
定　　價　76.00 圓

如有印裝質量問題，請與出版社總編室聯繫調換。

國家社科基金重大委托項目"《子海》整理與研究"成果之一

《子海精華編》

工作委員會

主　　任：樊麗明　王清憲

副 主 任：李建軍　胡金焱　劉致福　張志華

委　　員（按姓氏筆畫排列）：

王　飛　　王　偉　　王君松　　王學典　　方　輝　　巴金文

邢占軍　　杜　福　　李平生　　李劍峰　　吳　臻　　胡長青

孫鳳收　　陳宏偉　　劉丕平　　劉洪渭

編纂委員會

學術顧問：安平秋　周勛初　葉國良　林慶彰　池田知久

總 編 纂：鄭傑文（首席專家）　王培源

副總編纂：王承略　劉心明

委　　員（按姓氏筆畫排列）：

王　瑋　　王　震　　王小婷　　王國良　　李　梅　　李士彪

李玉清　　何　永　　宋開玉　　苗　菁　　郝潤華　　姜　濤

馬慶洲　　秦躍宇　　高海安　　陳元峰　　黃懷信　　張　兵

張曉生　　單承彬　　蔡先金　　漆永祥　　鄧駿捷　　劉　晨

聶濟冬　　蘭　翠　　竇秀艷

《子海精華編》出版說明

"子海"，即"子書淵海"的簡稱。"《子海》整理與研究"課題係國家社科基金重大委托項目、山東省社科規劃重大委托項目。該課題分《珍本編》《精華編》《研究編》《翻譯編》四個版塊，力圖把子部珍稀文獻、精華文獻進行深層次的整理、研究和譯介，挖掘子部文獻的價值，促進子學研究的發展。

山東大學向來以文史見長。古籍整理與子學研究，是其中的傳統研究方向。"《子海》整理與研究"，是在山東大學前輩學者高亨先生積三十年之力陸續做成的《先秦諸子研究文獻目錄》的基础上，由已故著名古籍整理與研究專家董治安先生參與策劃、設計的大型綜合研究課題。課題立項後，得到了宣传部、教育部、財政部、山東省政府和山東大學的大力支持，學界同仁踴躍參與。《精華編》的整理研究團隊近兩百人，來自海內外四十八所高校和研究機構。在組織管理上，《精華編》努力探索傳統文化研究協同創新的新體制、新機制，現已呈現出活力和實效。

華夏文明是由多元文化構築而成的。中國古代子部典籍，以歷代士人個性化作品的形式,系統性地展示了華夏民族的世界觀和方法論,立體性地反映了中華民族對世界文明發展的貢獻。其中,無論是宏篇大論,還是叢殘小語,都激蕩着歷史的聲音,閃爍着智慧的光芒,構成中國古代思想、藝術、科技和生活方式的主體内容。《精華編》通過對子部最优秀的典籍的整理,一方面擷英取粹,爲華夏文明的傳播提供可靠的資源和文本;另一方面以古鑒今,爲當下社會的發展提供智力支持和精神支撑。並希望進而梳理中華傳統文化的多元結構,繼承中華優秀傳統文化的一貫文脈。

根據漢代以後子學發展和子部典籍的實際情況,参照官私目録的分類與著録,《精華編》選取先秦諸子、儒學、兵家、法家、農家、醫家、曆算、術數、藝術、雜家、小説家、譜録、釋道、類書等十四個類目的要籍幾百種,編爲目録,作爲整理的依據,而在成果展現上則不出現具體的類目。爲統一體例,便於工作,《精華編》編有詳細的《整理細則》,并有簡明的《整理要則》,供整理者遵循使用。

《精華編》整理原則是,對每種子書的整理,突出學術性、資料性和創新性,力求吸納已有的整理成果,推出更具参考價值、更方便閲讀的整理文本。所采用的整理方式,大體有三種:一、部頭較大且前人未曾整理者,采用標點、校勘的方式整理;二、前人曾經標點、校勘者,或采用抽换更好或别具學術特色底本的方式整理,或采用集校、集注的方式整理,或采用校箋、疏證的方式整理,或綜合使用以上方式;三、前人已有較好的注本者,則采用集注、彙評、補正等方式整理。

《精華編》采用五次校審、遞進推動的管理程式,即:一、初校全稿。子海編纂中心組織碩、博研究生,修改文稿錯別字,規範異體字,調整格式,發現並標明校點中的不妥之處。二、初審文稿。子海編纂中心的編纂人員根據情況,解決初校時發現的問題,並判斷書稿的整體質量。三、匿名評審。聘請資深教授通審全稿,全面進行學術把關,消滅硬傷,寫出審稿意見。四、修改文稿。子海編纂中心及時把專家審稿意見反饋給整理者。整理者根據審稿意見修改,做出新文稿。五、終審文稿。待新文稿返回子海編纂中心後,總編纂做最後的學術質量把關。五步程序完成後,將文稿交付出版社。

五次校審的目的是爲了保證學術質量,提高整理水平,減少錯訛硬傷。但校書如掃塵埃落葉,隨掃隨有,《精華編》雖經多道程序嚴加把關,仍難免有錯,懇請方家不吝指教。子海編纂中心將及時總結經驗,吸取教訓,把工作做得更好,以實現課題設計的初衷。

目 録

整理説明

一、曾國藩其人

曾國藩（1811—1872），乳名"寬一"，初名"子城"，後改名"國藩"，字"伯涵"，改號"滌生"，自號"求闕"，清代湖南湘鄉（今屬湖南省婁底市雙峰縣）人。他出身於半耕半讀的寒微之家，幼時入讀於家塾"利見齋"，24歲考取舉人，28歲考取進士，從此揭開了他长達十二年的京官生涯。這一時期，他歷任翰林院庶吉士，累迁侍讀、侍講學士、文淵閣值閣事、内閣學士、稽察中書科事務、禮部侍郎及署兵部、工部、刑部、吏部侍郎等职。十年七遷，連升十級。咸豐二年（1852）因母喪丁憂在家，時太平軍攻入湖南，曾國藩奉旨幫辦團練鄉民，後擴編爲湘軍。咸豐四年（1854）發布《討粤匪檄》，率軍出征，數年間，攻占武漢、九江等重鎮。十年，江南大營再潰，太平軍東取蘇、常，清廷乃授其爲欽差大臣、兩江總督。十一年，占安慶。同治三年（1864），以湘軍破天京，加太子太傅，封一等勇毅侯，成爲

清代以文人而封武侯的第一人。之後，復督兵激戰捻軍，無
功。九年，以直隸總督辦天津教案，考量局勢主張妥協，一
時間成爲千夫所指的罪人，背上了"漢奸"的罵名，自己也
悲嘆"外慚清議，内疚神明"，遂再任兩江總督，第二年
（1872）病逝於南京，朝廷追贈太傅，謚"文正"。曾國藩處
在清王朝由乾嘉盛世轉衰、内憂外患接踵而來的動蕩年代，
由於曾國藩等人的力挽狂瀾，一度出現了"同治中興"局
面。曾國藩正是這一過渡時期的中心人物，在政治、軍事、
文化、經濟等各個方面發揮了令人矚目的影響，位居晚清
"中興四大名臣"之首。同時，他還是晚清散文"湘鄉派"
創立人，近代洋務運動發起者。

　　曾國藩是清代最後一批士大夫的代表，被譽爲傳統士大
夫追求的最高境界"立德、立功、立言""三不朽"的道德
完人、儒林楷模，被世人稱爲"中國最後一位大儒"，堪稱
封建王朝最後的楷模。但是面對當時那種環境，曾氏只能在
困局中博弈，挽救即將傾覆的大清王朝。章太炎曾如是評價
曾國藩："譽之則爲聖相，讞之則爲元凶。"① 無論譽之毁之，
曾國藩的歷史地位均無法抹殺。他一生勤奮，積苦力學、"日
以讀書爲業"，對詩古文辭用力甚勤，對封建理學下的功夫尤
深，使他成爲一名正統的封建理學家，被贊譽爲"一代儒
宗"。《清史稿》説他"事功本於學問"，曾國藩本人也認爲
"事功、學問本自同源"，即事業上的成功源於扎實的學問。

---

① 　章太炎：《檢論》卷八《雜志》，《章太炎全集》（三），上海人民出版社，1984
年，第 583 頁。

曾國藩一生著述頗豐，涵蓋理學、文學、軍事、政治、修身、治家等方面，所著有《求闕齋文集》《詩集》《讀書録》《日記》《奏議》《家書》《家訓》及《經史百家雜鈔》《十八家詩鈔》等。光緒二年（1876），由李瀚章、李鴻章主持，幾十位著名學人整理曾國藩生前著作，匯集成《曾文正公全集》。

二、曾國藩的學術思想

曾國藩少年時代在其父曾麟書"晨夕講授、指畫耳提"的教導下，"窮年磨練，以期有成"，經歷了一個較長的寒窗苦讀階段。曾國藩不僅學習四書五經，還廣泛涉獵《史記》，以及《周禮》《儀禮》《文選》等書。這些爲他將來治學從政，打下了堅實的基礎。道光六年（1826）中長沙府試後，又先後求學於衡陽唐氏家塾、漣濱書院和岳麓書院，尤其在岳麓書院求學期間，曾國藩受書院濃厚的理學氣息的薰陶，在學業上有了突飛猛進的發展。考入翰林院以後，更是致力於理學，在京爲官的十二年裏，曾國藩仍没有放棄學習，他"早起温經，早飯後讀二十三史，下半日閲詩、古文。每日共可看書八十頁，皆過筆圈點"[1]。在理學大師唐鑒的誘掖下，曾國藩"遂以朱子之書爲日課，始肆力于宋學矣"[2]，進一步強化了理學信仰，開始了身心修養的系統訓練。他在致其弟

---

[1] ［清］曾國藩：《家書一》，《曾國藩全集》第 20 册，岳麓書社，2012 年，第 14 頁。

[2] ［清］黎庶昌：《曾國藩年譜》，岳麓書社，1986 年，第 7 頁。

的信中説："蓋自西漢以至於今，識字之儒約有三途：曰義理之學，曰考據之學，曰詞章之學。各執一途，互相詆毁。兄之私意，以爲義理之學最大。義理明則躬行有要而經濟有本。詞章之學，亦所以發揮義理者也。考據之學，吾無取焉矣。此三途者，皆從事經史，各有門徑。吾以爲欲讀經史，但當研究義理，則心一而不紛。"① 儼然除理學之外，他無學術。他將做學問的"義理""考據""詞章"三者中"義理"放在中心地位，"以研尋義理爲本"。在他看來，"義理"是體，是根本，義理無所不包，經世之學即包含在義理之內，精於義理是做好文章的前提。他説："義理者，在孔門爲德行之科，今世目爲宋學者也。"② 當時熱衷於程朱理學的曾國藩，對漢學明確表示出"無取焉"的態度，視漢學爲一種破碎之學。理學奠定了曾國藩的思想基礎，他的人生格言是"不爲聖賢，便爲禽獸；莫問收穫，只問耕耘"，以"做聖賢"爲終生最高的追求。

道光二十六年（1846），曾國藩因肺病在城南報國寺靜養，在此他結識了劉傳瑩，並與之成爲莫逆之交。劉傳瑩治古文經學，精通考據，曾國藩不時向他請教。與劉傳瑩的交往成爲曾國藩對待漢宋學態度的一個轉折點。同年六月，他托人代購《皇清經解》，這是訓詁考據之學案頭必備的入門書，曾氏研治經典考據之學實由此而啓始。通過一段時間的

---

① ［清］曾國藩：《家書一》，《曾國藩全集》第 20 册，第 49 頁。

② ［清］曾國藩：《詩文》，《曾國藩全集》第 14 册，岳麓書社，2012 年，第 486 頁。

學習，彌補了學識上的欠缺，改變了他對考據學的看法，由此主張兼取各家之長，義理、詞章、考據、經濟四者不可缺一。他在給劉蓉的信中表達自己的見解和志向："欲兼取二者之長，見道既深且博，而爲文復臻於無累"，吾"于漢、宋二家構訟之端，皆不能左祖以附一哄；于諸儒崇道貶文之説，尤不敢雷同而苟隨"。① 可見此時曾氏的學術傾向，已不是以前那種"漢學吾無取焉"的理學路徑，而是"兼取二者之長"的"漢宋兼采"了，將漢學家實事求是的治學方法納入朱子的思想體系，吸收漢學訓詁之長，以補理學空疏之病。他認爲"讀經以研尋義理爲本，考據名物爲末"②，即義理爲主，考據爲次，雖有主次之别，但皆不可偏廢。他對高郵王氏父子和金壇段氏極度推崇，在家書中反復提及他們的考據、訓詁成就，並且把兩家的著作作爲培養訓詁能力的必讀書。如咸豐六年（1856）十一月初五日諭紀澤："欲通小學，須略看段氏《説文》《經籍纂詁》二書。王懷祖先生有《讀書雜志》，中於《漢書》之訓詁極爲精博，爲魏晋以來釋《漢書》者所不能及。"③ 咸豐八年（1858）十二月三十日諭曾紀澤説："余于本朝大儒，自顧亭林之外，最好高郵王氏之學。……余自憾學問無成，有愧王文肅公遠甚，而望爾輩爲

---

① ［清］曾國藩：《書信一》，《曾國藩全集》第 22 册，岳麓書社，2012 年，第 8 頁。

② ［清］曾國藩：《家書一》，《曾國藩全集》第 20 册，岳麓書社，2012 年，第 48 頁。

③ ［清］曾國藩：《家書一》，《曾國藩全集》第 20 册，岳麓書社，2012 年，第 295 頁。

懷祖先生，爲伯申氏，則夢寐之際，未嘗須臾忘也。"① 並囑紀澤要熟讀王氏《廣雅疏證》《讀書雜志》和《經義述聞》等書。在談到清朝考據諸儒顧、閻、戴、江、錢、秦、段、王等時説："爾有志讀書，不必別標漢學之名目，而不可不一窺數君子之門徑。"② 又説："吾於訓詁、詞章二端嘗頗盡心。爾看書若能通訓詁，則于古人之故訓大義、引申假借漸漸開悟，而後人承訛襲誤之習可改。"③ 曾國藩越來越重視漢學，因爲精於考據之學不僅是研究義理之手段，還是治詞章之學的關鍵。咸豐十一年（1861），曾國藩在"八本堂"題名時已提出"讀古書以訓詁爲本"的讀書觀，精於訓詁不僅是讀古書的根本，同時也是作文章的基礎。曾國藩對訓詁的重視，最終凝結成了在《家書》中反復倡言的"以精確之訓詁，作古茂之文章"④ 的透闢理論。在同治元年（1862）十二月《覆潁州府夏教授書》一文中，首次提出"一宗宋儒，不廢漢學"⑤ 的漢宋態度。曾國藩對漢學之態度，足以代表晚清理學之特徵，雖治理學，振發義理，而以漢學實之，不作空

---

① ［清］曾國藩：《家書一》，《曾國藩全集》第 20 册，岳麓書社，2012 年，第 404 頁。

② ［清］曾國藩：《家書一》，《曾國藩全集》第 20 册，岳麓書社，2012 年，第 426 頁。

③ ［清］曾國藩：《家書一》，《曾國藩全集》第 20 册，岳麓書社，2012 年，第 481 頁。

④ ［清］曾國藩：《家書二》，《曾國藩全集》第 21 册，岳麓書社，2012 年，第 127 頁。

⑤ ［清］曾國藩：《書信五》，《曾國藩全集》第 26 册，岳麓書社，2012 年，第 335 頁。

疏之言，務圖經世致用，與桐城派衛道之習、門户之私，大相徑庭。

　　對於經濟之學，曾國藩也非常重視。當時一般學者多視經濟之學爲做官術，不把它當成一門學問。所以，姚鼐、唐鑒都認爲學問只有義理、考據、詞章三門。曾國藩則把經濟之學列爲一個獨立的學科，在傳統的義理、考據、詞章之學的基礎上，加上了經濟，並從儒學創始人孔子那裏找了根據。他在《勸學篇示直隸士子》一文中説："爲學之術有四：曰義理，曰考據，曰辭章，曰經濟。義理者，在孔門爲德行之科，今世目爲宋學者也。考據者，在孔門爲文學之科，今世目爲漢學者也。辭章者，在孔門爲言語之科，從古藝文及今世製義詩賦皆是也。經濟者，在孔門爲政事之科，前代典禮、政書及當世掌故皆是也。"① 曾國藩生活在清代中衰之際，在思想文化領域，曾經風靡一時的漢學在日益嚴重的社會矛盾和社會危機的雙重夾擊下，更顯得陳腐與無用，正從埋頭於故紙堆的"純漢學"轉向"經世致用"。經世致用的治學方法和治學目的，對於當時爲清朝振興做出貢獻的曾國藩，不失爲可取之方。

　　曾國藩講理學重點在強調理學經世致用，凸顯理學的實踐品格，著力發揮理學中的"事功"因素。他不再囿於程朱理學那樣嚴辨"天理人欲"，而是將"理"具體化爲"禮"，由"天理"轉向"經世之禮"，提出以"經濟之學""治世之

---

　　①　[清]曾國藩:《詩文》,《曾國藩全集》第 14 册,岳麓書社,2012 年,第 486頁。

術"即他所言的"禮治"來"通漢宋兩家之結"。① 他説："古人君子之所以盡其心、養其性者，不可得而見。其修身、齊家、治國、平天下，則一秉乎禮。自其内焉者言之，舍禮無所謂道德；自外焉者言之，舍禮無所謂政事。"② 又説："古人無所云經濟之學、治世之術，一衷於禮而已。"③ 他將"禮"視爲於内加强個人修養，於外整軍治國、序化社會的靈丹妙藥。他將經世之學重點轉向包含典章、國故等各方面知識的《會典》《通禮》等典籍。他認爲禮幾乎無所不包，"蓋古之學者，無所謂經世之術也，學禮焉而已。《周禮》一經，自體國經野，以至酒漿廛市，巫卜繕稿，夭鳥蠹蟲，各有專官，察及纖細"④，《五禮通考》"于古者經世之禮無所不該"⑤。他認爲禮幾乎無所不能，"澆風可使之醇，敝俗可使之興"⑥。唐朝學者杜佑《通典》，宋末元初馬端臨《文獻通考》，及清朝學者顧炎武、張蒿庵、江永、戴震、秦蕙田、徐乾學等人著作，均是以禮爲先務，是關乎社會風俗教化的理學著作，受到曾國藩大力提倡和高度贊揚，他認爲杜佑《通

---

① 〔清〕曾國藩:《書信二》,《曾國藩全集》第 23 册,岳麓書社,2012 年,第 730 頁。

② 〔清〕曾國藩:《詩文》,《曾國藩全集》第 14 册,岳麓書社,2012 年,第 410 頁。

③ 〔清〕黎庶昌:《曾國藩年譜》,岳麓書社,1986 年,第 12 頁。

④ 〔清〕曾國藩:《詩文》,《曾國藩全集》第 14 册,岳麓書社,2012 年,第 206 頁。

⑤ 〔清〕曾國藩:《詩文》,《曾國藩全集》第 14 册,岳麓書社,2012 年,第 411 頁。

⑥ 〔清〕郭嵩燾:《曾文正公墓志銘》,《養知書屋文集》卷十九,清光緒十八年刻本。

典》"識已跨越八代"，秦蕙田的《五禮通考》"體大思精"，
江永《禮書綱目》"洪纖畢舉"。他非常重視魏源所編的《皇
朝經世文編》和王夫之的《讀通鑑論》，多次向弟、子侄輩
推薦二書，聲稱："經濟之學，吾之從事者二書焉，曰《會
典》、曰《皇朝經世文編》。"① 秦蕙田《五禮通考》，曾國藩
認爲最可取的是將天文曆算地理納入禮之範圍，這就進一步
擴大了禮的概念。他說秦書的缺憾在於無"食貨"一門，故
"欲集鹽漕、賦稅國用之經，別爲一編，傅于秦書之次，非徒
廣己於不可畔岸之域。先聖製禮之體無所不賅，固如是
也"②。又手抄國史館所藏的河渠水利史料，又抄輯對鹽課、
海運、錢法、河堤等國計民生的實務有真知卓見的奏議。同
時，曾氏還潛心研究地理學，於山川險要、河漕運輸等尤爲
關注。所以，曾國藩想重新提倡囊括天下之事的"禮"，無
所不包的"禮"。早在咸豐年間曾國藩就在日記中提出："天
下之大事，宜考究者凡十四宗，曰官制，曰財用，曰鹽政，
曰漕務，曰錢法，曰冠禮，曰昏禮，曰喪禮，曰祭禮，曰兵
制，曰兵法，曰刑律，曰地輿，曰河渠。"③ 對於社會問題而
言，無論是典章制度、意識形態，還是方輿、地理、河漕、
水利、天文、教化等各個方面，都可以從治"禮"學中找到

---

① ［清］曾國藩：《日記一》，《曾國藩全集》第 16 册，岳麓書院，2012 年，第
236 頁。

② ［清］曾國藩：《詩文》，《曾國藩全集》第 14 册，岳麓書社，2012 年，第 206
頁。

③ ［清］曾國藩：《日記一》，《曾國藩全集》第 16 册，岳麓書社，2012 年，第
246 頁。

答案。故"其論學兼宗漢、宋,以謂先王治世之道,經緯萬端,一貫之以禮"①。

　　首先是漢宋相容,然後是經史連貫,旁采百家。曾國藩對經世之學的探討擴大到歷代典制史籍之中,他"詳覽前史,求經世之學"②。曾國藩讀書有兩條門徑:修身不外讀經,經濟不外讀史。"古人已然之迹,法戒昭然;歷代典章,不外乎此"③,"經以窮理,史以考事。舍此二者,更別無學矣"④,意思是讀經以明理,讀史以知事,除了這兩個目的,就沒有什麼可學的了。早在第二次會考放榜不久,曾國藩頓生回家之念,再加上囊中羞澀,他也不得不離開京師了。路過睢寧縣,曾國藩拜謁了同鄉易作梅知縣,並向其借貸了一百兩銀子,在江寧買了一部廿三史。"讀史"成爲他日後所訂的十二條日課之一。在讀史方面,他歷來喜讀《史記》《漢書》,這兩部書成爲他一生堅持的功課。另外,他也推崇司馬光的《資治通鑑》,認爲"先哲經世之書,莫善於司馬文公《資治通鑑》"⑤,"實六經以外不刊之典也"⑥。從《求闕齋讀書録》

①　趙爾巽等:《清史稿》,中華書局,1998 年,第 14963 頁。

②　[清]黎庶昌:《曾國藩年譜》,岳麓書社,1986 年,第 7 頁。

③　[清]曾國藩:《日記一》,《曾國藩全集》第 16 册,岳麓書社,2012 年,第 92 頁。

④　[清]曾國藩:《家書一》,《曾國藩全集》第 20 册,岳麓書社,2012 年,第 49 頁。

⑤　[清]曾國藩:《書信一》,《曾國藩全集》第 22 册,岳麓書社,2012 年,第 663 頁。

⑥　[清]曾國藩:《書信一》,《曾國藩全集》第 22 册,岳麓書社,2012 年,第 664 頁。

來考察，可發現曾氏讀史筆記多達九種，分別涉及《史記》《漢書》《後漢書》《三國志》《通鑑》《文獻通考》等；再通過閱讀黎庶昌所撰《曾國藩年譜》，可知曾氏還編有《經史百家雜鈔》《通鑑大事記》各若干卷，後及至軍營與身爲高官，亦不廢閱史。長期的閱讀讓他"經史爛熟於胸"，這爲他以後廣泛地研究學術問題，總結歷史經驗教訓以參政諮政建立了深厚的學問功底。

對於百家雜學，曾國藩也表現了較爲融通的學術態度，主張兼收並蓄，兼師並用，吸收各家之長雜糅於一體，以加強自身修養，提高治家、治軍、治國之本領。曾國藩閱讀子部著作很多，《老子》《莊子》《孫子》《管子》《韓非子》《墨子》《淮南子》都是他經常讀的。在《求闕齋讀書錄》裏就有曾氏閱讀《管子》《莊子》《淮南子》的札記。曾國藩五十一歲時在日記中寫道："周末諸子各有極至之詣，其所以不及仲尼者，此有所偏至，即彼有所獨缺，亦猶夷、惠之不及孔子耳。若游心能如老、莊之虛靜，治身能如墨、翟之勤儉，齊民能如管、商之嚴整，而又持之以不自是之心，偏者裁之，缺者補之，則諸子皆可師也，不可棄也。"[1] 五十八歲時，他反思其一生，説"吾曩者志事以老莊爲體，禹墨爲用"[2]，治理國家之事，融合老子、莊子、大禹、墨子諸學説。"處功名

---

① 〔清〕曾國藩：《日記二》，《曾國藩全集》第 17 册，岳麓書社，2012 年，第196 頁。

② 〔清〕曾國藩：《日記四》，《曾國藩全集》第 19 册，岳麓書社，2012 年，第122 頁。

之際，則師老、莊之退遜；持身型家，則尚禹墨之儉勤。"① 曾國藩治學兼收並蓄，不過在他看來，"閱諸子中，唯《老子》《莊子》《荀子》《孫子》自成一家之言"。與曾氏相交甚久且相交甚篤的歐陽兆熊評價曾氏思想一生"三變"②，指的是從"翰林詞賦"一變爲程朱理學、乾嘉訓詁學的儒家之學，二變爲因辦理團練和軍營事務而轉向申韓的法家之學，至咸豐七年（1857）再變爲黄老道家之學。曾國藩一生幾乎離不開書本，傾盡心血於浩如烟海的經史子集，幾乎達到"無學不窺，默究精要"之境。他説："讀經、讀史、讀專集、講義理之學，此有志者萬不可易者也。聖人復起，必從吾言矣。"③ 所以有人認爲，曾氏成爲中國傳統文化的最後一位集大成者，甚至可以説，曾氏本人就是中國傳統文化的縮影。對考據學的鑽研，使他有了很深的文字功底；對古文辭章的鑽研，使他的詩文爲一世所稱頌；對理學的崇信，使他成爲世人道德的楷模；對經濟之學的探求，則使他的軍事、政治才幹卓立於朝野之上，使衆多以學問出身的湘軍將領唯命俯首，甘心聽從曾國藩調遣。由此可見曾國藩的成功，無不是以讀書問學開始，而學問的獲取又仰仗於他治學之道和務實精神。

此外，曾國藩不僅是一名文人，還是一名軍事統帥、政府官員，多重身份使他不可能成爲純粹的讀書人。在長期從

---

① ［清］李元度：《曾文正公行狀》，《天岳山館文鈔》卷十四，清光緒六年爽谿精舍刻本（影印本）。

② ［清］歐陽兆熊：《水窗春囈》，中華書局，1984年，第17頁。

③ ［清］曾國藩：《家書一》，《曾國藩全集》第20冊，岳麓書社，2012年，第49頁。

政、從軍的複雜政治環境中能處事從容，應付有方，主要不是靠理學家綱常倫理的道德説教，而是他"精研百氏"的結果。他將書本知識與社會現實相互融合，注重在融合過程中產生的現實效果。在其領兵打仗期間，重視兵書和地理類書目，兵書如戚繼光所著《紀效新書》和《練兵實紀》，水利地理方面書籍如《水經注》《畿輔水利》《畿輔義倉圖》與《洪志》《會典》等；爲瞭解世界環境，閲《瀛寰志略》等；爲彌補天文學知識的不足，閲讀《丹元子步天歌》和《通考》中有關天文學方面知識。終其一生，舉凡天文、曆法、數學、輿地、兵法、農學諸書，他都一一涉獵，從而"精研百氏，體用賅備，名稱重於京師"①。曾國藩死後清政府對他高度評價，稱他"學有本源，器成遠大，忠誠體國，節勁淩霜"②，賜謚號"文正"。

三、曾國藩的讀書札記

梁啓超在《清代學術概論》説："當時學者喜用札記，實一種困知勉行功夫。其所以能綿密深入而有創獲者，頗恃此。"③ 曾國藩也不例外，在讀書過程中他主張須多做札記，且對怎樣做札記有明確見解。做札記的目的在於志得志疑。

① ［清］黎庶昌:《曾太傅毅勇侯别傳》,《拙尊園叢稿》卷三,清光緒十九年上海醉六堂刻本。
② ［清］黃翼升:《曾國藩榮哀録》,岳麓書社,1986年,第101頁。
③ 梁啓超:《清代學術概論》,上海古籍出版社,1998年,第64頁。

他在咸豐九年（1859）四月二十一日的家書中教育曾紀澤讀書應“略作札記，以志所得，以著所疑”①，而且要將這些札記單獨抄録成册，若將來再遇此問題，再記於此條目之下，日積月累，對於這個問題的認識也就更加深刻了。札記還有一個更重要的作用是隨着知識更深的累積，進行自我考證，從而得出結論。曾國藩一直將做札記的讀書方法廣泛推廣，他在給曾紀澤的信中做了詳細論述：“爾治經之時，無論看注疏，看宋傳，總宜虛心求之。其愜意者，則以朱筆識出；其懷疑者，則以另册寫一小條，或多爲辨論，或僅著數字，將來疑者漸晰，又記於此條之下，久久漸成卷帙，則自然日進。”② 曾國藩還用名人做札記的方式告誡自己及子弟：“高郵王懷祖先生父子，經學爲本朝之冠，皆自札記得來。吾雖不及懷祖先生，而望爾爲伯申氏甚切也。”③ 曾國藩所提倡並力行的讀書要多做札記的觀點，胡適認爲是“很重要的一種方法”。陳果夫評論曾氏的這種治學方法時説：“讀書如能隨時做筆記，則進步最快。曾國藩是一位不甚聰明的人，但他一生的好處在有恒、耐心做筆記，所以後來也有相當成就。”④

① ［清］曾國藩:《家書一》,《曾國藩全集》第 20 册,岳麓書社,2012 年,第426 頁。
② ［清］曾國藩:《家書一》,《曾國藩全集》第 20 册,岳麓書社,2012 年,第389 頁。
③ ［清］曾國藩:《家書一》,《曾國藩全集》第 20 册,岳麓書社,2012 年,第389 頁。
④ 蔣星德:《曾國藩之生平及事業》,商務印書館,1938 年,第 192 頁。

　　曾國藩的讀書筆記以考據爲主，即包括校勘、訓詁以及
考訂等方法，體現他作爲理學家對漢學的重視。尤其是訓詁
方法，他運用最多，水準也很高。通觀《求闕齋讀書録》，
大部分都有訓詁方法的運用。他認爲明小學是讀周漢古書的
津梁。他説：“欲讀周漢古書，非明於小學無可問津。”① 他
對於訓詁認識不斷加深，咸豐六年（1856）提出：“看《漢
書》有兩種難處，必先通於小學、訓詁之書，而後能識其假
借奇字。”② 精湛的訓詁知識可以闡明古人的注疏大義，能够
體悟引申、假借等諸多妙處，同時也是辨析後人文獻訛誤的
必備，“看書若能通訓詁，則于古人之故訓大義，引伸假借漸
漸開悟，而後人承訛襲誤之習可改”③。雖然他有很深的文字
功底，但對自己的訓詁學知識依然不滿，“十三經外所最宜熟
讀者莫如《史記》《漢書》《莊子》、韓文四種。余生平好此
四書，嗜之成癖，恨未能一一詁釋箋疏，窮力討治。”④ 精通
小學訓詁是達到文章最高境界的必由之路，是作好古文的前
提。辭章之學重在格調的構建和文氣的疏通，精通訓詁學則
是行文布局、采詞納句的關鍵，行氣體現的是文章的氣勢，
文章要有行雲流水之勢，而無晦澀之感。他在家書中説：“余

---

① ［清］曾國藩：《家書二》，《曾國藩全集》第 21 冊，岳麓書社，2012 年，第 3
頁。

② ［清］曾國藩：《家書一》，《曾國藩全集》第 20 冊，岳麓書社，2012 年，第
295 頁。

③ ［清］曾國藩：《家書一》，《曾國藩全集》第 20 冊，岳麓書社，2012 年，第
481 頁。

④ ［清］曾國藩：《家書一》，《曾國藩全集》第 20 冊，岳麓書社，2012 年，第
383 頁。

觀漢人詞章，未有不精於小學訓詁者，如相如、子雲、孟堅
於小學皆專著一書，《文選》於此三人之文著録最多。余於
古文，志在效法此三人，並司馬遷、韓愈五家。以此五家之
文，精於小學訓詁，不妄下一字也。……自宋以後能文章者
不通小學，國朝諸儒通小學者又不能文章。"① 訓詁和辭章應
該加以巧妙結合，從而創作出精美厚重的古文，"解《漢書》
之訓詁，參以《莊子》之恢詭"②。曾國藩尤推崇段、王二家
的漢學功夫，"私竊有志，欲以戴、錢、段、王之訓詁，發爲
班、張、左、郭之文章"，提出訓詁方法運用的最高目的，即
"以精確之訓詁，作古茂之文章"。③ 李鴻章在《曾文正公神
道碑》中指稱曾氏："公爲學研究義理，精通訓詁；爲文效
法韓、歐，而輔益之以漢賦之氣體。其學問宗旨以禮爲歸。
常曰：'古無所謂經世之學也，學禮而已。'"④

四、關於《求闕齋讀書録》

《求闕齋讀書録》爲曾國藩讀經史子集的讀書筆記。以

---

① ［清］曾國藩:《家書二》,《曾國藩全集》第 21 册,岳麓書社,2012 年,第
23 頁。
② ［清］曾國藩:《家書二》,《曾國藩全集》第 21 册,岳麓書社,2012 年,第
43 頁。
③ ［清］曾國藩:《家書二》,《曾國藩全集》第 21 册,岳麓書社,2012 年,第
127 頁。
④ ［清］李鴻章:《李文忠公遺集》卷四,清光緒三十年刻合肥李氏三世遺集
本。

經、史、子、集分類，該書每條先列原文，其下爲札記，或
考證，或感言。光緒時由曾氏弟子王定安分門別類彙集成編。
據吳汝綸所説，为王定安就曾家“取所藏手校諸書，撰次散
遺，釐爲十卷，半辭一説，皆見甄録”①。初名《求闕齋讀書
記》，但稍後的刊行本改爲《求闕齋讀書録》。其中經部兩
卷，書籍有九種；史部兩卷，書籍有六種；子部一卷，書籍
三種；集五卷，書籍三十種。四部書凡四十八種，具體書目
如下，經：《周易》《周官》《儀禮》《禮記》《左傳》《國語》
《穀梁傳》《爾雅》《訓詁雜記》。史：《史記》《漢書》《後漢
書》《三國志》《通鑑》《文獻通考》。子：《管子》《莊子》
《淮南子》。集：《楚辭》《陳思王集》《阮步兵集》《陶淵明
集》《謝康樂集》《鮑參軍集》《謝宣城集》《李太白集》《杜
少陵集》《陸宣公集》《韓昌黎集》《昌黎外集》《柳河東集》
《白氏長慶集》《李義山集》《杜樊川集》《嘉祐集》《元豐類
稿》《東坡文集》《東坡詩集》《山谷詩集》《劍南詩集》《朱
子文集》《元遺山詩集》《陽明文集》《望溪文集》《孫文定
集》《文選》《古文辭類纂》《駢體文鈔》，附《廣韻》。這是
一部學術價值較高的著述專輯。當然，這並非曾氏全部的讀
書筆記。蕭穆《敬孚類稿》卷三收録《書曾太傅〈讀書録〉
後》一篇，文中説：“公生平無書不讀，幾公務之餘，所閱
經史百家無慮千萬卷，即意有所見，或記於本書，或片紙條

---

① ［清］吳汝綸：《〈求闕齋讀書記〉序》，《桐城吳先生文集》卷四，光緒三十
三年桐城吳先生全書本。

記，亦必有數千萬之多者。"① 由於王安定編輯該書時並未將
曾氏全部藏書翻檢一遍，僅僅從有限的幾部資料中抄録②，
所以遺失的内容一定很多。如《詩經》是曾氏"熟讀書"第
二种，日記中也多見"温《詩》"之類的記録。但在傳忠書
局刻本《求闕齋讀書録》卻没有與《詩經》相關的内容。
2007 年 8 月 30 日，專門從事曾國藩研究的胡衛平先生，在北
京曾國藩直系玄孫女曾憲源家里，得到《毛詩傳疏》一册，
其上有曾昭权先生手録曾國藩眉批，粗略統計全書共 145 頁，
頁頁都有眉批（多數頁在字里行間空處還有批），批文達
11580 餘字，涉及《詩經》篇目 280 篇，平均每篇五六十字，
确實如過録者曾昭权所説可稱"最多"。③ 2011 年岳麓書社新
版《曾國藩全集》，其中第 15 册《讀書録》新增補的内容就
包括了《讀陳碩甫〈毛詩傳疏〉札記》。據《曾國藩全
集·日記》，同治二年七月至同治六年三月間，他經常在閲讀
經史典籍後抄録《訓詁小記》《訓詁雜記》《雅訓小記》《雅
訓雜記》《訓詁雅記》《雅訓類記》。这些讀書札記，除了
《訓詁雜記》，其他的今未見有傳本存世。如果對曾氏十萬卷
藏書再加整理，可能發現的讀書札記會更多，曾國藩《讀書

---

① [清]蕭穆:《書曾太傅〈讀書録〉後》，《敬孚類稿》卷三，光緒三十三年刻
本。

② 王澧華先生在《〈求闕齋讀書録〉編刊論略》中指出，《求闕齋讀書録》有
相當部分是采自曾國藩《日記》《鳴原堂論文》《十八家詩鈔》及王定安辑《曾文正
公杂著》。見王澧華《曾國藩家藏史料考論》，广西师范大學出版社，1996 年。

③ 胡衛平:《曾國藩讀陳碩甫〈毛詩傳疏〉眉批、曾昭權手録本考記》，《湖南
人文科技學院學報》2011 年第 4 期。

録》又將增益。雖然如此，《讀書録》中收録了曾氏最喜愛閱讀的五十種書，特別是《史記》《漢書》《莊子》、韓文這四种，他"嗜之成癖"，因此《讀書録》在一定程度上反映了曾氏學術思想。蕭穆對《讀書録》評價甚高，認爲"均足以開發後學神智，乃近人説部中之精品也"。

"求闕齋"是道光二十五年（1845）曾國藩自署的書齋名，位於曾國藩的故居厚富堂。早在道光二十四年（1844）三月，他在給諸弟的信中就講到了"求缺"："兄嘗觀《易》之道，察盈虚消息之理，而知人不可無缺陷也。日中則昃，月盈則虧，天有孤虚，地闕東南，未有常全而不缺者。……衆人常缺，而一人常全，天道屈伸之故，豈若是不公乎？……故兄但求缺陷，名所居曰求闕齋。蓋求缺於他事，而求全於堂上。"①第二年，他又寫了《求闕齋記》，説明爲什麼要將居室命名爲"求闕齋"："物生而有嗜欲，好盈而忘闕……若國藩者，無爲無猷，而多罹於咎，而或錫之福，所謂不稱其服者歟？於是名其所居曰'求闕齋'。凡外至之榮、耳目百體之耆，皆使留其缺陷。"②從這兩段話來看，曾氏求缺觀念源於《周易》，即從《周易》的天道中悟出人當求缺而不要求全，"花未全開月未圓"纔是最好的狀態，凡事留點餘地，人生必須防盈戒滿。他又從蘇軾"守駿莫如跛"中得到啓示，説：

① ［清］曾國藩：《家書一》，《曾國藩全集》第20冊，岳麓書社，2012年，第69頁。
② ［清］曾國藩：《詩文》，《曾國藩全集》第14冊，岳麓書社，2012年，第143頁。

"思東坡'守駿莫如跛'五字，凡技皆當知之。若一味駿快奔放，必有顛躓之時；一向貪圖美名，必有大污辱之事。余之以'求闕'名齋，即求自有缺陷不滿之處，亦'守駿莫如跛'之意也。"① 也就是説，如果守着一匹坡腳的馬，也許並不能奔馳，但卻能比較穩當；而人少美名，也許能更安穩一些。所以，他覺得無論做什麽事情，並不要一味求其完美，有一些缺陷也不一定是壞事。曾國藩很重要的人生態度，就是求缺而不求全，常以盈滿爲戒。王定安除了編輯《求闕齋讀書録》，還編有《求闕齋弟子記》三十二卷。王啓原編有《求闕齋日記類鈔》二卷。

《求闕齋讀書録》以對經典的考據訓詁爲主，頗多創獲，由之可見曾國藩深厚的考據學造詣。札記的內容主要集中以下幾個方面。

第一，是對文獻裏的字詞本身的解釋、辨析。字詞的理解是理解篇章的基礎，也是漢學家非常強調的。曾國藩通過自己的分析，對於文獻中諸多字詞釋義提出了自己的看法。如讀《史記》之《三代世表》"豈不偉哉"，認爲"偉與詭同，猶雲異也"。如讀《三國志·諸葛誕傳注》"喪王基之功"中的"喪，疑當作表"，《三國志·費禕傳》"少孤，依族父伯仁，伯仁姑，益州劉璋之母也"，認爲"上伯字疑當在父字之上，下伯字疑衍也"。又如在讀《通鑑》之《漢紀五十七》"權謂瑜曰：卿能辦之者，誠決"，曾氏認爲"決，

---

① ［清］曾國藩：《日記二》，《曾國藩全集》第 17 册，岳麓書社，2012 年，第 88 頁。

疑當快"。甚至於他對部分詞的來源及表達都有看法。如在讀
《漢書·齊悼惠王傳》"高後兒子畜之，答曰'顧乃父知田
耳'"中，就認爲"古人謂孫兄弟之子、兄弟之孫及他年輩
幼者，皆可稱兒子"。如讀《陳思王集》之《磐石篇》"磐石
山巓石"說"上'石'字有誤，當用連綿字與飄字相對"；
如對《韓昌黎集》之《贈張籍》"此是黃金産"，說"黃"
當作"萬"。在《訓詁雜記》中，他還饒有興致地小結關於
經典形容之字，廣采諸經，得出："雙字、駢字（即雙聲疊
韻字）、單字"三端；更詳細地辨別"駢字異字同意者""一
字略轉而異意""經典顛倒字""古今雅俗異同字""俚俗字
有所本"等，於中可見曾國藩深厚的漢學修養。還有對幾組
字族的疏解，如陵、京、阜、墳、家、邱，格、枝、柴、梗，
疇人、等人、内人、何人，家人、白衣、齊民、平民等，在
對這些字詞的疏解中，他引經據典，疏解得非常認真。

　　第二，是對所閱讀文獻的内容、背景以及史料的剪裁、
歷史人物的評價等方面提出自己的看法，這些内容占筆記的
大部分。曾氏閱讀史書，以"後來者"的角度考察歷史，給
出自己的見解。《讀書錄》中雖只有《史記》《漢書》《後漢
書》《三國志》《通鑑》《文獻通考》六種史書，但内容卻占
整部書的四分之一，史部中最重視《漢書》，下評語369條。
有時他爲史書僅數字之一句話，竟然用數以百計的詞句去疏
解。如對於《漢書·賈誼傳》中"誼數上疏，陳政事，多所
欲匡建"區區十二個字，他用近五百字加以説明。曾國藩還
會將不同文獻裏的材料放在一起進行比較，如他在讀《三國

志·王粲傳》時説："因案而兼叙徐、陳、阮、應、劉事，略仿《孟子荀卿列傳》之例。"在閱讀《滕胤傳》時説："作未了之勢，猶有《史記》意度。"評《史記·儒林列傳》："子長最不滿於公孫宏，風刺之屢矣。此篇録公孫宏奏疏之著於功令者，則曰：'余讀功令，未嘗不廢書而嘆。'於轅固生則曰：'公孫宏側目視固。'于董仲舒則曰：'公孫宏希世用事。'于胡毋生則曰：'公孫宏亦頗受焉。'蓋當時以經術致卿相者獨宏，子長既薄其學，又醜其行，故褊衷時時一發露也。"曾國藩認爲太史公亦是將其個體體悟及情感融入了《史記》之中，如在讀《史記·老莊申韓列傳》説："余讀《史記》亦'大抵率寓言也'……此外如子胥之憤、屈賈之枉，皆藉以自鳴其鬱耳。非以此爲古來偉人計功薄也。"傳伍子胥、屈原是借他們表達自己抑鬱悲憤，並不單單爲了記載古人的功過是非。對於詩文，他也是這樣閱讀。《憶舊游寄譙郡元参軍》是唐代大詩人李白的詩作，這首詩詳細叙述了作者自己和譙郡元参軍元演歷次聚散的經過。曾國藩根據詩作對李白與元参軍的歷次聚散做了概括："君留洛北"以上，洛陽相會，旋即相別；"我醉横眠"以上，漢陽（應作漢東）相會，旋又相別；"歌曲自繞"以上，晋州相會，旋又相別；"鄭臺之北"以上，關中相會，旋又相別。四會四別，統名曰"憶舊游"。

　　第三，曾國藩還是一位文章高手，在《讀書録》中以大量的篇幅來討論詞章之學。作爲桐城派古文的代表人物，他認爲學八大家的語言風格，也不免冗長疲遝，稍顯氣弱，他試圖學習先秦兩漢散文、辭賦的語言風格，駢散結合，語言蒼雅整飭，以增進文章的雄直之氣。他強調"古文之道與駢體相通"①，主張以漢賦之長濟桐城古文之短，主張寫文章"亦須略用對句，稍調平仄"，這樣纔能做到筆仗整齊，令人刮目相看。② 他認爲駢散結合纔能更好展現文章的氣象崢嶸。曾國藩對陸贄的駢文奏疏大加揄揚，説"駢體文爲大雅所羞稱，以其不能發揮精義，並恐以蕪累而傷氣也。陸公則無一句不對，無一字不協平仄，無一聯不調馬蹄；而義理之精，足以比靈斯濂、洛；氣勢之盛，亦堪方駕韓、蘇"（《求闕齋讀書録》卷五）。曾氏認爲"行氣爲文章第一義"③"爲文全在氣盛"④，因此爲增強文章的陽剛之美，他還特別強調了文章的氣勢問題。他對韓愈的倔強之氣甚爲折服，"余好古人雄奇之文，以昌黎爲第一"，予韓愈以"參以孔孟之義理，所以雄視千古"的高度評價。他對韓退之《昌黎集》，批評最多。其中詩批評54首，大約占韓詩總數的八分之一；文批評165篇，幾乎占到了韓文總數的一半。《鱷魚文》是一篇討伐鱷魚的檄文，曾國藩《求闕齋讀書録》贊同此説，以爲"文氣似《論巴蜀檄》，彼以雄深，此則矯健"。他在讀《史記·

①　［清］曾國藩：《日記二》，《曾國藩全集》第17册，岳麓書社，2012年，第24頁。
②　［清］曾國藩：《詩文》，《曾國藩全集》第14册，岳麓書社，2012年，第532頁。
③　［清］曾國藩：《家書二》，《曾國藩全集》第21册，岳麓書社，2012年，第43頁。
④　［清］曾國藩：《日記一》，《曾國藩全集》第16册，岳麓書社，2012年，第238頁。

衛青霍去病列傳》時説："爲之封侯，意已含諷刺矣。霍則
諷刺更甚。句中有筋，字中有眼。故知文章須得偏鷙不平之
氣，乃是佳耳。"雖然曾國藩客觀指出太史公書寫衛青已含諷
刺，但從文學角度看還是"文章須得偏鷙不平之氣，乃是佳
耳"。他對司馬遷的《史記》所極力稱道處，也在於叙事的
簡潔而氣盛。他説"實事當有數十百案，概不鋪寫，文之所以
高潔也。後人爲之，當累數萬言不能休矣""叙戰功極多，
而不傷繁冗，中有邁往之氣，足以舉之也"。在具體行文中，
曾國藩往往把文字的"遒簡"與否，作爲評判文章優劣的一
個根本性要求。曾國藩對此也有解釋："事緒繁多，叙次明
晰，柳子厚所稱太史之'潔'也。"（《求闕齋讀書録》卷三）
綜合前賢的評述，柳宗元所謂的"潔"，是指司馬遷見識高
超，叙事能抓住要害，能用最少的文字把紛繁的歷史寫得井
井有條，語言不枝不蔓，乾淨利落。如閱讀《史記·蕭相國
世家》就説到："蕭相國之功，只從獵狗及鄂君兩段指點，
其餘卻皆從没要緊處著筆，實事當有數十百案，概不鋪寫，
文之所以高潔也，後人爲之，當累數萬言不能休矣。"又如閱
讀《司馬穰苴列傳》説："末恤高國之滅，田齊之興，文氣
邁遠，獨子長有此。"

　　第四，《求闕齋讀書録》也是曾國藩讀書過程所存疑問
的詳細記録，亦是其治學切己最好的證明。讀書切己，就是
將書中知識與個人實踐經驗相滲透，辨別是非，真正領悟書
中所含真意的過程，更是鼓勵獨立思考的過程，對書本知識
不盲從，能够根據自己的知識、經歷大膽質疑，不讓自己的

頭腦成爲別人思想的跑馬場，避免"盡信書不如無書"的尷尬境地。早在道光二十二年（1842）十月，曾國藩在家書中就已告誡諸弟，讀書若不能切己，讀書人就變成了識字的畜牲。他認爲"今人動指某人學某家，大抵多道聽途説，扣槃捫燭之類，不足信也。君子貴于自知，不必隨衆口附合也"①。讀書貴有心得，若無心得體會，只會把書讀死，無法真正實現"進德修業"的讀書目的。賈誼在《治安策》中寫道："臣竊料匈奴之衆，不過漢一大縣。"曾國藩笑他："漢之匈奴，南北二千里，東西五千里，而曰不過抵漢一大縣，此賈生閱歷之淺也。"位於江西九江湖口的石鐘山是中國千古奇音第一山，對於它的得名，酈道元、蘇軾都提出自己的見解，曾國藩因爲長期在此駐軍作戰，對此地非常熟悉，因此他説："石鐘山之片石寸草，諸將士皆能辨識。上鐘岩與下鐘岩皆有洞，可容數百人，深不可窮，形如覆鐘，乃知鐘山以形容之，非以聲言之，道元、子瞻皆失事實也。"（《求闕齋讀書録》卷九）可見這是從長期實地考察得出的結論，不是人云亦云。對於自己不懂的則闕疑，如《漢書·溝洫志》："於是爲發卒萬人，穿渠自引洛水至商顏下。"國藩按："洛水，此今之北洛水也。中隔渭水，不知何以能至商顏？"

雖然這些年來對曾國藩的研究很熱，但對於《求闕齋讀書録》的研究卻很少，筆者通過在期刊網上查詢，僅僅得到以下幾篇：劉偉生《曾國藩〈求闕齋讀書録〉解阮詩論議》

---

① ［清］曾國藩：《家書二》，《曾國藩全集》第 21 册，岳麓書社，2012 年，第 455 頁。

（《湖南人文科技學院學報》2006 年第 5 期）、李文博《論曾
國藩的韓文批評》（《中南大學學報》2013 年第 6 期）、郭平
興《曾國藩文獻閲讀實踐與理論研究》（華中師範大學 2011
年博士學位論文）。相較於對曾國藩日記、家書、奏疏、詩文
的研究，對其《讀書録》的研究可以説少得可憐，此應是以
後曾國藩學術傳論思想研究的一個突破口。

五、版本與研究

　　《求闕齋讀書録》最早的版本是光緒二年（1876）的傳
忠書局刊刻本。曾國藩逝世後第三年即光緒二年（1876），由
清政府頒布上諭，湖南傳忠書局刊刻出版了 167 卷的《曾文
正公全集》，這是最早的曾國藩文集，由時任湖廣總督李瀚章
和直隸總督李鴻章兄弟主持編校，並由李瀚章親自寫序。參
與編校的人員都是當時一流的文人名士，包括黎庶昌、沈葆
楨、丁日昌、彭玉麟、劉秉璋、俞樾、李元度、郭崑燾、薛
福成、梅啓照、吳汝綸、王闓運等 35 位。分爲首卷一册、奏
稿三十六卷、十八家詩鈔二十八卷、經史百家雜鈔二十六卷、
經史百家簡編二卷、鳴原堂論文二卷、詩集三卷、文集三卷、
書札三十二卷、批牘六卷、雜著二卷、求闕齋讀書録四卷、
求闕齋日記類鈔兩卷、年譜十二卷。編者長期受教於曾國藩，
深得曾國藩思想的精髓，因此該本幾乎匯集了曾國藩逝世後
留下的絶大部分論著，系統反映了曾國藩的政治、軍事、洋
務、學術思想及其實踐，學術參考價值極高，被公認爲是最

權威的版本，也是流傳最廣泛，對後世影響最深遠的版本。該本其中第十五册爲《求闕齋讀書録》，清光緒五年（1879）傳忠書局刻印。然後在光緒十二年（1886）、民國十五年（1926）、二十二年（1933）、二十五年（1936）、三十年（1942）由著易堂、掃葉山房、南京大中書局、上海世界書局、上海商務印書館等先後再版。傳忠書局本《求闕齋讀書録》曾單獨刻印，此外還被收入《續修四庫全書》。

傳忠書局刊刻本後代翻印次數甚多。從曾國藩去世至20世紀90年代止，已經出現過兩次曾國藩熱：一是20世紀40年代，據統計，出現有關曾國藩的各種著述40多種；二是20世紀90年代，繼“毛澤東熱”之後，在文化界、政界、商界又一次掀起了“曾國藩熱”。① 在圖書市場上，有關曾國藩的書籍達六七百部之多。傳忠書局本《曾文正公全集》也出現很多種重印本，一般所見有吉林人民出版社8卷本、中國書店12卷本和綫裝書局12卷本。

吉林人民出版社1995年第一版《足本曾文正公全集》（8册），由寧波、樊遠生、王貴勤、劉麗華等對傳忠書局本做了全面校點與注釋，簡體橫排，附曾國藩遺像並影印其手迹。該版本與1876年傳忠書局刊本無較大出入。全書總目之前附有傳忠書局本總目，只是將原書一百六十五卷重新編撰，基本完整地保留了原書的所有內容。但是該本錯訛巨多，以至於此書前言最後落款印成“吉林從民出版社”，其他則不

---

① 薛麒麟：《“曾國藩熱”透視》，《湘潭師範學院學報》1995年第1期。

須贅言。

2011 年中國書店推出十二册簡體字版傳忠書局本《曾文正公全集》，除了個别章節前有説明外，正文没有注解，無家書（另外結集出版）。該本做了大量編校工作，更重要的是對人物之間的關係做了梳理、對書中出現的部分史實錯誤做了勘正等。另外，還專門編制了曾國藩的年譜表和清帝紀年的對照表，以方便讀者更加清楚地瞭解歷史事件和人物。而在書札部分，對通信對象中次數較多的 140 多人編制簡介表，除了介紹出生年月、官位、成就等，還具體列出了和曾國藩的關係、交往等，可以幫助讀者結合人物背景理解通信的具體内容。

綫裝書局 2014 年出版精裝簡體横排本的《曾文正公全集》，共計 16 册，以傳忠書局本《曾文正公全集》爲底本，全書内容和編排體例均與原版相同。文字校訂方面，除了將繁體竪排轉爲簡體横排外，僅改正了原版中明顯的錯字。另有部分異體字，根據國家標準統一改成通行字。書中專有名詞、通假字依然保留原版用法。文中所引用書名、地名，有不用全稱的，如《詩經》經常用作《詩》，也保留原版用法。綫裝書局版收有部分家書，其中第十五册是《求闕齋讀書錄·求闕齋日記類鈔》。

《求闕齋讀書錄》第二個版本是曾氏家藏本。1935 年，爲紀念《曾文正公全集》刻印成書六十周年，桐城派國學大師葉玉麟、出版家朱太忙等收集衆多文獻，整理出版了三十巨册的曾氏家藏本《曾文正公全集》。首附曾文正公遺像，次爲葉玉麟、朱太忙、日春暉閣主爲《全集》所作的序，采用當時最新最好的活字排印技術，繁體豎排，由大連圖書供應社發行。該書出版後，受到廣大讀者的熱捧，一時洛陽紙貴，成爲民國期間獨具特色的一套《曾文正公全集》。2011年中國華僑出版社將 1935 年出版的曾氏家藏本《曾文正公全集》重新校勘，將三十册合併爲二十三册，繁體豎排，有個別錯誤，同樣未能收全，其中家書、家訓收錄得較少。因是平裝，故排版較密，顯得擁擠。這個版本最大的毛病是印刷粗糙，字體不清晰，少數書頁掉墨塊。

最新的版本，是岳麓書社《曾國藩全集》及其修訂本。新版《曾國藩全集》，是由湘潭大學歷史文獻所和古籍研究所等單位的專家學者負責整理，基本上收錄了曾國藩的所有的著述和文獻，是現今研究曾國藩最完整和最系統的基本史料。全集約 1500 萬字，共計 30 册，由岳麓書社自 1985 年到1994 年出齊，集中收錄了曾氏故居所藏的大量曾氏手稿。解放初期土改時，就在曾氏故居富厚堂發現了大批珍貴的檔案材料。其中一部分被運到了臺灣。1949 年 8 月，曾寶蓀、曾約農姐弟從湘鄉故里，將曾國藩父子兄弟的日記、書札手迹及其他部分輕便稿本抄件運到香港九龍，1951 年又轉運到臺北，1965 年由臺灣學生書局出版發行的《湘鄉曾氏文獻》《湘鄉曾氏文獻補》及《曾文正公手寫日記》《曾惠敏公手寫日記》，就是依據這批家藏手稿影印或排印而成。其他剩餘的材料，被運到湖南省圖書館收藏。該書是以曾氏家藏手稿爲底本，參照光緒二年（1876）傳忠書局本《曾文正公全集》、臺灣學生書局版《湘鄉曾氏文獻》及其他資料整理、編輯而成。曾氏家藏手稿數量巨大，包羅宏富。這些手稿就時間順序而言，以曾國藩生平的最後 20 年所占比例最大。其中《求闕齋讀書録》由陳書良校點，以光緒二年（1876）湖南傳忠書局刊《求闕齋讀書録》爲底本，參校上海世界書局本《曾文正公全集·讀書録》，並據湖南圖書館藏《求闕齋讀書録》殘抄本卷三補苴校正。上海古籍出版社 2012 年出版該書單行本。

修訂版《曾國藩全集》（套裝共 31 册，岳麓書社 2011 年出版）的修訂部分，新增五十萬字，以增收佚文爲主要内容。奏稿部分新增 240 餘件，其中絶大部分出自 1993 年版臺灣"故宮博物院"《先正曾國藩文獻彙編》。批牘部分新增 2 件。詩文部分增收 80 餘件。讀書録部分增收新發現之曾氏後人謄録的《詩經》批注。日記部分，增收道光二十一年元旦日記，及咸豐元年、二年間的《綿綿穆穆之室日記》與同治八年、九年、十年間的《無慢室日記》。家書部分增收 20 餘件。書信部分增收 40 餘件。所有增收之件的來源，均於該頁注脚注明。除此以外，改正初版中的個别差錯，彌補其不足之處，也是這次修訂的要務。

民國期間相繼出現了世界書局版和東方書局版《曾文正公全集》。當時國民黨的一些政客爲迎合蔣介石的心理，對其所崇拜的曾國藩的著作彙編成《曾文正公全集》（全 10 册），1935 年世界書局印行此書。當蔣介石接見打了勝仗的將領時，最高的賞賜就是送一套《曾文正公全集》。東方書局版

《曾文正公全集》於 1935 年印行，附有年譜。其所收曾國藩著述遠遠不如 1876 年傳忠書局本豐富，字體仿古，內容單薄，嚴格來說屬於選編性質，但它是第一部鉛印標點本曾氏全集，銷路頗佳。

還有 2001 年京華出版社推出的《曾國藩全集》（16 冊），版本來源不詳。

本次校注所用版本爲：以光緒二年（1876）傳忠書局刻本（簡稱"光緒本"）爲底本，以下面四種爲參校本：

1. 2012 年上海古籍出版社，陳書良校點《曾國藩讀書錄》（簡稱"陳校本"），爲岳麓書社《曾國藩全集》抽印本。

2. 2011 年中國華僑出版社，《曾文正公全集》，共二十三冊（簡稱"華僑本"），第二十三冊是《讀書錄·嘉言類鈔》。

3. 1995 年吉林人民出版社，寧波等校注《足本曾文正公全集》（簡稱"足本"）。

4. 2001 年京華出版社出版，溫林編訂《曾國藩全集·讀書錄》（簡稱"京華本"）。

在上述五個版本中光緒本是祖本，錯訛較少，陳校本與京華本無太多明顯錯誤，足本和華僑本錯訛最多。如足本第 2957 頁"賓殊拜之，張爾蜕蛩"，注："蛩，（qióng 窮），①蝗蟲。②蟋蟀。③恐懼。"原文應爲"賓殊拜之，張爾岐曰……"，"蛩"字無出。第 2984 頁"雇寧人日知録引李泌衣白"，"雇"應爲"顧"，是"顧"字去掉了"頁"旁。第 2984 頁《通鑑》："辭訥以濼河之役免官，以白衣爲防禦使，破叶蕃。"注："濼（luò 洛），濼水，水名，在山東。"本段三處錯誤："辭訥"應爲"薛訥","灤河"應爲"灤州","叶蕃"應爲"吐蕃"。"灤水"之注，自然也誤。第 2996 頁："昭公二十五年，夏有鴝鵒來巢，至繼嗣可立，災變尚可銷也。"注："鴝（qú 渠），鳥名。"應爲："鴝鵒，鳥名。"鴝鵒也作"鸜鵒"，俗稱八哥。第 2999 頁《季布傳》："布之官辯士曹邱生，數招權雇金錢。"劉頒曰："……"注："放（bān 班），發給，分給。"應解釋"劉頒"。劉頒，字貢文，臨江新喻人，宋代著名史學家，對於兩漢歷史尤其熟悉，著有《東漢刊誤》四卷，參編《資治通鑑》。華僑本之誤，以《漢書》爲例，《蕭何傳》："何給泗水卒，史即泗水郡之從事也。"按，卒史，秦漢官署中的屬吏，地位比書佐稍高，秩一百石，因此不應分屬上下句。《韓安國傳》："胡射獵逐，徒以用兵爲常。"按，"徒"應爲"徙"，射獵逐徙即以打獵畜牧而遷徙，故"徙"不應下屬。《景十三王傳》："漢使者視憲王喪，稅自言憲王病時，王后太子不侍。"按，"稅"應爲"梲"。《賈捐之傳》："如此篇路自溫舒《言德緩刑書》，非獨文辭超前絕後。"按，"言"字應爲"尚"。《于定國傳》："天子可丞議，而不從御史大夫也。"按，"丞"下脫"相"字。《趙廣漢傳》："尉者，以大尉繒，從上按下也。"按，"大"應爲"火"。《灌夫傳》："與語言者，即蚡爲太尉時迎淮南王霸上相將之語言也。"按，"將"應爲"對"。諸如此類，不一而足。

卷一　经上

湘鄉曾國藩著　湘潭王啟原編輯

周　易

《晋》："上九,① 罔孚裕, 無咎。"裕, 難矣。《中庸》"明善誠身"一節, 其所謂"裕"者乎?

《家人》："上九, 有孚威如。""有孚威如"即《論語》"望之儼然"意。要使房闥之際、僕婢之前、燕昵之友, 常以此等氣象對之方好。

"象曰: 威如之吉, 反身之謂也。"治家貴嚴, 嚴父常多孝子; 不嚴則子弟之習氣日就佚惰, 而流弊不可勝言矣。故《易》曰"威如吉"。欲嚴而有威, 必本於莊敬。不苟言, 不苟笑。故曰: "威如之吉, 反身之謂也。"

《睽》。凡睽起於相疑, 相疑猶如自矜明察。我之於某

---

① "上九"應爲"初六"。

1

君，其如上九之於六三乎？吳氏謂合睽之道，在於推誠守正，委曲含宏，而無私意猜疑之弊。戒之勉之，此我之要藥也。

《中孚》。讀《中孚》卦，因思人必中虛，不著一物，而後能真實無妄。蓋實者，不欺之謂也。人之所以欺人者，必心中別著一物，心中別有私見，不敢告人，而後造僞言以欺人。若心中了不著私物，又何必欺人哉？其所以自欺者，亦以心中別著私物也。所知在好德，而所私在好色。不能去好色之私，則不能不欺其好德之知矣。是故誠者，不欺者也。不欺者，心無私著也。無私著者，至虛也，是故天下之至誠，天下之至虛者也。當讀書則讀書，心無著於見客也。當見客則見客，心無著於讀書也。一有著則私也。靈明無著，物來順應，未來不迎。當時不雜，既過不戀，是之謂虛而已矣，是之謂誠而已矣。以此讀《無妄》《中孚》《咸》三卦，蓋扞格者鮮矣。

"寂然不動。""神明則如日之升，身體則如鼎之鎮。"此二語，可守者也。惟心到靜極時，所謂未發之中，寂然不動之體，畢竟未體驗出真境來。意者只是閉藏之極，逗出一點生意來，如冬至一陽初動時乎？貞之固也，乃所以爲元也。蟄之壞也，乃所以爲啓也。穀之堅實也，乃所以爲始播之種子也。然則不可以爲種子者，不可謂之堅實之穀也。此中無滿腔生意，若萬物皆資始於我心者，不可謂之至靜之境也。然則靜極生陽，蓋一點生物之仁心也。仁心不息，其參天兩地之至誠乎？顏子三月不違，亦可謂洗心退藏，極靜中之真樂者矣。我輩求靜，欲異乎禪氏入定冥然罔覺之旨，其必驗之此心。有所謂一陽初動，萬物資始者，庶可謂之靜極，可謂之未發之中、寂然不動之體也。不然，深閉固拒，心如死灰，自以爲靜，而生理或幾乎息矣。況乎其並不能靜也，有或擾之，不且憧憧往來乎？深觀道體，蓋陰先於陽，信矣。然非實由體驗得來，終掠影之談也。姑記於此，以俟異日。

“夫易，聖人之所以極深而研幾也。”研幾工夫最要緊。顏子之有不善，未嘗不知，是研幾也。周子曰：“幾善惡。”《中庸》曰：“潛雖伏矣，亦孔之炤。”劉念臺曰：“卜動念以知幾。”皆謂此也。失此不察，則心放而難收矣。

周　官

《天官·大宰》：“八曰：官計以弊邦治。”注：“弊，斷也。”

《小宰》“六計，弊群吏之治”，《秋官·大司寇》“以邦成弊之”，《小司寇》“以輔衆志而弊謀”，弊皆斷也。《士師》：“斷獄弊訟。”弊與斷字平列，弊亦斷也。蔽亦有斷義。《小爾雅》：“蔽，斷也。”《論語》：“一言以蔽之。”《左傳》：“蔽罪邢侯。”

“歲終，則令百官府各正其治，受其會。”謂一歲之大計也。我大清五月各省進奏銷册，即歲會也。《小宰》：“令群吏致事。”注云：“使齎歲盡文書來至。”

《小宰》：“四曰：聽稱責以傅別。”注：“傅別，謂爲大手，書於一札，中字別之。”如今之合同，中字裁分，各執其半，又如兩聯票矣。

“七曰：聽賣買以質劑。”謂兩書一札，同而別之。長曰質，短曰劑。此即今之兩聯票也。一札而左右兩書皆同，其中別之處作數大字，即今之編號也。

《宰夫》：“叙群吏之治，以待賓客之令，諸臣之復，萬民之逆。”注：“鄭司農云：‘復，請也。元謂復之言報也，反也。反報於王，謂於朝廷奏事。’”按：復，白事也。《孟子》“有復於王者曰”，《曲禮》“願有復也”，《大司寇》“凡惸獨老幼之欲有復於王者”，①皆謂白也。先鄭於《司士》注云：“逆，獨受下奏。”於《宰夫》注云：“逆，謂迎受王命者。”後鄭於《宰夫》注云：“逆謂上書，自下而上曰逆。”國藩謂復、逆一也。復者有白於上也，逆者有干請於上也，亦即白也。《宰夫》曰“諸臣之復，萬民之逆”，《司士》曰“諸侯之復逆”，《小臣》曰“三公孤卿之復逆”，《御僕》曰“群吏之逆，庶民之復”，皆以達下情也。

---

① 《周禮·秋官·大司寇》：“凡遠、進、惸、獨、老、幼之欲有復於上，而其長弗達者，立於肺石。”鄭玄注：“無兄弟曰惸。”

“凡失財用物辟名者，以官刑詔冢宰而誅之。”注：“辟名，詐爲書以空作見文書，與實不相應也。”按：名，猶俗曰認。《吕后本紀》：“詐取他人子名之。”①此亦無其物而僞作文書以詐名之也。

“賜之飧牽，②與其陳數。”注：“飧牽，客始至所送禮。”飧，客至而送酒席也。牽則兼送豬羊矣。《左傳》：“饩牽竭矣。”亦有饩有牽也。

《内饔》：“鳥皫色而沙鳴。”注：“沙，澌也。”按：病人失音者，可謂之沙聲。

《鱉人》：“凡貍物。”注：“自貍藏伏於泥中者。”按：自遁藏伏之物，皆可名曰貍物。猶曰鼠伏，曰狙伺。

《地官·大司徒》：“其民專而長。”注：“專，圜也。”按：專，徒丸反，讀如團，謂面圜也。

《鄉大夫》：“五物詢衆庶。”注：“鄭司農云：‘詢，謀也。問於衆庶，寧復有賢能者。’”按：上文已獻賢能之書於王矣，鄉大夫退而再詢：“此外更有賢能者乎？”使衆庶更舉之。

《廛人》：“總布。”注：“杜子春云：‘總當爲儳。’謂無肆立持者之稅也。”按：今世手持貨物者，若抽取釐稅，則苛矣。

---

① “他”，原本作“它”。
② “賜”前當有“賓”字。

《遂大夫》："屬其地治者。"注："屬，猶聚也。"《史記》"屈原屬草稿未定"，《左傳》"屬宗祧之時"，猶值也。

《春官·大宗伯》："以疈辜祭四方百物。"注："疈，牲胸也。疈而磔之，謂磔攘及蜡祭。"按：疈，猶破也，拆也。謂破牲之胸也，所以禳災。《詩》："不拆不副。"副即疈也。

《肆師》："及果築鬻。"注："築，煮。築香草，煮以爲鬯。"按：鬻、煮同字。香草，鬱金也。築，如今俗云搗碎。搗而煮之，以和於秬鬯之酒也。

《鬯人》："禜門用瓢齎。"① 注："齎，讀爲齊。取甘瓠割去柢，以齊爲尊。"按：割去柢，刳去瓠中之瓢子也。即《莊子》之"剖瓠以爲尊"。

《天府》："上春，釁寶鎮及寶器。"注："釁，謂殺牲以血血之。"此與"解衣衣我，推食食我""春風風人，夏雨雨人"字法相同。

《典瑞》："四圭有邸，以祀天、旅上帝，② 兩圭有邸，以祀地、旅四望。"四圭有邸者，於一玉之中，中央琢爲璧，四面各琢一圭。圭之末四出，其本爲璧。邸者，本也，柢也。兩圭有邸者，中央琢爲璧，兩頭各琢一圭，邸如足之相對也。

---

① "齎"，陳校本、京華本、足本均誤作"賫"。《周禮·春官·鬯人》："禜門用瓢齎。"注："瓢，謂瓢蠡也。"
② 旅，祭祀。《論語·八佾》："季家旅于泰山。"《集解》引馬融注："旅，祭名也。"

《司服》："廞衣服。"① 注："廞衣服，所藏於椑中。"
疏："此則明器之衣服，亦沽而小者也。"鎛師廞晉鼓，籥師
廞羽籥，典庸器廞筍虡，司干廞干盾，眡瞭廞錘磬，司兵廞
五兵，皆明器也。

《典同》："高聲䃣。"② 注："鐘形上大也。高則形上藏，
衮然旋如裹。"③ 按：䃣聲在鐘裏旋轉不散也。䃣即聲之䃣
䃣然。

《眡祲》：④ "三曰鑴。" 注："謂日旁氣刺日也。"⑤ 按：
氣如錐之直刺也。《漢書·翟方進傳》"故使掾平鑴令"，亦
謂刺取其劣迹也。

《大祝》："三曰禬。"⑥ 注："禬，祭名，告有災變也。"

《天官》"女祝有禬"，亦除災害也。《春官·大宗伯》有
禬禮，謂同盟有喪失財物者，謀補救之也。

"辨六號。" 注："號，謂尊其名，更爲美稱焉。"古者凡
物皆立之名。辨號，即正名也。

---

① 《説文》："廞，陳輿服於庭也。從广欽聲，讀若歆。許今切。"
② 陳校本、京華本無"高"字。
③ "衮然"，陳校本、京華本誤作"哀然"。
④ "祲"，足本作誤"寢"。《左傳·昭公十五年》："吾見赤黑之祲。"注："祲，
妖氛也。"
⑤ "刺日"，陳校本誤作"刺目"。
⑥ "禬"，陳校本誤作"禬"。《説文》："禬，帶所結也。從衣會聲。《春秋傳》
曰：'衣有禬。'古外切。"字從示不從衣。

"來瞀，令皋舞。"注："皋，讀爲卒嘷呼之嘷。① 來嘷者，皆謂呼之入。"按：來讀爲徠。《東坡志林》謂"若優施來之，趙高來之"是也。《左傳》："魯人之皋。"皋，緩也。《禮運》："皋某復。"皋，引長聲也。

《巾車》："錫樊纓。"② 注："錫，馬面當盧，刻金爲之，所謂鏤錫也。鄭司農云纓謂當胸，元謂纓謂馬鞅。"按：錫，即《莊子》之所謂月題，當胸在腹之上，即鉤膺之處也。鞅，則夾馬頸者。

疏："路，大也。王之所在，故以大爲名。諸侯亦然。左氏義，以爲行於道路，故以路名之。若然，門寢之等，豈亦行於路乎？"按：王之五路——玉路、金路、象路、木路、革路，皆大之也。載柩之車，曰柩路，亦大之也。又鼓人有路鼓，亦與路車路馬同一尊大之稱。

"凡良車、散車不在等者，其用無常。"注："不在等者，謂若今輻車後戶之屬，作之有功有沽。"按：凡曰功、曰攻、曰工、曰堅、曰致、曰精、曰良，皆器之善也。凡曰苦、曰窳、曰楛、曰沽、曰監、曰粗、曰麤、曰疏、曰散，皆器之惡也。

《司常》："通帛爲旜。"注："通帛謂大赤，從周正色，

---

① 各本均於"卒"字絕，誤。按鄭注："皋，讀爲嘷。謂呼之入也。"即"皋"讀若"嘷"，無論如何也不讀"卒"。

② 各本"錫"均誤作"錫"。《左傳·桓公二年》："錫鸞和鈴，昭其聲也。"杜預注："錫在馬額……動皆有鳴聲。"原本不誤。

無飾雜帛者。"按：九旗之帛皆用絳，特中畫他色耳。此不畫者即曰"通帛"。

《夏官·序官》："環人。"注："環，猶卻也，以勇力卻敵。"按：環人掌察軍慝，巡邦國，搏諜賊。蓋周環巡視之意，殆如今之巡捕矣。

《羊人》："賓客供其灋羊。"此法字義與法駕、法從、法宮相同。

《司兵》：[1]"掌五兵五盾。"注："五盾，干櫓之屬，其名未盡聞也。""司戈盾，及舍，設藩盾，行則斂之。"注："藩盾，盾可以藩衛者，如今之扶蘇與？"《説文》："盾，瞂也，[2] 所以捍身蔽目。"揚子《方言》："盾，自关而东或谓之瞂，或谓之干，关西谓之盾。"《説文》："櫓，大盾也。"《玉篇》："櫓。城上守禦望樓。"《韻會》："戰陣高巢車亦爲櫓。"《太公六韜》："陷堅陣，敗强敵，武翼大櫓，提翼小櫓。"是干也，盾也，櫓也，其制不可得而盡見。然大抵干盾形制較小，一手執之可以衛身蔽目。藩盾則形制自大，或二三人執之不等。城上望樓之櫓，則一方倚城，三方必有遮蔽。戰陣巢車之櫓，則一方出入，三方必有遮蔽，與盾之僅蔽一面者異矣。至《六韜》之大櫓小櫓，則亦僅蔽一面，差同干盾

---

① 華僑本無此條目。
② "瞂"，原本及陳校本均誤作"瞂"。

也。《通鑑》晉義熙八年，劉裕至荊州伐劉毅，軍人擔彭排戰具。注：彭排，即今之旁排，所以捍鋒矢。孫恂曰：楯，彭排。《釋名》曰：彭，旁也，在旁禦敵攻也。梁普通五年，北魏將崔延伯等既破莫折天生，進擊万俟醜奴於安定，① 別造大盾，内爲鎖柱，使壯士負以趨，謂之排城，置輜重於中，戰士在外。唐代宗初立，僕固懷恩等破史朝義於洛陽，馬璘單騎奮擊，奪賊兩牌，突出萬衆中，賊左右披靡。注：牌，古謂之楯。晉宋之間，謂之彭排。南方以編竹爲之以捍敵，北人以木爲之。《左傳》"樂祁以楊楯賈禍"，蓋北方之用木也久矣。國藩按：劉毅之彭排，馬璘之牌，即古之盾也，崔延伯之排城則較大矣，殆與《周禮》之藩盾、《六韜》之大櫓相類。

《田僕》："設驅逆之車。"注："逆衙還之，使不出圍。"衙還，謂遮列之。

《職方氏》："其畜宜六擾。"此即《左傳》"擾"龍之"擾"。

《撢人》："使萬民和説而正王面。"此"面"字與《書》之"面稽天若""謀面，用丕訓德"，均不甚可解。

《秋官·大司寇》："使州里任之，則宥而赦之。"此即今令人取保，乃釋放犯人也。

"凡庶民之獄訟，以邦成弊。"注："邦成，若今決事比

---

① "万"，原本及陳校本誤作"方"。万俟(mò qí)，復姓，源於鮮卑族。

也。”今六部皆查成案，刑部又有比案，即邦成也。《士師》：“掌士之八成。”疏：“八者皆是斷事成品式。”

《朝士》：“凡盜賊軍鄉邑及家人，殺之無罪。”注：“若今時無故入人室宅。”按：家人，即庶人也。《魯世家》“爲家人”，《晋世家》“遷爲家人”，皆庶人也。

《野廬氏》：“比國郊及野之道路。”注：“比，猶校也。”按：比，猶言展省也，今世曰稽查也。

《司儀》：“不朝不夕。”注：“不正東鄉，不正西鄉。”《爾雅》：“山東曰朝陽，山西曰夕陽。”即以朝夕爲山名也。春朝朝日，秋夕夕月，即以朝夕爲祭名也。

《冬官·考工記》：“車軫四尺。”注：“軫，輿後橫木。”按：軫，當在車箱之底。輿底之軫，駕於軸上，其間惟有兩伏兔貼之耳。

“軹崇三尺有三寸。”注：“鄭司農云：軹，輈也。元謂軹，轂末也。”按：軹者，轂上衆鑿所以内輻者。

“加軫與轐焉。”注：“轐，謂伏兔。”按：轐，即輹也。漢時謂之伏兔，唐時謂之車屐。在軸之上，軫之下，兩頭各施一。轐，中空見光也。

“眡其綆，欲其蚤之正也。”注：“蚤，當爲爪，謂輻入牙中者也。”按：輻之一頭壯者入轂，謂之軹；一頭纖者入牙，謂之蚤。

“信其桯圍，以爲部廣。部廣六寸。”戴氏曰：“蓋斗謂之部。部廣六寸，厚一寸，中隆一分。"國藩按：二十八弓共一部，猶三十輻共一轂，以其隧之半爲之較崇。阮氏曰："軨，立木達輒謂之較。"國藩按：阮君之意，以軨爲車旁之板。凡板必有柱以維之。柱在三尺三寸以下則直立，其三尺三寸以上則勢向外曲，如角之張，則較也。同一車耳也，在板謂之輒，在柱則謂之較。兩角外張，有開張寬廣之象。故《詩》美武公曰："寬兮綽兮，猗重較兮。"

"參分軹圍，去一以爲轛圍。"戴氏曰："式下人所對謂之轛。"阮氏曰："轛，橫軨也。"國藩按：軨者，車箱兩旁午交之木。直者曰軹，橫者曰轛。軹如窗之格，轛如窗之紙，無軨則輒板無所附矣。①

"任正者，十分其軫之長，以其一爲之圍。"戴氏説，任正，即軫也。阮氏説，在後軫之下，别有一任正木，爲輒所植根之處。其説甚長。國藩謂：任正即後軫，其圍較左右三軫更大耳。

"十分其軫之長，以其一爲之，當兔之圍。"戴氏曰："兩轛之間，謂之當兔。"阮氏曰："當伏兔者，謂之當兔。"國藩按：當兔，亦一橫木也。後軫、前軫與中間之當兔，凡三橫木，如三字；軨午貫其中，則如王字。當兔之下，正與軸相值。二轛上銜、當兔木下銜軸之處，如屋形，可銜可脱。

---

① 陳校本"輒"誤作"轈"，足本此句誤作"無圕則輒枚無所附矣"。

銜當兔之處，則連爲一體，一成而永不脱耳。

"五分其頸圍，去一以爲踵圍。"戴氏曰："軹後謂之踵。"阮氏曰："軹後投任正謂之踵。"① 國藩按：阮氏以任正爲後軫下之一大木，軹所植根之處，是踵者猶云柄也，猶輻之有菑也。

《冶氏》：②"胡三之。"注："胡其子。"戴氏曰："戈戟下垂者曰胡。"國藩按：戈之胡如半月，戟之胡如腰鐮。其曲刃處名胡者，象領下垂胡之形也。名子者，象子字偏曲之形也。

《鳧氏》："銑間謂之于。"注："于，鐘唇之上袪也。"③ 疏："以于爲袪者，鐘唇厚猶褰袪然。"按：褰袂，猶云振袂也。④ 鐘唇微揚，⑤ 若袂之微舉也。

"鉦上謂之舞。"今俗稱舞曰鐘頂。

"鐘帶謂之篆。"注："帶所以介其名也。"按：鐘之周圍橫痕一道，謂之帶。于之上一道曰鼓，鼓之上一道曰鉦，鉦之上一道曰舞帶。形如鍥入然，故曰篆也。

---

① "投"，原本作"役"，從陳校本改。
② "冶"，原本作"治"，從《周禮·考工記》改。
③ "鐘"，原本誤作"鍾"，今改，後文"鐘"字同，不再出注。"袪"，陳校本誤作"袪"，從衣不從示。
④ 華僑本"猶"誤作"然"。
⑤ 華僑本"鐘唇"誤作"振袂"。

"于上之攠，① 謂之隧。"注："攠所擊之處，攠弊也。隧在鼓中窐而生光，有似夫隧。"按：今鐘上受杵之處，往往窐深如圓月形，即隧也。

《玉人》："終葵首。"注："終葵，椎也。"按：珽玉以椎爲首，長六寸，當是圓首；自六寸以下則方。

"祼圭尺有二寸，② 有瓚以祀廟。"注："瓚如盤，其柄用圭，有流前注。"瓚，以圭爲柄曰圭瓚，以璋爲柄曰璋瓚。前有黃金勺，勺端有鼻，鼻下有流，所以注酒。故《詩》曰："黃流在中。"

《矢人》："鍭矢參分，殺矢參分，一在前，二在後；兵矢、田矢五分，二在前，三在後；茀矢七分，三在前，四在後。"一在前者，前有鐵重，③ 與二在後者亭平也。五分而二在前，則鐵稍輕矣。七分而三在前，則鐵更輕矣。

"刃長寸，圍寸。"④ 矢之匕中博，自博處至鋒，謂之刃。長一寸，全匕則長二寸。矢匕中有脊微高，圍寸，並脊計之，博則不滿寸矣。

《梓人》："顧脰。"注："顧，長脰貌。故書顧或作桱。

---

① 華僑本"攠"誤作"麾"。
② "祼"，陳校本、京華本均誤作"裸"。《説文》："以酒灌地以請神曰祼。"從示不從衣。
③ 陳校本、京華本均"鐵"字後絶，華僑本"重"字後絶。按："重"字當上屬，所有矢都前有鐵，鍭矢、殺矢鐵重，故參分。
④ 各本均"刃長寸"後不絶。

鄭司農云：‘輕讀爲鬝頭無髮之鬝。’”按：《莊子》：“而視全人其脤肩。”[①] 肩與顅同音通用。

《匠人》：“四阿重屋。”注：“四阿，若今四注，屋四面皆有霤也。”按：四面垂霤曰阿，吾鄉謂之天井，因而一面垂霤亦曰阿。

“九夫爲井，井間廣四尺，深四尺，謂之溝。方十里爲成，成間廣八尺，深八尺，謂之洫。方百里爲同，同間廣二尋，深二仞，謂之澮。”按：一夫受田百畝，兩夫之間，必有一溝。方里而井，方十里爲成，兩井之間，必有一洫。一成則九洫矣。方百里爲同，兩成之間，必有一同。一同則九澮矣。[②] 又按《遂人》“百夫有洫，千夫有澮”；《匠人》則“十井九十夫即有洫界之，千井九千夫乃有澮界之”，大同小異。

《弓人》：“凡昵之類不能方。”注：“昵或作檷。或为䵑。䵑，黏也。”按：䵑正字，昵，暱借字。

“冰析灂。”按：灂，漆紋也，有似水波鱗鱗之紋。

“夫筋之所由幨。”注：“幨，絕起也。”按：幨與“輪雖敝不蔽”之蔽同義。

“今夫茭解中有變焉，故校。”茭解，謂隈與簫相接之

---

① “全人”，原本作“金人”，從陳校本改。

② “同”，原本誤作“曰”，今據《周禮·考工記·匠人》改。

處。弓幹之端，析爲兩歧，而以簫剚入。幹勢向內，簫勢向外，形制有變，故抗弦有力，是以校也。

“下柎之弓末應將興。”下柎，謂柎不高而力弱也；興謂把處有搖撼之患。

儀　禮

《士冠禮》：“抽上韣。”注：“韣，藏筮之器也。今時藏弓矢者，謂之韣丸也。”按：韣以韋爲之，下韣自下韜而上，上韣自上韜而下。

“有篚，實勺、觶、角柶。”注：“柶狀如匕，以角爲之者，欲滑也。”按：柶與匕，其狀皆如今之羹匙。但少牢及公食大夫之柶，用以扱羊與豕於鉶，① 以木爲之，其柄宜長，故舊《禮圖》云：“柶長尺，楪博三寸，曲柄長六寸。”楪，即葉也。士冠禮之柶用以扱醴於爵中，以角爲之，其柄宜短。想葉博不過一寸許，曲柄不過三寸耳。《禮圖》無士冠禮之柶，無可考證，以意擬之耳。

“三醮有乾肉折俎。”乾肉之醮，三醮皆用脯醢，惟末醮有乾肉。折俎，特殺之醮。始醮亦薦脯醢，再醮加兩豆兩籩，

---

　　① 陳校本、京華本“扱”誤作“抱”，足本誤作“及”。《説文》：“扱，收也。從手及聲。楚洽切。”

三醮加俎。鄭注：“二醮時徹去始醮之脯醢。”① 張爾岐云：“三醮不徹再醮之豆籩。”國藩以爲末醮既不徹豆籩，則再醮亦不宜徹脯醢。

“爵弁，纁屨、黑絇、繶純，純博寸。”② 疏云：“爵弁，尊其屨，飾以繶。次者，案《冬官·畫繢之事》云，青與白相次，赤與黑相次，玄與黃相次，③ 繢以爲衣。青與赤謂之文，赤與白謂之章，白與黑謂之黼，黑與青謂之黻，④ 繡以爲裳。是對方爲繢次，比方爲繡次。”按：東青與西白對，北黑與南赤對，天元與地黃對，三者繢以爲衣，故曰對方爲繢次也。東青與南赤相比近，南赤與西白相比近，西白與北黑相比近，北黑與東青相比近，四者繡以爲裳，故曰比方爲繡次也。

《士昏禮》：“姆加景。”注：“景之制，蓋如明衣，加之以爲行道御塵，令衣鮮明也。景，亦明也。”按：吾鄉嫁女，在輿著布青衣如上，或亦景之遺意歟？《隋書·禮儀志》作“加幜”。

“皆祭舉、食舉也。”注：“舉，即脊與肺也。”按：凡祭

---

① 足本“徹”誤作“繳”。
② 各本均句讀均爲“爵弁纁屨黑，絇繶純純博寸”。據《儀禮·士冠禮》：爵弁配纁屨，纁屨爲黑絇、繶純，純博寸。
③ “玄”，原本作“元”，當爲避康熙帝諱而改。
④ 華僑本“黻”作“黼”。

17

禮，有祭肺，有舉肺脊。祭肺專祭而不食，祭時亦不舉。舉肺脊則祭時舉之，既祭又食之，故名此肺此脊曰舉祭。舉者，祭此肺脊也。食舉者，食此肺脊也。

“執皮攝之內文。”注：“攝，猶辟也。”張爾岐曰：“執皮之法，襞積衣使文在內。”國藩按：攝，斂也。辟與襞通。謂褶疊而斂之，使文在內耳。

《士相見禮》：“凡言非對也。”注：“凡言，謂已爲君言事也。”① 按：凡言，該下與君、與大人、與老者、與幼者、與衆、與居官者六等，不必專指爲君言事。

《鄉飲酒禮》：“賓坐奠爵興辭。”疏云：“賓西階前東面坐，奠爵興辭降。”此賓辭，降之位也。上節云：“主人坐奠爵於階前辭。”此主人辭降之位也。均云“階前”者，主人與東階相直，賓與西階相直耳。實則去階稍遠，將近碑前，非降階即辭也。張氏惠言之圖云如此。

“北面。”按：“北面”二字，指主人也。若循上文西北面獻，賓東西面酢主人之例，② 則此當云“北面酬賓”。

“每一人獻，則薦諸其席。”按：張爾岐云：“‘席次賓介西’，‘介’字衍文也。”三賓席次，賓之西介，席則在南耳，與三賓席不相次。

---

① “已”，陳校本、京華本均作“己”。
② 陳校本於“賓”字絕，誤。

“執觶興。”按：執觶者之導飲，與主人之導飲略同。但彼則主人，阼階上奠觶；此則執觶者，西階上奠觶。彼則賓於西階上答拜，此則賓於席末答拜。彼則賓降辭洗，此則不辭洗。彼則賓奠觶於薦東，此則賓奠於薦西。茲數節爲異耳。

“立飲。”即導飲也。

“司正退立於序端東面。”按：觀經文“受酬者降席”句，似司正於贊堂上三賓受酬之時，則在西階北面之位。其於贊堂下衆賓受酬之時，則在序端東面之位。如疏之説，則賓首一人受介酬者，司正則於西階位贊之，其餘則皆於序端位贊之矣。疑疏與經注微有不合。

“皆進，薦西奠之。賓辭，坐取觶以興；介則薦南奠之，介坐受以興。退，皆拜送。降，賓介奠於其所。”按：二人舉觶，與上節一人舉觶悉同。“皆拜送”者，二人皆於西階上拜送也。“奠於其所”者，賓仍奠於薦西，介仍奠於薦南也。

“介俎：脊、脅、肫、胳、肺皆離。”[1] 朱子曰：“介俎，印本有肫字，然《釋文》無。《音疏》又云：‘有臑肫，而介不用。’明無此字也。石經亦誤。”[2]

注：“後脛骨二，膊、胳也。”按：後脛骨亦三，骭、膊、胳也。骭近竅，賤，不登於俎，故僅云二骨。

---

① “肺”，原脱，據《十三經注疏》本補。
② 此段均爲所引朱子語。

"樂正與立者，皆薦以齒。"按：樂正與立者之位，皆有脯醢，故曰薦於其位。

"凡舉爵，三作而不徒爵。"注："謂獻賓、獻大夫、獻工，皆有薦。"按："三作"注説未安。即盛氏、郝氏、方氏之説，亦均未確。惟《儀禮正義》楊大堉之説差爲近之。其言曰："記言舉爵，爲經'一人舉觶'言也。云凡者，兼二人舉觶言也。經文'一人舉觶於賓'云，實觶於西階上坐奠爵，遂拜執爵興，是一作也。又云坐祭遂飲執觶興，是二作也。又云坐奠觶，遂拜執觶興，是三作也。'不徒爵'者，謂其必實觶也。二人舉觶之禮亦同。"

《鄉射禮》："乏參侯道。"注："容謂之乏，所以爲獲者禦矢也。侯道五十步，此乏去侯北十丈，西三丈。"《爾雅》："容謂之防。"郭注："形如今床頭小曲屏風，唱射所以自防隱。"《荀子·正論》篇云："居則設張容，負扆而坐。"楊倞注："容，如小曲屏風，施此於户牖，負之而坐。"國藩按：射者去侯三十丈，設乏之北十丈，西三丈，去射者約二十丈，乏狀類曲屏，①唱獲立於其中。名曰容者，可以容身也。名曰防者，可以防矢也。名曰乏者，矢力至此已匱乏，不至傷人也。若如《荀子》之言，則燕居亦有容，不獨射時然矣。

"賓進東北面辭洗。"注："必進者方辭洗，宜違位也。

---

① "乏"，原本誤作"之"。

言東北面，則位南於洗矣。"張爾岐曰："《鄉飲酒》此處注異。彼於東字句，此於進字句。"國藩按：鄭注雖有一於東字句，一於進字句之別，經文實無分別。

"主人卒洗。"《鄉飲》於"卒洗"之上，有曰"主人坐取爵，沃洗者西北面"，此亦當有沃洗者。

"賓席之前。"按：此句當如《鄉飲》作"賓之席前"。石經亦誤。注"進於賓也"，當從宋本作"進酒於賓也"。此錢氏儀吉所校定者。

"賓反奠於其所。"《鄉飲》鄭注云："所薦西也。"

"大夫若有遵者，則入門左。"張爾岐曰："言若有者，或有或無不定也。按《鄉飲酒》於篇末略言遵者之禮，此經乃著其詳，正所謂如介禮者也。"國藩按：如介禮者拜至也，辭洗而不拜洗也。主人於西階之右拜送爵也，① 不嚌肺不啐酒不告旨也，授主人爵於兩楹間也，主人實爵自酢也，再拜崇酒也，餘少異。《鄉飲酒》記云遵者席於賓東，實亦在尊東也。

"卻手自弓下取一个。"按：對下覆手言之，則卻手者仰手也。

"與進者相左。"進者次耦也。次耦退時，三耦方進，亦與相左。

"俎與薦皆三祭。"張爾岐曰："脯之半脡，俎之離肺，

---

① "主人"，陳校本誤作"至人"。

皆三也。"國藩按：將以脡肺祭神，因名脡肺曰祭。

"左个之西北三步，東面設薦俎，獲者薦右東面立飲。"按：張惠言《儀禮圖》獲者之薦俎凡設六處：初設於侯之正北，次執而設於右个，次執而設於左个，次執而投於中，次立飲時設於左个之西北三步，次復位後辟設於乏南後，五處皆與經合。"初設"一處，不知確否？經與注皆不甚明。《大射儀》曰："卒錯獲者，適右個。"是薦俎先已錯矣。或即張圖之所本與？

"卒，北面，揖三揖一个。"注："亦於三耦爲之位。"按：注兩曰三耦，爲所爲者，揖三揖一之事也，賓主人爲此事亦於此位，大夫爲此事亦於此位。

注："自若留下。"自若者，猶云如故也。《霍光傳》曰："霍山自若領尚書。"

"賓觶以之主人，主人之觶長受。"按：之，往也。以之主人，猶云送往主人所也。大夫之觶，送往衆賓長所也。

"其中蛇交，韋當。"注："直心背之衣曰當，以丹帶爲之。"張爾岐曰："韋當者，以韋束楅之中央，如人心背之衣。"國藩按：瓦當及玉戹無當，皆謂兩頭爲當，此謂心背爲當，猶曰前面後面耳。

《燕禮》："若膳觶也，則降更觶洗。"注："言更觶卿尊也。"張爾岐曰："膳觶，本非臣所可襲，以君命故得一用。至酌他人，則必更矣。注釋更字義，亦未可信。"國藩按：上

文云公有命，則不易不洗，此不定之辭也。若公無命，則易
觶洗矣。前果易觶乎？則今賓酬大夫，不再更觶。前果用膳
觶乎？則今賓酬大夫當更觶實散。注非，張說正之是也。

"奏《南陔》《白華》《華黍》。"按：注自"今亡以下"
至"此其信也"，與《鄉飲酒禮》之注同。後文注"間代也"
至"其義未聞"一節；"《周南》《召南》《國風》篇也"至
"笙間之篇未聞"一節，與《鄉飲酒禮》之注同。特數字小
異耳。

"君曰以我安。"張爾岐云："當爲我安坐以留之。"國藩
按：張説辭意微有不合，安即留也，非安坐之外別有所爲留
也，直云以我意留之耳。

"司正命執爵者：爵辯，卒受者興，以酬士。"按：命之
之辭，止"爵辯，卒受者興，以酬士"九字，"執爵者"三
字非命辭也。上文云"唯公所賜"，統堂上之孤、卿、大夫
言之。孤、卿、大夫坐行，皆有執爵者，以代酬酒送觶。至
士相旅酬，則執爵者不代送觶矣。故特以詔告執爵者。

"執散爵者酌以之公，命所賜。所賜者興，受爵，降席
下，奠爵，再拜稽首。"按：前三次辯酬卿大夫，皆用二人所
媵之觶，皆公興，至西階親賜，受君酬者皆降拜，酬人者皆
拜送，此禮之最隆者也。第四次賜卿大夫而遍及於士，用賓
所媵之觶，亦公興，至西階親賜，受君酬者亦降拜，但酬人
者不拜授，而由他人代酌以授，受酬者亦不拜受。是禮漸殺

而歡漸洽矣。此爲第五次賜卿大夫而遍及於士，不用膳而用散，君不親賜而僅命執爵者賜之，受賜者不降階拜而僅降席拜，是禮尤殺而歡尤洽矣。

“小臣以巾授矢稍屬。”按：稍屬者，矢不竟授之君手，稍與相近耳。

《大射儀》：“膳尊兩甒在南。”《燕禮》云：“公尊瓦大兩。”又云：“在尊南。”此云：“膳尊兩甒在南。”詞異而實同，甒即瓦大也。[1]

“尊士旅食於西鎛之南。”《燕禮》云“尊士旅食於門西”，亦西鎛之南也。

“公命長。”注：“命之使選於長幼之中也，卿則尊，士則卑。”言大夫則無尊卑之殊，但有長幼之分，故於大夫中選之。

“長致者。”《燕禮》“長致致者”，有兩致字，此少一致字，誤也。

“太師及少師、上工皆降，立於鼓北，群工陪於後。”注：“鼓北，西縣之北也。《考工記》曰：‘鼓人爲皋陶，長六尺有六寸。’”張爾岐曰：“注‘鼓北，西縣之北也’句可疑。”國藩按：注引《考工記》曰“皋陶長六尺有六寸”，西縣之鐘磬鎛鼖等，皆不如鼓之長。鼓之面在前，其北與太師

———————

① 瓦甒，陶制酒器。《禮·禮器》：“君尊瓦甒。”注：“壺大一石，瓦甒五斗。”

少師上工立處相齊。鼓之尾在後，其北與磬鐘鎛虡相齊。①
鼓之中一段，其北即群工也。張惠言氏之圖與注相合。張爾
岐氏之疑，乃未明鼓長六尺有六寸一句耳。

"小臣師以巾内拂矢，而授矢於公，稍屬。"② 注："稍
屬，不擂矢。"按：稍屬者，不遽近君之手，俟君自接取也。

"司宫尊侯於服，不之東北。"即篇首所云："大侯之乏
東北。"

"公樂作而后就物稍屬。"稍屬者，公射之儀，與樂之音稍
相連屬，而不盡能應節也。與上文"小臣授矢稍屬"不同。

"司射命釋獲者，退中與算而俟。"獲者退薦俎，而釋獲
者未追。鄭注補之。《鄉射》則皆鄭注所補。

"司馬正升自西階。"《燕禮》無馬字。《燕禮》膳宰徹公
俎，此用庶子正。"司正命執爵者，爵辯卒受者興以酬士。"
按：司正之命，命執爵者，非命大夫也。"爵辯"以下九字，
即命之之辭。

《聘禮》："釋幣，制玄纁束。"③ 注："純四咫，制丈八
尺。"咫長八寸，四咫則幅廣三尺二寸，太廣非其度。疏引鄭
答趙商云：四當爲三，三咫則幅廣二尺四寸。

"從其幣出請受。""請受"二字疑羨文也。

---

① "鎛"，各本均作"鏄"。鎛，本字，鏄爲借字，本爲田器。
② 各本"稍屬"前不絶，誤。
③ "纁"，陳校本及京華本均誤作"纀"。

"士介入門右，奠幣，再拜稽首。"注："終不敢以臣禮見。"賓與上介以臣禮覿時皆入門右，以客禮覿時皆入門左。士介則兩次皆入門右，似以入右爲敬謹，入左爲抗禮；亦猶奠幣爲敬謹，受幣爲抗禮也。此注云"終不敢以臣禮見"，①得之上注云"私事自闑右"，似失之矣。後注"賓面卿節"云，入門右爲若降等，然引《曲禮》客若降等，則就主人之階，最合經旨矣。

"米百筥，筥半斛。"按：經云："筥半斛。"而記云："四秉曰筥。"則六十四斛矣。蓋筥之大小不同，隨時命名耳。

"賓降階西，再拜稽首，拜飱，亦如之。"注："賓殊拜之。"張爾岐云："殊拜者，分別兩次拜之，成拜訖，又降拜也。"國藩按：張云"成拜訖，又降拜"，似失經之序。當云"降拜訖，又成拜也"。

"大夫揖入。"注："入者省内事也，既而俟於宁也。"按：注"俟於宁"恐當作"俟於宇門"。屋宇即廟門之内霤也。

"大夫還璋，如初入，賓裼，迎，大夫賄用束紡，禮玉束帛乘皮，皆如還玉禮。"按：注賄用紡、禮用玉與帛與皮，此一事也；還璋又一事也，二事皆如還玉之儀，不得分賄紡與禮玉爲二事。還璋亦如還玉禮，賄紡禮玉亦初入，互相備也。

"若賓死，未將命，則既斂於棺，造於朝，介將命；若介

---

① "臣"，原作"客"，陳校本改爲"臣"，今從。

死，歸復命，唯上介造於朝。”上介死，則將命時不以柩造聘
國之朝。士介死，則復命時不以柩造本國之朝。

“幣之所及皆勞。”幣之所及，即賓請有事之所及也。當
是時，尚未用幣請。有事既及之，則幣將及之矣。知賓之幣
將及於我，則我宜先勞之矣。

“又拜送。”記之首節云：“明日君館之。”鄭注以爲特聘
宜加禮一節宜在其下。國藩按：首節記卒聘報書之速，謂報
書在前一日，館賓尚在後一日也。首節以記卒聘爲主，此節
以記館賓時釋詞爲主，不可相蒙。

《公食大夫禮》：“寡君從子。”按：從猶及也，與也。《聘
禮》亦曰：“寡君從子。”《左傳》曰：“吾從子如驂之靳。”

“士羞、庶羞，皆有大、蓋，執豆如宰。”張爾岐云：
“蓋執豆，兼蓋而執之也。”國藩按：蓋字別爲一句。謂皆有
大、皆有蓋也。張氏解屬下句讀，則不辭矣。

“一以授賓，賓受，兼壹祭之。”注：“一一受之，而兼
一祭之。”張爾岐云：“一以授賓者，品授之也。兼一祭之
者，總祭也。”國藩按：一與壹同。一以授賓，謂總合授之
也。上文贊者坐而辯取庶羞，辯取之後又興矣。十六羞之大，
必有一器盛之，乃能執之以興。賓之所受，總受一器也，非
分受十六大也。故一字當與壹同義。若一一授之，則以字爲
不辭矣。張氏解上節壹以授賓，爲總合授賓；而解此節爲品
授之。是但知上注猶稍也之誤，而不知此注一一受之亦誤也。

《喪服》："衰三升。"注："布八十縷爲升。升字當爲登。登，成也。"按：升、登、成三字，古人多互用。《樂記》"則亂升"，《論語》"新穀既升"及"衰縷之升"，升皆訓成也。《曲禮》"年穀不登"，《詩》"登是南邦"，《春秋》傳"不登叛人之黨"，登皆訓成也。

"菲屨，菅菲也。"疏云："周公時謂之屨子，夏時謂之菲。"按：菲字疑與"扉"字通。《左傳》："共其資糧屝屨。"杜注："屝，草屨。"

《喪服》："庶子不爲長子，① 三年不繼祖也。"注："庶子者，爲父後者之弟也。《小記》曰：'不繼祖與禰。'"按：禰即庶子。庶子之長子可以繼禰，但不得繼祖，以其父固庶子耳。

"爲所後者之祖父母妻，妻之父母昆弟，昆弟之子若子。"張爾岐云："所後者之妻，即其母所後者之妻之父母昆弟；昆弟之子即其外祖父母及舅與內兄弟，皆如親子，爲之著服也。"國藩按：所後者之昆弟，即其世父叔父也。所後者之昆弟之子，即其從父昆弟也。張氏謂即舅與內兄弟，恐非經意，顧氏炎武，盛氏世佐已詳解之。

"公卿、大夫、室老、士，貴臣，其餘皆衆臣也。"方觀承氏以經所云公之士及大夫之衆臣皆非貴臣也，故降其服；傳所云公之卿及大夫之室老、士皆貴臣也，故不降其服。其

---

① 陳校本引黃侃批《十三經》作"庶子不得爲長子"。

説亦近。①

"齊衰、大功冠其受也，緦麻、以功冠其衰也。"② 按：齊衰之受服衰七升，初喪之冠亦七升。大功之受服衰十升，初喪之冠亦十升，故云衰其受也。小功之衰十升，冠亦如之。緦麻之衰十五升，抽其半，七升半，冠亦如之。故云"冠其衰也"餘皆可以類推。疏稱引稍多，僅引一條，似更簡明。又按郝氏敬謂緦麻以小功之冠爲衰，小功以大功之冠爲衰；盛氏世佐謂小功冠衰之升數有別；二説皆與疏異，與經文亦似不合，俟考。

"同居則服齊衰期，異居則服齊衰三月也。③ 必嘗同居，然後爲異居；未嘗同居，則不異居。"按：子必隨母適人而後名曰同居，即上齊衰杖期章内所謂繼母嫁從也。異居者，若范文正公，初隨母嫁朱氏，後復歸於范氏。當文正在朱家時，謂之同居；及還范家之後，謂之異居。若其初本未嘗從母適朱氏，則並不得以異居名之，是無服矣。傳意重在三者，皆具經意則專重同居，經傳似微有區別。至傳言爲築宮廟，亦與貧窶之孤子情事不合，顧亭林氏已譏之矣。

"大夫之子，爲世父母；叔父母子，昆弟；昆弟之子，姑姊妹女子子無主者，爲大夫命婦者，唯子不報。"注："君命

---

① "近"，原本誤作"迎"，據華僑本改。

② "以"疑爲"小"之誤字。陳校本引黃侃批注《十三經·儀禮》作"緦麻小功冠其衰也"。

③ 陳校本引中華書局 1980 年影印《十三經注疏》本無"也"字。

其夫，則后夫人亦命其妻矣。此所爲者皆六命夫六命婦。"
按：注"六命夫"者，世父也，叔父也，子也，昆也，弟也，
昆弟之子也；"六命婦"者，世母也，叔母也，姑也，姊也，
妹也，女子子也。

"諸侯之大夫，以時接見於天子。"盛世佐曰："既爲大
夫，雖未嘗聘問於王朝，而其可以接見之禮自在。疏云'不
聘即不服'，非。"國藩按：張氏以傳注爲諸侯使大夫來見天
子，適有天子之喪，故其服如此。似與傳注之意不合。傳注
云以時者，猶云大夫有時接見天子爾。盛説是也。

"大夫、公之昆弟、大夫之子，爲其昆弟、庶子、姑姊妹
女子子之長殤。"古者五十而後爵，無大夫而殤死者，亦無既
爲大夫而有兄若姊之殤者。敖氏繼公、盛氏世佐皆以此爲疑。
疏謂或有盛德，少年即爲大夫。《欽定義疏》謂亦有公族高
勛世爲大夫者，適子年雖未冠，已爲大夫者，理或然與？

"從母，丈夫婦人報。"按：此"丈夫婦人"四字，從鄭
氏説，則似既服母之姊妹，又並服母之姊妹之子。從馬氏説，
則似從母報服於姊妹之子，男女並報以小功。二説皆於先王
制服之條理不合。從敖氏繼公説，則丈夫婦人即爲從母服者
也，又於經文之例不合。至《通典》引晉袁準之論，謂從母
者，母之姊妹，從母而嫁爲己庶母者也，則又與從父從祖之
名不合。此條殊多可疑，姑闕之。

"緦者十五升，抽其半。"姜氏兆錫曰："十五升抽其半

者，謂十有四升有半，而總計一千一百有六十也。”盛氏世佐、秦氏蕙田皆從姜説，足正相沿之誤。

“貴臣，貴妾。”鄭注、賈疏及雷次宗、顧炎武專指大夫言之。馬融、陳銓、盛世佐通指大夫以上至天子、諸侯言之。敖繼公、張爾岐、秦蕙田及《欽定義疏》皆專指士言之。詳考《禮》意，自以指士者爲正。下文“乳母敖氏”，亦以爲蒙上“士爲”二字言之。

“從祖昆弟之子。與其父同曾祖，則子稱吾爲族父母矣，故注曰“族父母爲之服”。

“小功以下爲兄弟。”此句愚意兼上三節及下“君之所爲兄弟”“夫之所爲兄弟”二節言之，則“妻降一等”之語尚可強通。

“夫之所爲兄弟服，妻降一等。”妻於夫之兄弟無服，此所謂兄弟者，疏謂是夫之從母，敖氏謂是夫之祖父母，《欽定義疏》謂是夫之從祖、祖父母、夫之從父姊妹，皆不可信也。

“凡衰，外削幅。裳，内削幅。”注：“削猶殺也。”按：此削字之義，如《考工記》“揱爾而下迆也”之揱。

“衣帶下尺”注：“衣帶下尺者，要也，廣尺足以掩裳上際也。”張爾岐曰：“用布高一尺，上綴衣身，繞要前後。據疏，衣帶，言其物；下尺者，向下量之一尺，言其度也。”國藩按：下尺，注指廣言，張氏指長言。張氏是也。

"冒、緇，① 質長與手齊，殺掩足。"② 按：王夫之《喪大記章句》云："冒殺之制，皆如囊。縫合一頭，與一旁，其一旁則綴帶以維結之，所謂綴旁也。"張爾岐謂綴質與殺相接之處，是質則綴下，殺則綴上，上不得名曰綴旁矣。恐當從王説。

"既井槨。"按：槨大，不以全者舁送宅兆，先在殯門外構成，一試觀之，然後析爲散木，舁送宅兆，窆窆後，再於壙中構成全槨也。槨成有似井形，試構之，故曰井槨。吾鄉聚木板四方，婁空架之，亦曰一井。

"作龜興"注："作，炮也。"《周禮·卜人》："揚火以作龜，致其墨。"按：古人名步馬曰"作馬"，《易·雜卦》爲"作足"也，"作龜"之意略同。

《既夕》："遷於祖用軸。"注："軸狀如轉轔，刻兩頭爲軹，軹狀如長牀，③ 穿桯前後，著金而關軸焉。大夫諸侯以上有四周，謂之輲，天子畫之以龍。"按：《淮南子·説林訓》注："楚人謂户限曰轔。"此注云如轉轔者，當謂如户樞之轉也。輲者，軸頭之𦦨，内於桯上之穿者。士之軹牀，亦應有四周，但大夫諸侯以上，則桯彌厚彌大，天子則尤大，

---

① "緇"字疑衍。《禮記·喪大記》作："凡冒，質長與手齊，殺三尺。"

② "殺"，原本作"柽"。

③ "軹"當爲"軹"。《儀禮·既夕》"夷牀軹軸"，注："軹狀如長牀，穿桯前後，著金而關軸。"

故畫龍耳。蜃車之輪曰輇，高三尺三寸，此軸行於中庭，當尤低矣。

“設披”注：“披，絡柳棺上。”張爾岐曰：“注文絡字當是絡字。”國藩按：《左傳·僖十五年》“輅秦伯”注：“輅，止也。”《宣二年》“狂狡輅鄭人”亦訓“止也”。輅有系止之義，不必作絡。

“夷牀輁軸，饌於西階東。”注：“夷牀饌於祖廟，① 輁軸饌於殯宮，其二廟者於禰亦供輁軸焉。”國藩謂雖有二廟輁軸，似不必兩具。

《士虞禮》：“苴刌茅，長五寸，束之。”注：“苴猶籍也。”張爾岐曰：“苴刌茅者，藉祭之刌茅也。”國藩按：下文“洗茅設於席上，取黍稷祭於苴”，是此苴實爲虛祭棲神之物矣。

“尸取奠。”張爾岐曰：“尸取奠，取祝所反奠於鉶南之觶也。”國藩按：觶久奠於鉶南，因名此觶曰“奠”。下文曰“祭奠”，祭此觶也。《特牲饋食禮》曰“嗣舉觶”，舉此奠也。

“祝薦席，徹入于房，祝自執其俎出。”按：祝有薦有席有俎，薦席則徹入於房，俎則自執以出。

“升左肩、臂、臑、肫、胳、脊、脅、離、肺。”《正字通》：“今謂自肩至肘曰臑，自肘至腕曰臂。”國藩按：肩、臂、

---

① 庿，通“廟”。《説文》：“廟，尊先祖皃也。從广朝聲。庿，古文。眉召切。”

臑前在前足,① 肫、胳在後足,脊在中體之岡,脅在中體之牆,脄在胡,此十者皆取諸左,肺則取諸腹內。

"祝反入門左。"此下尚須入徹陰厭,重設西北隅之陽厭,事畢,祝自執其俎以出,乃復庭中北面之位。記不詳者,經文已言之也。

"在西塾。"以上記餕尸之饌。尸出以下則記卒哭禮畢,行餕尸之禮也。

"死三日而殯"注:"異人之間,其義或殊。"按:"異人之間"四字不辭,疑當作"異同之間"。

"俎入"注:"入,設俎載者。"按:鄭注"入設俎載者",言入而設俎於室之人,即在庭載牲體於俎之人,謂執事也。

"食舉,主人羞肵俎於臘北,至反黍稷於其所。"按:"食舉"之舉,讀如"五旬而舉之"之"舉"。牲體有骨者,肉離骨曰舉,肺以提心曰舉,脊以離骨曰舉。佐食之舉幹舉骼舉肩,皆從俎中分出少許以授尸,將盛於肵俎以歸尸也。尸自舉之肺脊,雖主人立進肵俎,尸不遽入於肵俎而暨入於菹豆者,謙也。至九飯畢佐食,乃取肺脊加於肵俎,並以歸尸焉。

"棜禁。"按:棜禁上有四周,無足者爲楕方木槃,當與吾鄉茶槃相似;有足者則當與俎相似矣。論形制,則棜無足,禁有足;論等秩,則大夫用棜,士用禁,其常也。然至鄉飲、

① 上"前"字應作"皆"。

鄉射，則雖大夫，去足者亦得名禁；至此饋食禮，則雖士之有足者亦得名柶。

《少牢饋食禮》：“放於西方。”放，猶《檀弓》“吾將安放”之放。

“載右胖，髀不升，肩、臂、臑、膊、骼、正脊一，脡脊一，橫脊一，短脅一，正脅一，代脅一，皆二骨以並；腸三，胃三，長皆及俎拒；舉肺一，長終肺；祭肺三，皆切；肩、臂、臑、膊、骼在兩端，脊、脅、肺、肩在上。”凡牲體有豚解，有體解。豚解者，解爲七體：一脊、兩脅、兩肱、兩股也。脅者，肋骨，亦謂之胉。肱者，前脛骨，謂之肩。股者，後脛骨，謂之髀。脅、肱、股三者，各分左右兩胖，故爲六體，合脊則七體矣。此豚解也。體解者，即七體而折解之爲二十一體，折脊骨爲三，前爲正脊，中爲脡脊，後爲橫脊；折脅骨爲三，前爲代脅，中爲長脅，亦名正脅，後爲短脅；折肱骨爲三，上爲肩，中爲臂，下爲臑；折股骨爲三，上爲髀，中爲膊，下爲骼。脅與肱、股三者各分左右兩胖，共得十八體，合脊之三體則二十一體矣。兩髀以近竅之故，賤之不升於俎，故凡十九體而牲體之數備矣。此外，正脊之前當頸處謂之脰，亦謂之脢；後足之末近蹄者謂之觳，皆不在正體之數。此秦氏蕙田之説而國藩微有刪改。

“主婦被錫衣、侈袂。”《欽定義疏》云：“錫衣當是緣衣。緣字一訛而爲錫，再訛而爲錫。”又云：“士妻助祭於公，則服緣衣；自祭於家，則服綃衣。大夫妻助祭於公，則服展衣；自祭於家，則服緣衣。”秦氏蕙田云：“漢樂府云‘曳阿錫’注云：‘細布，言布滑易如錫也，以細布爲衣而侈其袂，即緣衣也。’”國藩按：據此二説，則錫衣乃身服之衣，非首服之次也。服緣衣者，首即服次，不必更言首服矣。

“食舉三飯。”① 此下當有“尸實舉於菹豆”六字，經不言者，略之也。《特牲禮》“佐食舉幹”之上當有“尸實舉於菹豆”六字，經不言者，蓋叙於舉獸幹魚一之下也。

《有司徹》：“次賓羞羊燔，如尸禮，侑降筵自北方。”如尸禮，亦當橫一燔於俎上以進，又橫執俎以降也。②

“次賓羞匕湇，如尸禮。”如尸禮，亦當縮執匕俎以升，縮匕於俎上以降。

“司空取爵於篚，③ 以授婦贊者于房東”一節。主婦獻爵，猶初獻之主人獻爵也。設兩鉶糗修，猶初獻之薦豆籩也。此外如羞匕湇、羞肉湇、羞燔皆與初獻相同。其不同者不授几，不載俎、設俎耳。

“受爵酌獻侑”一節。於獻爵羞糗修之外，有羞豕脀、羞豕燔二節，較之主婦之獻尸，則已爲少殺，蓋無羞匕湇及兩鉶也。然較之主人之獻侑則尚爲少隆，蓋彼於正俎之外僅

---

① 華僑本誤作“食畢三飯”。
② “又橫執俎以降也”，華僑本作“禮橫執俎以降也”。
③ “司空”，陳校本據黃批《十三經注疏》改爲“司宫”。

羞羊燔，無匕涪並無肉涪也。

“次賓羞羊膰，如主人之禮。”尸酢主婦，較之酢主人時，少羞匕涪、羞肉涪二節。

“宰夫洗觶以升”一節。此節六“爵”字，皆宰夫新洗之觶，非上文之酢爵也。

“皆若是以辯。”謂眾兄弟皆由洗東升阼階上，拜受爵，坐祭立飲也。

“尸作三獻之爵”一節。上文賓三獻之禮未畢，即暫停而別行主人酬尸及均神惠之禮，至是乃補三獻之禮。又上文初獻載尸正俎時，已歷說十一俎未遞載也。至尸酢主婦時，八俎載畢，尚有三魚俎未載，至此載之。

“司士羞一涪魚。”侑及主人之涪魚有一字，尸無一字，上文已著五魚也。

“主人以酬侑於西楹西。”尸酬主人在東楹東、主人酬侑、侑酬長賓、長賓酬眾賓、眾賓酬兄弟、兄弟酬私人，皆在西楹西。

“兄弟之後生者，舉觶於其長。”注：“古文觶皆爲爵，延景中詔校書定作觶。”延景，漢諸帝年號無此稱。《釋文》改作延熹，張爾岐從之，盛世佐以爲當作熹平。

“亦遂之於下。”遂之於下者，當亦遂及主人侑賓、兄弟、私人。注不著主人侑，似與經“如初”二字不合。

“佐食受牢舉如饋。”少牢十一，飯之末上佐食，受尸牢，肺正脊加於肵也。

“主婦反取籩於房中，執棗糗，棗在稷南，[1] 糗在棗南。婦贊者執栗脯，主婦不興，受設之，栗在糗東，脯在棗東。”儐尸者薦豆，則韭菹、醓醢、昌本、[2] 麋臡；加籩，則麷蕡白黑，此較殺，故注云下儐尸。

“於尸祝主人主婦。”儐尸則羞於尸侑主人主婦，不儐則羞於尸祝主人主婦。

禮　記

《檀弓》：“予疇昔之夜。”鄭注：“疇，發聲也。昔，猶前也。《史記》：‘疇人子弟分散。’”樂彦注云：“疇昔知星人也。”國藩謹按：二者解疇昔皆誤也。《書》“疇咨若時登庸”注：“疇，誰也。謂於衆人之中，不知當屬何人。”乃疇字引申之義也。《史記》“於疇若予工”，作誰能馴予工；“疇若予上下草木鳥獸”，作誰能馴予上下草木鳥獸。謂衆人之中，何人能若予工，何人能馴草木鳥獸也。疇昔猶云誰昔，謂不知曩者何時也。《詩》：“知而不已，誰昔然矣。”《爾雅·釋訓》：“誰昔，昔也。”皆不記何時之義也。

---

① “執棗糗”與“棗在稷南”之間當補“坐設之”三字。

② 昌本，以菖蒲根爲菹。

卷二 经下

湘鄉曾國藩著 湘潭王啟原編輯

左 傳

《隱五年》：“宋人使來告命。”《九年》：“宋不告命。”告命，猶今言告急也。奔命，似亦有危急而奔救也。《成七年》：“一歲七奔命。”

“叔父有憾於寡人。”舊事有不能釋然者謂之憾，非怨也。《李廣傳》“將軍自念有憾者乎”，亦非悔也。

《隱六年》：“從自及也。”杜注：“從，隨也。”從，猶將也，行也。

《隱十一年》：“傅於許。”謂兵薄於城下也。《宣十二年》：“遂傅於蕭。”《襄六年》：“傅於堞。”《襄九年》：“聞師將傅。”《襄二十五年》：“傅諸其軍。”義皆同。又凡物附著者謂之傅，如“毛將安傅”及“傅藥於脂”“傅毒於矢”之類。

《桓三年》：“公子則下卿送之。”公所生女，亦稱公子。《昭三年》：“以其子更公女而嫁公子。”其公子即公女也。謂以己女更公女嫁晋，乃以公子別嫁於人。《昭二十七年》：“子重之子曰重。”重亦魯公子憖之女也。

《桓十二年》：“覆諸山下。”覆，謂設伏兵。《隱十年》：“爲三覆以待之。”“《邲之戰》師七覆於敖前。”《成三年》：“使東鄙覆諸鄭。”

《莊八年》：“公問不至。”杜注：“問，命也。”問，即音問也。《三國志》有“定問”“外問”，《王基傳》有“凶問”。

《莊三十二年》：“見孟任從之閟。”注：“閟，不從公也。”今律曰：“調奸不從。”又按《史記·西南夷傳》：“謂道不通曰閟。”

《僖七年》：“若總其罪人以臨之。”注：“總，領也。”此總字，猶今用率字、持字。

《僖十五年》：“晋於是乎作爰田。”注：“分公田應入租稅，改換與衆。”此爰字有換字之義。《三國志·陸瑁傳》：“少爰居會稽。”《鍾離牧傳》：“同郡徐原爰居永興。”

《僖十九年》：“欲以屬東夷。”此屬字，有聯屬懷來之意。下文“以屬諸侯”，《哀十三年》“屬徒五千”，《哀十四年》“屬徒攻闈與大門”，《哀二十七年》“屬孤子三日朝”皆同。

《僖二十二年》："鼓儳可也。"此儳字，有孱弱不整之意。

《文二年》："廢六關。"《家語》作"置六關"。按《莊子》"廢一於堂""廢一於庭"亦以廢爲置。

《文四年》："曹伯如晋會正。"注："會受貢賦之政也。"後文"諸侯朝正於王"注："朝而受政教也。"又《書·無逸》"惟正之共"，正亦與政通。

《文六年》："陳之藝極。"注："藝，準也。《傳》曰：'貢之無藝。'"藝，謂貢事皆有定則也。《昭十三年》"藝貢事"、《昭十六年》"而共無藝"義同。

《宣二年》："三進及溜而後視之。"注："前進而及於屋溜也。"溜即中霤。

《宣四年》："汰輈及鼓跗。"注："汰，過也。輈，車轅。跗，所以架鼓。"汰輈，猶貫革之貫穿過也。《周禮》有足鼓，足亦跗也。

《宣十二年》："略基趾。"注："略，度也。"《昭二十五年》："楚子爲舟師以略吴疆。"

《成二年》："匱盟也。"猶云力竭而請盟也。

《成九年》："使稅之。"注："稅，解也。"稅駕之稅亦解也。

《成十三年》："略其武夫。"注："略，取也。"按：今刑律有略賣，亦強取之也。《襄四年》"季孫曰略"注："不以直取爲略。”

《成十六年》：“使行人執榼承飲造於子重。”注：“承，貯也。”今通用盛字。《襄二十五年》：“承飲而進獻。”《昭十三年》：“子産爭承。”注：“承，貢賦之次。”

《成十八年》：“今將崇諸侯之奸而披其地。”注：“披，分也。”《昭五年》“又披其邑”注：“披，析也。”《史記》：“披其枝者傷其心。”

《襄九年》：“使華閱討右官。”注：“討，治也。”誅責曰討，修治亦曰討。

《襄十三年》：“小人農力以事其上。”此農字猶厚也。《呂刑》“農殖嘉穀”，亦厚也。

《襄十四年》：“今官之師旅。”此師旅猶曰徒衆，非軍旅也。《襄二十五年》：“百官之政長師旅。”

《襄十七年》：“遂幽其妻曰：‘畀余而大璧。’”殺吳乃華臣所使，幽妻索璧則六賊所自爲也，故曰遂。

《襄二十二年》：“寡君悉其土實。”《二十八年》：“則以其內實遷於盧蒲嫳氏。”《三十一年》：“則君之府實也。”義皆同。《二十五年》：“豈爲其口實。”注：“口實，祿養也。”

《襄二十三年》：“貳廣上之登御邢公。”注：“貳廣，公副車也。”《宣十二年》：“楚子爲乘廣，廣隊不能進。”《襄二十四年》：“使御廣車而行。”注：“皆云兵車也。”廣爲兵車，故貳廣爲副車。

《襄二十五年》："井衍沃。"①《釋文》："下平曰衍，有流曰沃。"國藩按：取其田而井之也。

《襄二十五年》："朱也當御。"當御猶今言值班。

"天下誰畜之。"注："畜，容也。"《史記》："太后兒子畜之。""弟畜灌夫。"

《襄二十七年》："崔成、崔疆殺東郭偃、棠无咎於崔氏之朝。"春秋時，大夫有私朝。《襄二十八年》："慶氏國遷朝焉。"《三十年》："伯有氏朝至未已。"

"僕賃於野。"僕賃，猶今俗言備趁也。

《襄二十九年》："處而不底。"底，滯也，猶沉滯、拘泥也。《昭元年》："勿使有所壅閉湫底，以露其體。"

《昭元年》："弗去懼選。"注："選，數也。"數，責也。《詩》："不可選也。"

"邑姜方震太叔。"注："懷胎爲震。"《生民》詩："載震載夙。"《昭三十二年》："始震而卜。"《爾雅·釋詁》："娠，動也。"注："娠，猶震也。"

《昭三年》："辱收寡人。"按：收，恤也，存也，撫而有之也。《史記》多用收字。

《昭七年》："若屬有疆場之言。"按：屬謂值其時也。

---

① "井"，原本誤作"并"，據陳校本、華僑本改。

《昭十六年》:"若屬有讒人交鬥其間。"①《史記·屈賈傳》:"屬草稿未定。"

《昭十二年》:"惟蔡於感。"按:此感字與憾字同,謂惟於蔡不能釋然也。

"朝有著位。"注:"著定朝内,列位常處,謂之表著。"《昭十二年》:"則固有著矣。"注:"著,位次也。"《十六年》:"已有著位。"

《昭十八年》:"弗良及也。"猶今諺云:不得好好看見。

《昭二十五年》:"生宋元夫人。"注:"宋元夫人,平子之外姊。"外姊,猶今俗云表姊也。《成十一年》:"有外弟外妹。"謂同母異父者也。漢高祖有外婦,謂私通者也。

"昭伯問家故焉,盡對。"注:"故,事也。"按:《文王世子》有"國故",《儒林傳》有"掌故"。

《昭二十六年》:"將亢子。"下文曰:"毋乃亢諸。"又曰:"何敢亢之。"此亢字與御字同,與抗字相近。

《昭二十九年》:"官宿其業。"注:"宿,猶安也。"宿,猶久也。

《定八年》:"桓子咋謂林楚曰。"注:"咋,暫也。"咋,猶乍也。

《定十二年》:"與其素厲,寧爲無勇。"注:"素,空也。

---

① "鬥",原本作"鬭",應爲"鬥"。

厲，猛也。”謂無實而空猛也。猶無功而爵曰素封，無能而禄曰素餐，此素字與乾字、白字同意。

《哀元年》：“如子西之素。”此素字猶云計畫素定也。《宣十一年》：“不愆於素。”

《哀九年》：“吴子使來儆師。”此儆字猶《禮經》戒賓之戒。

《哀十七年》：“太子又使椓之。”此椓字猶今京師諺語軋也，譖訴也。《詩》“天夭是椓”“昏椓靡共”，亦有傾軋之意。

國　語

《魯語上》：“越哉！臧孫之爲政也。”韋注：“越，迂也。言其迂闊不知政要也。”按：越，過也。言臧孫祀爰居過乎禮法之外也。

《吴語》：“天王豈辱裁之？”韋注：“豈能辱意裁制之。”按：豈字語意猶云儻也。《漢書·丙吉傳》：“豈宜尊顯。”亦猶儻也。

穀梁傳

《文十八年》：“侄娣者，不孤子之意也。一人有子，三人緩帶。”疏云：“有子則喜樂之情均，貴賤之意等。緩帶，優游之意也。”按：國郡取女九人，欲以廣嗣也。故夫人之於俖娣媵妾，皆誼屬一體。"一人有子，三人緩帶"云者，言衆人皆歡暢而優游，不獨生子者一人私喜也。宣公但知奉其所生之母敬嬴而不知奉夫人姜氏，使姜氏大歸，則與三人緩帶之義相悖。故《春秋》譏之。"緩帶"二字，猶云開襟歡暢云爾，陶淵明《雜詩》云："緩帶盡歡娱。"正得其解。《三國志·諸葛亮傳》云："遂解帶寫誠，深相結納。"示開襟歡暢之意。推此以觀，凡言襟抱歡暢，皆可稱曰緩帶。而方望溪氏文集有曰"夫人急緩帶之思"，若以緩帶專爲夫人望妾媵生子之稱，如隱語然，亦爲誤也。方氏於修詞號爲潔淨，而此等猶爲未諦，斯亦好藻飾者之過也。

爾　雅

《釋詁》："摯，固也。"下又云："摯，厚也。"國藩按：摯者，堅持安重之意。堅持即固也，安重即厚也。《莊子·徐無鬼》："摯好惡。"謂堅持其好惡，使不妄發也。《説文》引《詩》曰："赤烏摯摯。"謂安重也。

"屈，聚也。"注引《詩》云："屈此群醜。"《釋文》引《韓詩》云："屈，收也。[①] 收斂得此聚衆。"國藩按：《法言》："漢紃群才，群才紃群力。"紃字亦與此屈字同義，謂

---

① "收"，原作"牧"，據文意當爲"收"。

收聚人之才力而爲我用也。

"痡，病也。"邵晋涵曰："《漢書》注引《韓詩》云：'勲胥以痡。痡，病也，通作鋪。'《大雅·江漢》云：'淮夷來鋪。'《毛傳》：'鋪，病也。'"國藩謂"淮夷來鋪"之鋪訓病，《毛傳》本不甚諦，此引以爲痡通作鋪，亦未當也。

"戮，病也。"邵晋涵云："戮，以耻辱爲病。鄭注《秋官·掌戮》云：'戮，猶辱也。'《左傳·文十年》傳云：'國君不可戮也。'"國藩按：《莊子》："山木栗林，虞人以吾爲戮，吾所以不庭也。"戮亦辱也。

"恙，憂也。"邵晋涵云："《楚辭·九辨》云：'還及君之無恙。'"國藩按：《公孫宏傳》亦云："何恙不已。"

"稅，舍也。"《左傳·成九年》："鐘儀南冠而縶，① 晋侯使稅之。"杜注："稅，解也。"即舍也之意。郭引"召伯所稅"，國藩疑其與舍字微有不合。

"歷，傅也。"注："傅，近也。"按：此歷字當讀如"離，麗也"之"麗"，凡人所經歷之迹，猶附麗也，猶傅著也。凡物附著者謂之傅，如傅藥於膚，傅毒於矢之類。《左傳》"毛將安傅"，謂毛當附著於皮也。兵薄於城下曰傅，亦謂軍士附著於城身也。《左傳·隱十一年》"傅於許"，《僖二十五年》"昏而傅焉"、《宣十二年》"遂傅於蕭"、《襄六年》

---

① "縶"，原本誤作"縶"。

“傅於堞”皆是也。郭氏訓近得之，邵氏微有不合。《襄九年》“聞師將傅”，聞師將近城也。

“在，存也。”邵晉涵引《左氏·僖九年傳》云：“其在亂乎。”杜注：“在，存也。”國藩按：《左傳·襄二十六年》：“吾子獨不在寡人。”杜注：“在，存問也。”

《釋言》：“愬，飢也。”愬以思爲正訓。“愬如朝飢”，苦思而如飢也。“愬焉如擣”，苦思而如擣也。此等恐非本經，後人羼亂者與？

《釋宮》：“柣謂之閾。”《匡謬正俗》曰：“問曰：‘俗謂門限爲門蒨，何也？’答曰：‘按《爾雅》柣謂之閾。郭景純注：門限也。音切。今言門蒨是柣聲之轉耳，字宜爲柣而作切音。’”國藩按：《漢書·外戚傳》：“切皆銅沓。”冒注：“切，門限也。”切當是柣之假借字。

“樞達，北方謂之落時。”注：“門持樞者，或達北檼，以爲固也。”按：門持樞之木，持上樞者即梁，持下樞者即閾也。若達於北檼，則極長矣。今上樞之梁長或如此。

“堁謂之坫，在堂隅。”按：坫有二，《明堂位》崇坫康圭，《論語》有反坫，此坫皆築土爲小方台以庋物也。若堂角之坫，則初無上臺，但有其名耳。

“鐊，謂之杇。”《說文》：①“鐊，鐵杇也。或作楊。”秦

---

① “文”，原本誤作“方”。

謂之枅，關東謂之楊。《孟子》：“毀瓦畫墁。”王肅注：“《論
語》：‘枅，墁也。’”國藩按：鏝本塗牆之器，而塗之亦曰
鏝。有用鐵者，有用木者，故或從金，或從土，異同字也。

“橛在牆者謂之楎。”《內則》疏云：“植曰楎，橫曰箷。”
國藩按：植非立於地也，但著於牆壁耳。吾鄉俗曰“釘子”，
可以挂衣。

“植謂之傳。”注：“戶持鏁植也。”按：鍵，門持鏁之
木，有橫鍵者，有直鍵者。此曰植，蓋直木也。

“宋廇謂之梁。”韓文“大木爲宋”本此。國藩按：梁施
於南北兩楹之上，[①] 堂之東西凡兩梁四楹。

“開謂之槉。”[②] 注：“柱上欂也。”按：侏儒短柱之上，
或施方木如版，或施直木如笄，上以承棟，如花房之有蒂，
所以斟酌厚薄之間也。

“栭謂之楶。”注：“即櫨也。”《說文》：“櫨，柱上柎
也。”[③] 國藩按：《說文》以櫨爲柱上之柎，則與欂、木楷等
字相同。郭氏謂栭即櫨也，則是短柱，而非柱上之柎。《釋
名》云：“櫨在柱端。”顏注《漢書》亦云：“薄櫨，柱上柎

---

① “北”，原本誤作“此”。

② “開”，原本誤作“開”，按：當作“開”。《說文》：“開，門欂櫨也。從門弁
聲。皮變切。”

③ “柎”，陳校本誤作“柎”。

也。"① 是櫨以指柱上之枅爲正解。

"棟謂之桴。"注:"屋檼。"按:凡承椽之橫木,京師曰檁子,《集韻》:"檁,音凜,屋上橫木。"吾鄉俗曰房條。其屋脊居中者曰棟、曰極、曰危。《説文繫傳》云:"極,屋脊之棟,亦謂之危。"其餘曰桴。《説文》:"桴,棟名。"邵晉涵云:"棟,一名桴。是桴者中棟也。檐之橫梁爲楣,從中棟之名而亦稱爲桴耳。"曰棼。《説文》:"棼,複屋棟也。"國藩按:凡桴皆可名棼。其在復屋者曰檼、曰望。《説文》:"檼,棼也。"《釋名》云:"檼,隱也,所以隱枅也。或謂之望,言高可望也。或謂之棟,是檼即棟也。或謂之阿,《士昏禮》鄭注:'阿,棟也。'"《西京賦》"列棼橑以布翼",指檼之小者言之。"荷棟桴而高驤",指檼之大者言之。至《士昏禮》訓阿爲棟,則指其地言之耳,非累名爲阿也。劉熙偶有未察耳。

"桷謂之榱,桷直而遂謂之閱,不受檐謂之交。"《穀梁》釋文云:"方曰桷,圓曰椽。"國藩按:北五省椽有方者、有圓者;吾鄉則以薄版爲之,名曰椽皮。椽長者從棟直達於檐,曰閱椽。短者不能直達於檐,須換他椽續之,曰交。若吾鄉之椽皮,則有三續四續者矣。"檐謂之樀。"注:"屋梠。"邵晉涵曰:"梠,又謂之宇。《士喪禮》:'置於宇西。'注:'宇,梠也。'"國藩按:衆椽之頭,參差不齊,故施橫木以齊之。吾鄉於椽皮之當,掩以橫版,名曰落檐,亦其意也。

---

① 陳校本斷句誤作"薄,櫨柱上枅也"。枅櫨即後世之斗拱,不應分開。

其名曰檐、曰楣、曰樀、《釋名》："梠，旅也；連旅旅也。或謂之樀；樀，綿也。綿連檐頭，使齊平也。"國藩按：樀有二物，一爲塗牆之器，一爲檐頭之木。曰楣、《説文》："楣，秦名屋樀也，齊謂之檐，楚謂之梠。"《釋名》："楣，眉也。近前若面之有眉也。"曰樀、《説文》："屋樀聯也。《楚辭·九歌》：'蕙橑兮既張。'"曰梀、《説文》："檐，梀也。梀，梠也。"徐鍇曰："連檐，木在椽之端者。"曰爵頭，《釋名》："連檐頭之木，上入曰爵頭，形如爵頭也。"實一物也。凡檐之上皆曰宇。鄭氏訓宇爲梠，指其地言之耳，非謂椽端之木果名曰宇也。邵氏失之。

"樓謂之闃。"闃者，門中所豎短木。臬者，植一直木以爲之表也，與檋杙之在地者無別。但檋杙或有欹斜，臬則正直耳。

《釋山》："小山宮，大山岋。"此宮字與《莊子·德充符》"而王先王"之王字字法相同。

"泰山爲東岳，華山爲西岳，霍山爲南岳，恒山爲北岳，嵩高爲中岳。"邵氏曰："冀之霍山，與泰、衡、華、恒，唐虞之五岳也。華、岳、泰、衡、恒，周之五岳也。泰、衡、華、恒、嵩高，漢初之五岳也。泰、華、霍、恒、嵩高，武帝所定之五岳也。"國藩按：邵氏以此數語爲定論，頗爲武斷。

《釋畜》："騊駼跊善陞甗。"注："騊駼，跊如跊而健上山，秦時有騊駼苑。"國藩按：若以騊駼爲獸名，則跊下當更重一蹯字，蹯趼與下枝蹳趼爲一例，郭注有兩蹯字是也。若以騏爲獸名，則讀騏爲句，蹳趼爲句，李巡、顏師古之説亦自可通。邵晉涵遽駁小顏，未見其審。

詁訓雜記

經典形容之字約有三端：一曰雙字。一曰駢字即雙聲疊韻字。一曰單字。依依、呆呆、泄泄亦作詍詍，見《詩述聞》、沓沓亦作諮諮、泯泯亂也。見《詩述聞》、芠芠《逸周書》作芬芬、騷騷、折折、鼎鼎、縱縱，此形容之用雙字者也。窈窕、阿難、倭遲、踟躕、仳離、判渙、彊禦、倉兄、殿屎，此形容之用駢字者也。襜如、翼如、勃如、躩如、退然《檀弓》、隤然、確然《易》、賁然《詩·白駒》、儳然、俛然、頯乎、頎乎均《禮記》、幎爾、摰爾均《考工記》、變彼、倬彼、瑟彼、倪彼、憬彼、狄彼、於論、於樂、於皇、於赫、於鑠、於昭、於粲、於緝熙均見《詩》、有飶其香、有椒其馨、有依其士、有略其耜、有嗿其饁、有捄其角、有饛簋飧、有俅棘匕、有洌氿泉、① 有覺其楹、有墳其首、有莘其尾、有頍者弁、② 有截其所、有實其猗、有鶯其羽、有厭其傑、有倬其道、有俶其城、

---

① "氿"，原本誤作"汍"。
② "頍"，原本誤作"頔"。

52

有噎其星、有實其積、有卷者阿、有秩斯祜、有扁斯石、有瀰濟盈、有鶯雉鳴、有虔秉鉞、有空大谷、大風有隧、庸鼓有斁、會同有繹、萬舞有奕、執事有恪、海外有截、旟旐有翩、松桷有梴、松桷有舄、閟宮有侐、俸革有鶬、下民有嚴、籩豆有且、旅楹有閑與夫伊嘏文王、假哉皇考之類，皆形容之用單字者也。

駢字異字同義者：逡遁，一曰逡循、曰蹲循、曰遵循、曰巡遁、曰逡巡曾賓谷之父辨之甚詳。攓摭《十二諸侯年表》，一曰捃摭《藝文志》、曰攫摭《刑法志》、曰攎摭《唐書·柳璟傳》。阿那《洞簫賦》，一曰阿娜蘇詩《論書》、曰猗那《詩·商頌》、曰阿難《詩·隰桑有阿》、曰猗儺《詩·隰有萇楚》，詳《述聞·王注楚辭》"即旖旎也"。披離《哀郢》，一曰被離、曰化離《詩》、曰被麗《甘泉賦》、曰配黎同上。汋約《遠游》，一曰矍鑠、曰綽約、曰灼爍。婉嬗《魯靈光殿賦》，一曰婉僤《上林賦》、曰宛延《甘泉賦》、曰蜿蜒。槃散《平原君傳》，一曰槃珊《史記·相如傳》、曰槃姍《漢書·相如傳》、曰蹣跚。猗狔《上林賦》，一曰迤靡、曰猗柅、曰迉迡、曰施靡均《甘泉賦》、曰旎泥、曰邐迤。倭遲，一曰委蛇，曰蜲蛇，曰委移、曰威遲、曰逶迤、曰斐遲《容齋隨筆》記之。襄羊，一曰儴羊《西京賦》，曰方驤《思元賦》、曰潢洋《九辨》、曰相羊《離騷》、曰常羊《漢樂禮志》、曰徜祥。芊眠，一曰芊綿、曰阡眠、曰翩綿、曰聯綿。鬱伊，一曰鬱邑、曰於邑，曰於悒，曰菸悒《九辨》。容裔，曰淫裔，曰容與。

崔嵬，一曰畏佳、曰崔崒、曰崟嵬《魯靈光殿賦》、曰嶵隗、曰摧確均《甘泉賦》、曰歲嵬。聳愳，一曰聳臾、曰慫慂、曰竦踴、曰從容。浩瀚，一曰澔汗《魯靈光殿賦》、曰澔汗《上林賦》、曰皓旰《瓠子歌》。矇眬，一曰朦朧，曰蒙籠。盤桓《易·屯》，一曰盤還《投壺》、曰盤旋。譸張《無逸》，一曰輈張劉琨《答盧諶詩》、曰侜張揚雄《國三老箴》。彷彿，一曰髣髴《幽通賦》、曰仿佛《甘泉賦》。便娟《南都賦》，一曰嬋娟《西京賦》、曰蟬蜎《甘泉賦》。落魄，一曰落泊、曰落拓。要眇，一曰幼妙、曰幽眇。迢遞，一曰岧嶢《魯靈光殿賦》、曰迢遞《九成宮醴泉銘》。畔援，一曰判渙、曰泮渙。流離，一曰琉璃、曰留犂。參差，一曰篸差、曰摻差。匍匐，一曰扶服、曰復服《原涉傳》。槃結《後漢書·南蠻傳》，一曰盤結、曰蟠結。孟浪詳《述聞·通說》，一曰莫絡、曰摹略。揶揄，一曰邪揄、曰歈歙《後漢書·王霸傳》。憑噫《長門賦》，並見《經義述聞》“我庚維億”下，一曰服億《扁鵲傳》、曰愊億氣滿也。《陳湯傳》方言注。叱嗟《史·魯仲連傳》，一曰叱咤《史·韓信傳》、曰猝嗟《漢·韓信傳》、曰咄嗟。濩落《莊子》，一曰蠖略《大人賦》《甘泉賦》、曰嚄唶《魏公子傳》。劉流《思元賦》，一曰周流《上林賦》注非、曰摎流《甘泉賦》。卷曲《莊》首篇，一曰曲局《詩》“予髮曲局”注“局，卷也”、曰蜷局《騷經》。猶豫，一曰猶與、曰容與、曰夷與均見《述聞·通說》。鎗鍏《上林賦》注，一曰鏗鞈。撥剌張弓貌，一曰拔剌。布濩《上林賦》注，一曰布護《後漢·西南夷傳》。喬皇，一曰遹皇《思元賦》。躑躅，一曰躑躅。殽核《詩·賓之初筵》，一曰肴覈班固《答賓戲》。屛顏，一曰巉岩。首鼠，一曰首施《後漢·西羌傳》。疆御，一曰疆圉《離騷》，詳見《詩述聞》。要紹《西京賦》，一曰便紹。蟉螑《大人賦》，一曰虯螑《魯靈光殿賦》。崔錯《上林賦》，一曰璀錯《魯靈光殿賦》。蕭森，一曰蕭篸《上林賦》。俊茂《騷》，一曰葰楙《上林賦》。齷齪，一曰握瓢。萃蔡《子虛賦》，一曰綷縩《籍田賦》。徙倚，一曰徙迆《洞簫賦》。無間，一曰巫間。跌宕，一曰迭蕩《思元賦》。勿慮，一曰無慮。扶疏，一曰扶蘇。旁薄，一曰旁魄。驩虞，一曰歡娛《江淹詩集》。雍障，一曰雝障《九辨》。雞斯，一曰笄纚。溟涬《甘泉賦》，一曰汀濚《韓詩》。殷轔，一曰隱轔。瞵瑞，一曰璘玢。膠葛，一曰轇轕。傑傟《甘泉賦》，一曰差池。愴悗，《九辨》，一曰倉兄《詩》。

一字略轉而異義者：索居之索訓散，索綯則義別矣。離麗之麗訓附，別離則義別矣。招攜之攜訓離，攜手則義別矣。亂臣之亂訓治，亂世則義別矣。莀厥豐草之莀訓治，道莀不除則義別矣。我車既攻之攻訓善，環而攻之則義別矣。疆禦之禦訓守，孰能禦之則義別矣，擾龍之擾訓馴，擾亂則義別矣。我且柔之矣之柔訓服。柔弱則義別矣。天明畏之畏訓威，聲畏天下則義別矣。又如來即往，《詩》"遹追來孝"，《太史自序》"自今以來"，亦略轉而異義者也。

經典顛倒字惟《詩》最多。如家室、裳衣、衡縱、稷黍、瑟琴、鼓鐘、下上、羊牛、樂豈、息偃、孫子、家邦、鬵鼎、中谷、中林、中河、中路、中原、中田之類皆是。《書·無逸》之四三年、《祭義》《孟子》之禄爵，亦間有之。見於史者，惟《後漢·王丹傳》之惰嬾，《羊續傳》之病利，餘不多見。

古今雅俗異同字。顧即雇《晁錯傳》"斂民財以顧其攻"。蹞即舛。亶即但《羽獵賦》注。嚕即慴同上。赫即嚇《莊子》注。醳即釋《管蔡世家》《張儀傳》。雍即壅。衡即横。薄即亳。塞即賽《河渠書》。横即黌《鮑昱傳》。隖、堰即埝《皇甫嵩傳》。夾即俠《後漢·東夷傳》。厘即嫠《後漢·西夷傳》。柳即蔞棺牆之飾，《檀弓》《周禮》。隊即墜段注《説文》。溜即霤《左傳·宣二年》。音即蔭《左傳》"鹿死不擇音"。偏即辨《左傳·定九年》"子言偏舍爵於季氏之廟"。匡即恇《禮器》。噱即臄。滈即鎬。功即攻。致即緻《月令》。填池即奠徹《檀弓》。

俚俗字有所本。斗絕，見《後漢·竇融傳》。什物，見《後漢·宣秉傳》。什器，見《鮑昱傳》。上司，見《楊震傳》。司官，見《陳寔傳》。底裏，見《竇融傳》。細弱，見《杜林傳》。文書，見《鮑昱傳》。人事，見《章和八王》及《黄琬傳》人事猶今言應酬也。小便，見《張湛傳》及《絶交書》。折，見《東夷傳》折、猶今言折算也。公館，見《禮·曾子問》。

古人于陵、京、皋、墳、冢、邱等字，皆取山皋高大厚實之義以象。凡物之高大厚實，大抵皆稱美之詞，如天保。《詩》"如山""如岡""如陵"，是善頌善禱之證也。《左傳》"有肉如陵"，謂大而實也。《荀子·致仕》篇"節奏欲陵"注："陵，峻也。"峻，即高也。《禮記·檀弓》："喪事雖遽不陵節。"《學記》："不陵節而施。"陵，越也。《西京賦》"陵重巘"注："陵，升也，皆高升之義也。"《詩》傳："京，高邱也。"又曰："大阜也。"《左傳》"莫之與京"，言莫與比高也。《西京賦》"燎京薪"，謂積薪極高也。《左傳》"收晉尸以爲京觀"，謂積尸極高也。漢曰京兆，後世曰京師。兆，眾也。師，亦眾也。京則大也。《釋名》："土山曰阜。"言高厚也。《詩》"駟鐵孔阜"，以阜比馬之大也。"火烈具阜"，以阜比火之盛也。"爾殽既阜"，以阜比殽之多也。古歌"可以阜君民之財"，《西京賦》"百物殷阜"，以阜比財物之富也。土之高且大者，謂之墳。《詩》"牂羊墳首"，言其首極大也。《周禮·司烜氏》"共墳燭庭燎"，言其燭極大也。三墳五典，言三皇之書其義極大也。《列子·天瑞》篇"墳如也"，亦形容其大也。冢子、冢適，皆謂長子，大子也。冢婦，大婦也。冢卿、冢宰，謂六官之長、大宰也。友邦冢君，言大君也。乃立冢土，言大社也。《漢書·楚元王傳》"邱嫂"，謂長嫂大嫂也。《易》"顛頤，拂經于邱，頤征，凶"，謂於高處求頤養也，以邱爲高也。《孟子》"得乎邱民爲天子"，謂成聚之民也，以邱爲大也。推此以論，凡物之高大厚實者，皆可以陵、京、墳、阜、冢、丘等字擬議而形容之。末世綴文之士知阜字有高天厚實之義，而不知墳冢等字與之同類而並稱。又或以陵爲帝王所藏，京爲帝王所居，而于墳、冢、丘、壟等字指爲不祥之文，蓋古字古義之不講久矣。

《說文》：“格，木長皃。”按：凡木之兩枝相交而午錯者，謂之格。以其枝條交互，故格字有相交之義焉。以其兩枝禁架，故格字有相拒之義焉。以其長條直暢、疏密成理，故格字又有規制整齊之義焉。是三者皆以本義引申之者也。朋友曰交游，男女曰交媾，商賈相通曰交易，陰陽相合曰交孚，木之枝格兩相交際，亦猶是也。《論語》“有恥且格”，謂民之心與上相交孚也。《大學》“致知在格物”，謂吾心之知，必與萬物相麗相交，不可離物以求知也。《書》曰“格于上下”“格于皇天”，《詩》曰“神之格思”，皆訓至也，皆交孚之義也。《書》曰“格汝舜”，《詩》曰“神保是格”，皆訓來也，皆引之來相交接也。舟與舟相觸則必忤，枝與枝相拒則不入。《素問》“陰厥且格”注：“格，拒也。”《周書》“窮寇不格”注：“格，鬥也。”《荀子·議兵》篇“格者不舍”注：“謂相捍拒也。”《後漢書·劉盆子傳》注：“相拒而殺之曰格。”《通鑑》：“王賁攻齊，莫敢格者。驅群羊而攻猛虎，不格明矣。”皆謂莫能拒禦也。凡謂捍格不勝，曰格格不入，曰廢格不行，曰沮格不進，皆相拒之義也。至于枝格相交，長短合度、疏密停勻，儼然若有規矩，木工爲窗格有曰冰梅格，有曰卐字格，即取象于樹條之格也。曰體格，曰風格，曰格律，曰格式，皆從此而引申之也。《孟子》"惟大人爲能格君心之非"注："格，正也。"《家語》"口不吐訓格之言"注："格，法也。"《禮·緇衣》"言有物而行有格"注："格，舊法也。"《後漢書·傅燮傳》注："猶標準也。"凡皆規格之義也。《書·冏命》"格其非心"，是亦取格正爲義，而孔疏曰："格，謂檢括。"斯則望文生訓，有乖古意矣。《論語》"有耻且格"，當以交孚爲確義。《集解》曰："正也。"亦不免望文生訓之弊。至《大學》格物之説，聚訟千年，迄無定論。愚以爲心當麗事，物以求知，不可舍事物而言知。朱子曰"至也"，是也。其曰"窮至事物之理，欲其極處無不到"，則于格字求之太深，反多一障耳。

《説文》："枝，木別生幹也。"按：幹直而專，枝分而雜，有岐雜之義焉。凡木之枝，斜挺旁出如相扶持，有撐持之義焉。杈枒森布，猝不可近，有拒御之義焉。周秦古書凡用枝字，大抵不出此三義。《易》曰："中心疑者其辭枝。"《荀子·解蔽》篇："心枝則無知。"此岐雜之義也。《漢書》叔孫通等傳："廊廟之材非一木之枝。"《莊子》："師曠之枝策也。"王延壽《魯靈光殿賦》："漂嶢峣而枝拄。"此撐持之義也。《史記·項羽本紀》云："諸將讋服，莫敢枝梧。"《魯仲連傳》："枝桓公之心於壇坫之上。"此拒禦之義也。《漢書·地理志》"漢中淫泆枝柱，與巴蜀同俗"注："言意相節卻不順從

59

也。"岐雜者，枝字之本義。撑持與拒禦者，枝字引申之義。後人不知引申之義，每疑枝當作支，蓋古訓久不明矣。

《説文》："柴，小木散材。"《楚辭》注："枯木爲柴。"按：小木枯枝，雜縛一束，謂之柴。世俗之通稱也。由柴字而引申之，有枯槁阻塞之義焉。《莊子》："柴立其中央。"柴立，猶枯坐也，所謂形如槁木也。《外物》篇："柴生乎守。"柴，謂梗塞也。言所以閉塞不通者，由於拘守太過也。《天地》篇："趣舍聲色，以柴其内。"謂梗塞於胸中也。《莊子》篇中柴字皆取枯槁阻塞之義。《通鑑·漢紀》："收楊震太尉印綬，震於是柴門謝賓客。"胡身之注曰："柴塞其門也。"又《魏紀》朱桓言於吳王曰："曹休战敗，敗必走，走必由当由夾石、挂車。此兩道皆險厄，若以萬兵柴路，則彼衆可盡，休可生虜。"胡身之注曰："柴路，謂以柴塞路也。"國藩按：柴，即塞也。以兵阻塞此路，非更以柴塞之也。胡氏於《漢紀》注近之，於《魏紀》注失之。

《方言》："凡草木刺人，自關以東或謂之梗。"按：凡木之粗枝無碎枝零葉者，世俗通謂之梗。在樹而生者，謂之枝。斫伐在地而枯者，則謂之梗，謂之柴矣。梗字有粗直之義，又有阻塞之義。《爾雅·釋詁》："梗，直也。"《方言》："梗，略也。"《吳都賦》注："梗概，粗言也。"《東言賦》注："梗概，不纖密也。"此粗直之義也。《周禮》："女祝掌以時招梗檜禳之事。"鄭注："梗，禦未至也。"謂未至之凶災，先梗而禦之，

此阻塞之義也。《詩》曰："誰生厲階，至今爲梗。"此謂蕩蕩
王道，而政化不能流行，忽致梗塞也。《毛傳》："梗，病也。"
此望文生訓，非其義也。杜注《左傳》曰："病也。"《廣雅》
亦曰："病也。"此承毛傳而誤者也。格、枝、柴、梗諸字，在
後世以爲死字，在古人常引申其義而活用之。苟明乎死字活用
之法，而周秦古書故訓之不可通者寡矣。

　　廢者，棄也，去也，不用也。而經典亦多用爲置。《公
羊·宣八年傳》："廢其無聲者。"注云："廢，置也，不去
也。"《莊子·徐無鬼》："廢一於堂，廢一於室。"《釋文》：
"廢，置也。"《廣雅》《小爾雅》皆云："廢，置也。"古人
屬文措字，多有旋相爲用之妙。如亂字本訓變，訓反，而亦
多訓治。如《皋陶謨》曰"亂而敬"、《論語》曰"予有亂臣
十人"是也。芟字本訓草穢塞路，而亦訓治。如《生民》篇
"芟厥豐草"是也。除字本訓除去，除惡糞，除皆以去之爲
義，而亦訓爲除授。如《詩》曰"何福不除"是也。凡茲之
屬，可以類推，則屬文措字，熟於古訓，正爾變動不居矣。

　　《漢書·賈誼傳》："以能誦詩屬文，稱於郡中。"師古
曰："屬，謂綴輯之也。"國藩嘗就屬字旁稽故訓。《説文》
云："屬，連也。"《廣雅》云："屬，續也。"《文選·顏延年
〈贈王太常〉詩》云："屬，猶綴也。"《莊子·駢拇》篇音義
云："屬，謂屬著也。"合散者觀之，則連屬之通義耳。凡本
爲一物，則無所謂屬。雖別爲二而仍聯爲一，則謂之相屬。

《小雅》："不屬于毛，不離于裏。"謂子於父母形骸雖隔，而氣則相屬。屬文者，謂以文字相連綴成章也。《史記·屈賈傳》："屈平屬草稿未定。"此屬字則與屬文字有別。屬者，適也，謂當此際也。《左氏·成二年傳》："屬當戎行。"謂於此際在戎行也。《昭四年》："屬有宗祧之事於武城。"謂於此際有事於武城也。《漢書·李尋傳》："屬者頗有變更。"謂近此之際，頗有更改也。"屈平屬草稿"云者，謂平於此際草創憲令也。顏師古《匡謬正俗》曰："草創，蓋初始之謂，亦未成之稱。"然則草稿二字之義，謂草創其文同於禾之稿稈，未甚整理云爾。今人不察，或稱屬草。交朋中有屬草字者往往而有，失之遠矣。又《禮記·經解》篇："屬辭比事，春秋教也。"鄭氏注："屬，猶合也。"謂此事與彼事相提而論，此辭與彼辭相合而觀，或事同而辭異，或辭同而事異，而等差出焉，褒貶見焉，故曰春秋之教。辭者，謂已成章句，聖人之書法屬辭者，此章與彼章合並而觀。文者，一字之稱。屬者，此字與彼字連續而成句。今人或以屬字與屬文等視，無復區別，亦爲誤也。

顧亭林先生爲《音學五書》，據唐人以正宋代之失，據古經以正沈氏、唐人之失，判爲十部，折衷一是，可謂有條不紊矣。然其間有不可強齊者，如《詩》之興與音、林爲韻，戎與務、父爲韻，《易》之禽與窮、終爲韻，實與巽、順爲韻之類，顧氏亦宛轉其詞，而不敢強通難解之結。蓋多聞闕疑，善學之君子宜如是也。厥後江慎修永、戴東原震、段茂堂玉裁諸人，遞相祖述，其說日密，其室礙亦日多。至吾友河間苗仙路夔爲《説文聲讀表》，於凡文字皆決以一定之音讀，其不可齊者亦強之使齊，於是以臆爲斷，頗傷專輒。於古無徵，動成瑕疵。偶記一則，將以詒之。

不也，否也，音也，此三字者：不則指事之字也，否、音則會意而兼形聲之字也。先有不，次有否，又次有音，此文字孳乳相生之次第也。《説文》：“否從口從不。”不亦聲音，從、從否。否亦聲。然則否、音皆從不得聲矣。顧亭林曰：“不字見於經者有丕、[1]跌二音。”詳《唐韻正》不字下。然則否、音之從不得聲者，亦應有丕、跌二音。丕在支、齊部，跌在魚、虞部。否偏旁之在魚虞部者，如十虞之荂，是從不有跌音之類者也。音偏旁之在支、齊部者，如五旨之痞、嚭，是從不有丕音之類及者也。否偏旁之在支、齊者，如十五灰之棓、培、啡、脢、陪、娝、醅、醅、痞，是不有丕音之類及者也。音偏旁之在魚、虞部者，如九虞之瞀、葍、剖、綹，十姥之部，是從不有跌音之類及者也。凡從不從否從音之字，或入魚虞部，或入支齊部，是亦可稽之經訓而不悖，合之《廣韻》而不紊矣。苗君則欲以不入魚虞部，否入支齊部，音入魚虞部，加、於不字一畫之上，而曰從、得聲，擅改叔

---

① “丕”，陳校本改作“平”，誤。

重不至二篆、不一象天、至一象地之義，是一失也。謂音無趺音，遂於《廣韻》十虞之瓿、十一模之菩、十九侯之掊、錇、鉟、箁、髻，九虞之髻、箁、綹、十姥之部，四十五厚之瓿、犃、瓿、綹、篰、婄，勢將盡改音爲否，數十百字悉指爲訛誤，是一失也。據漢碑之孤證，謂不上可以施，而於詩箋常棣之鄂不改柎，《集韻》十虞之柎重不，皆推之以不信，是又一失也。凡此皆欲強齊而一之過也。

《史記·張湯傳》:“始爲小吏乾没。”服虔曰:“乾没，射成敗也。”如淳曰:“豫居物以待之，得利爲乾，失利爲没。”按：服、如二説皆望文生訓，非本義也。没者，没入人之財物也。凡財物入官者曰籍没入官，子女入官者曰没入爲奴爲婢或曰没入奚官。乾没者，謂無故而没入人財物。《晋書·潘岳傳》:“汝當知足，而乾没不已乎?”謂無故而取高爵厚禄，當知止足也。韓愈“乾愁萬斛漫自解”，謂無故而自愁也。“乾死窮山竟何俟”，謂無故而枉死也。又有曰白者，與乾字義略相等。《通鑑》:“晋劉毅上疏‘徒結白論而品狀相妨’。”胡氏注曰:“白，素也。”又陳頵遺王導書曰:“先白望而後實事。”胡注:“白望，猶空名也。”又劉裕有白直隊。杜佑曰:“白直，無月給之數。”又元魏爾朱榮乞追贈亡者白民贈郡鎮。胡注:“身無官爵謂之白民，猶言白丁也。”又唐元載取民間粟帛，什取八九，謂之白著。高雲有《白著歌》曰:“上元官吏務剥削，江淮之人多白著。”國藩按：白望，謂無故而獲譽望也。今世俗諺曰白説，謂無故而空説曰白饒，謂空饒，此一語也。又有曰素者，與乾字、白字義略相等。《詩》"不素餐兮"注："素，空也，謂無故而空餐也。"《史記》"命曰素封"注："素，空也，謂無故而自得比於封爵也。"又有曰坐者，與乾字、白字、素字義相等。《通鑑·後出師表》："使孫策坐大，遂並江東。"此謂無故而自致強大也。《蕪城賦》"驚沙坐飛"，此謂無故而自飛也。此四字，注家多失之。

古稱人皆有所指。如稱曰人以職言，則如《周禮》之牛人、犬人、雞人、鼈人、酒人、漿人、醢人、鹽人是已。以地言，則如《春秋》之魯人、齊人、晋人、楚人、宋人、衛人、王人、周人是已。名之美者，則曰聖人、賢人、至人、天人、完人、全人見《莊子·德充符》、美人《詩·簡兮》、佳人《通鑑》"曹子丹佳人"。名之惡者，則曰小人、匪人、讒人、佞人、①憸人、奸人、敝人、邪人、亂人見《莊子·徐無鬼》。又有隨事而命名者，曰亡人、曰義人、曰叛人、曰降人、曰官人韓愈《王適墓志》、曰軍人。又有承上文而稱之者，《史記·曆書》曰疇人子弟，此承上文言明於曆算之人也。《通鑑·魏紀》："典韋謂等人曰：'虜來十步乃白之。'等人曰：'十步矣。'又曰：'五步乃白。'等人懼。"此承上文言應募陷陣

---

① "佞"，原本作"佞"。

之人也。《漢書・雋不疑傳》：“廷尉驗治何人竟得奸詐。”此承上文言詐稱戾太子之人也。《通鑑・宋紀》曰：“内人皆紀宏微之讓，一無所爭。宏微曰：‘内人尚能無人，豈可導之使爭乎？’”此承上文以妻妹及伯母兩姑爲内人也。凡此皆臨文立義，非有一定之主名也。今世俗以内人專指妻妾，蓋失其義。又或以疇人專指明於曆算者言之，亦爲失考。阮芸台相國作《疇人傳》，殆襲訛而承謬耳。

家人、白衣皆如稱庶人也。《漢書・汲黯傳》曰：“家人失火，屋比延燒。”師古曰：“家人，猶言庶人家也。”《馮唐傳》：“夫士卒盡家人子，起田中從軍。”師古曰：“家人子，謂庶人家之子也。”《高祖本紀》：“不事家人生産作業。”《光武紀》：“劉縯不事家人居業。”皆謂不學庶人家之操作也。《外戚傳》：“一旦人主意有所移，雖欲爲家人，亦不可得。”師古曰：“家人，言凡庶匹夫。”《游俠傳》：“子獨不見家人寡婦邪？”亦謂庶人家之寡婦也。《通鑑》：“劉向曰：家人尚不欲絶種祠。”注：“家人，謂庶人之家也。”《漢書》：“董賢欲求蕭咸女爲婦。咸曰：‘此敢家人子所能堪邪？’”師古曰：“家人，猶言庶人也。”《通鑑》：“魏文帝祀太祖於洛陽，建始殿如家人禮。”謂以庶人之禮祭之也。柳宗元文：“且家人父子尚不能以此自克，況號爲君臣者邪？”[1] 國藩按：此亦謂

---

[1] 出自柳宗元《桐葉封弟辯》。

凡民父子，猶賈誼之言布衣昆弟也。《書·康誥》曰："亦惟君惟長，不能厥家人。"竊亦謂當指庶人百姓言之。各傳注皆訓不能齊家，失其義矣。白衣，猶言布衣，即齊民也。《風俗通》："舜禹本以白衣砥行顯名，升爲天子。"《史記》："公孫弘以《春秋》白衣爲天子三公。"① 皆謂以齊民而爲天子爲三公也。《後漢書·崔駰傳》："憲諫以爲不宜與白衣會。"《孔融傳》："與白衣禰衡跌蕩放言。"《晋書·胡奮傳》："宣帝伐遼東，以白衣侍從左右。"《通鑑》薛訥以灤河之役免官，以白衣爲防禦使破吐蕃。劉仁軌以征遼免官，以白衣從軍。五代南唐宋齊邱歸第白衣待罪。皆謂落職之後，與庶人無異也。《漢書·兩龔傳》："聞之白衣。"師古曰："白衣，給官府趨走賤人，若今亭長掌故之屬。此亦望文生訓，非通義也。"《三國志·吕蒙傳》："白衣搖櫓作商賈人服。"此亦謂齊民不著兵卒衣也。《通鑑》："山陽曹偉白衣與吳王交書求賂，帝聞而誅之。"《續晋陽秋》："陶潛九月九日望見白衣人送酒。"皆謂平民也。歐陽公《送田晝序》曰："及衣白衣顧寧人。"《日知錄》引李泌衣白及《趙世家》願得黑衣之缺，若別有所謂白色之衣者，皆非確義。

　　甲乙丙丁，古來皆以記事物之次第。有以爲宮館之次第者，如曰甲館《漢書·外戚傳》，曰甲第《漢書·張放傳》，曰甲觀

---

① "公孫弘"，原本作"公孫宏"。下同。

庾信《哀江南賦》，曰丙舍王羲之有丙舍墓田，曰丙殿《漢書·元后傳》是也。有以爲帷帳之次第者，如曰甲乙之帳《漢書·東方朔傳》是也。有以爲科目之次第者，如唐明經本有甲乙丙丁四科，而其實唯有丙丁第。進士本有甲乙科，而其實唯有乙科。明經以全通爲甲通，八以上爲乙是也。有以爲藏書之次第者，如唐四庫書以經史子集分甲乙丙丁四部，隋於東都觀文殿構屋貯書，東屋藏甲乙，西屋藏丙丁是也。有以爲卷帙之次第者，如李善注《文選》，分賦甲賦乙以至賦癸，詩甲詩乙以至詩庚。司馬溫公《通鑑》，分漢獻帝爲十卷，甲乙至癸；晉安帝亦十卷，甲乙至癸是也。有以爲律令之次第者，如曰令甲、令己、令丙《後漢書·章帝紀》是也。有以爲算法者，如勾爲甲、① 股爲乙、弦爲丙、高爲丁、高對沖爲乙，地平爲丙，北極出地爲丁，南極入地爲戊是也。有以爲官名者，如漢之戊校尉、己校尉，明之甲字庫大使及乙字、丙字、丁字、戊字庫大使是也。有以爲姓氏之次第者，如南朝王謝、北朝崔盧，皆稱甲族是也。有以爲假名者，如《史記·萬石君傳》"長子建、次子甲、次子乙、次子慶及獄吏田甲"《史記·韓安國傳》，齊宦者徐甲《漢書·高五王傳》，罪生甲禍歸乙《韓非子》，張甲、王乙、李丙、趙丁梁范縝《神滅論》等是也。有以記夜時之晚早者，如本始元年四月壬戌甲夜、地節元年正月

---

① "勾"，原本作"句"。

戊午乙夜《漢書·天文志》，自甲夜至五鼓《三國志·曹爽傳》、四月三日丙夜一籌《晉書·趙王倫傳》是也。推之，凡物有高下品第者，皆可以甲乙區之。凡人等子虛烏有者，皆可以甲乙區之。溫庭筠詩：“往日樓台非甲帳，去時冠劍是丁年。”則失其義矣。

卷三　史上

湘鄉曾國藩著　湘潭王啟原編輯

史　記

《今上本紀》《孝武本紀》自"初即位尤敬事鬼神"以下至末，皆《封禪書》之文，決非褚先生所補也。《孝武紀》篇中"於是"字凡二十二見，又有用"而"字者，又有用"其後"者，文氣亦與"於是"字相承接。太史公行文間有氣不能騫舉處，韓公故當勝之。

《三代世表》："豈不偉哉。"偉與詭同，俀亦同，猶云異也。

《律書》："西至於注。"注即柳。下文"西至於弧"，弧狼即井鬼；"西至於濁"，濁即畢；"北至於留"，留即昴。

《曆書》：① "故疇人子弟分散，或在諸夏，或在夷狄。"

---

① "曆"，原本作"歷"。下同。

如淳曰："家業世世相傳爲疇，律年二十三，傳之疇官，各從其父學。"韋昭曰："疇，類也。"孟康曰："同類之人，明曆者也。"樂彦曰："疇，昔知星者也。"按：韋孟説是也。《説文》："疇，耕治之田也。"本以田疇爲正訓，而各載籍用疇字多與儔通。《北海相景君碑》"英彦失疇"，《議郎元賓碑》"朋疇宗親"，此疇與儔通之證也。儔，類也。《書·洪範》"不畀洪範九疇"、《國策》"夫物各有疇"，比比訓類也。可知疇人爲同類相聚、以明曆算之人矣。《文選·束晢〈補亡詩〉》注云："晢與同業疇人肄修鄉飲之禮。"則凡同術相聚者，皆得稱爲疇人，又不僅推明曆算者也。

《平準書》"平準"，即《管子輕重》之法也，唐劉晏亦用之。

"亨弘羊天乃雨。"[1] 是時宏羊固未死也，借卜式惡詈之言作結，若宏羊業已亨殺者。此太史公之褊衷耳。

《齊世家》："殺之郭關。"田氏之殺子我，與孫綝殺諸葛恪略相似。

《陳涉世家》懷王入秦不返，天下之公憤，屈原之私憤，而太史公亦自引爲己憤也。"楚雖三户，亡秦必楚。"子長時時不忘此二語，故於陳涉之張楚、項羽之楚，皆所響慕。即於襄彊之楚、吕臣之楚、景駒之楚、黥布之楚、懷王孫心之

————————

① "弘"，原本作"宏"。

楚，亦縷叙而不敢忽。

《外戚世家》。通篇注重命字。首段呂后，末指明天命，後薄后，竇后、王后、衛后，亦俱含命字之意在言外。

《楚元王世家》前兼叙羹頡侯及代王，後兼叙趙王、河間王，不僅楚元王也。

《荆燕世家贊》："豈不爲偉乎？"王念孫説，偉，異也。《欒布傳》《西京賦》"豈不詭哉"，詭亦異也。劉澤以疏屬封王，故嘆其異。

《蕭相國世家》。蕭相之功，只從獵狗及鄂君兩段指點，其餘卻皆從沒要緊處著筆。實事當有數十百案，概不鋪寫，文之所以高潔也。後人爲之，當累數萬言不能休矣。

《曹參世家》叙戰功極多，而不傷繁冗。中有邁往之氣，足以舉之也。

《留侯世家》觀"從容言天下事甚衆"數語，則子長於子房事不書者多矣。叙留侯計畫，亦不出戰國策士氣象，未知子房尚有進於此者否？

《陳丞相世家》。陰謀奇計，是《陳平世家》著重處。末段及贊中點出。

《絳侯周勃世家》。太史公於不平事多借以發抒，以自鳴其鬱抑。此於絳侯父子下獄事，卻不代鳴冤苦，而以"足已不學，守節不遜"二語責條侯，故知子長自聞大道。或以謗書譏之，非也。

《梁孝王世家》自"梁最親，有功，又爲大國"以下，一氣噴薄而出，見梁王所以怨望欲爲不善者，皆太后、景帝有以啓之。

《五宗世家》方望溪謂歸熙甫文："於人微而言無忌者，蓋多近古之詞。"吾謂子長《五宗世家》等文，乃更進於叙述賢哲功臣之作，抑所云"瓦注賢於黄金"也。

《伯夷傳》首段至"文辭不少概見"止，言古來高節之士惟吳太伯、伯夷可信；許由、務光之倫，未經孔子論定者，不可信。第二段至"怨邪非邪"止，言伯夷、叔齊實事，惟孔子之言可信，傳及軼詩可信。第三段至"是邪非邪"止，言天道福善之説不足深信。第四段至末，言人貴後世之名，不貴當時之榮。因慨已不得附孔子以傳。

《管晏列傳》子長傷世無知己，故感慕於鮑叔、晏子之事特深。

《老莊韓非列傳》以申、韓爲原於道德之意，此等識解，後儒固不能到。

"故其著書十餘萬言，大抵率寓言也。"太史傳莊子曰："大抵率寓言也。"余讀《史記》亦"大抵率寓言也"。列傳首伯夷，一以寓天道福善之不足據，一以寓不得依聖人以爲師。非自著書，則將無所托以垂於不朽。次管晏傳，傷己不得鮑叔者爲之知己，又不得如晏子者爲之薦達。此外如子胥之憤、屈賈之枉，皆借以自鳴其鬱耳。非以此爲古來偉人計功薄也。

班固人表，失其指矣。

《司馬穰苴列傳》末叙高國之滅、田齊之興，文氣邁遠，獨子長有此。

《孫子吳起列傳》傳言世傳孫臏兵法。而贊言世俗稱十三篇及吳起兵法，則知臏兵法當時已無人稱道矣。

《伍子胥列傳》子胥以報怨而成爲烈丈夫。漁父之義、專諸之俠、申包胥之乞師、白公之報仇、石乞之甘烹，皆爲烈字襯托出光芒。

《仲尼弟子列傳》太史公好奇，凡戰國策士，詭謀雄辯，多著之篇。此載子貢之事特詳，亦近戰國策士之風。

《商君列傳贊》贊最明允而深厚。

《蘇秦列傳贊》："吾故列其行事，次其時序，毋令獨蒙惡聲焉。"① 觀"次其時序"一語，則知當日有並非蘇秦時事，而附之於秦者。班固次《東方朔傳》，指意亦頗類此。

《張儀列傳》子長最惡暴秦，故謂張儀之行事甚於蘇秦。實則兩人之傾險亦相等耳，特秦挾最勝之勢，故張儀尤爲得計。

《樗里子甘茂傳贊》："方秦之強時，天下尤趨謀詐哉。"讀此等贊，知子長胸中自具遠識。

《穰侯列傳》首言穰侯、涇陽、華陽、高陵之權侈，末

---

① "毋"，原本誤作"母"。

言范雎奪四貴之勢，皆簡潔無枝辭。

“少割而有質。”少割者，謂少割梁地也。有質者，謂取秦之質子也。

《白起王翦列傳贊》未爲精當。言王翦之短尤非事實。

《孟子荀卿列傳》自秦焚書以後，漢之儒者惟子長與董仲舒見得大意。

《魏公子列傳》“公子”二字，凡百四十五見，故爾顧盼生姿，跌宕自喜。

《廉頗藺相如列傳》廉頗爲趙將最久，戰功最多，故以廉頗爲主。叙藺相如、趙奢父子，皆以廉頗經緯其間。即叙李牧，亦插入廉頗已入魏句。此子長裁篇之本意也。惟功績雖以廉頗爲最，而子長所佩仰者則以相如爲最，故贊中專美相如，且以廉、藺目其篇。

《田單列傳贊》魏武帝好以勁兵鐵騎留於後，故注《孫子》，以後出者爲奇兵。實則孫子所謂正奇者，非果以先出後出分也。“處女脫兔”四語，子長玩味極深。叙趙奢、李牧戰功，亦暗含此四句在中，不獨贊嘆田單爲然。

《魯仲連鄒陽列傳》仲連高節，似非鄒陽可擬。《上梁王書》亦拉雜無精義。子長特以書中所稱有與己身相感觸者，遂録存之。

《屈原賈生列傳》余嘗謂子長引屈原爲同調，故叙屈原事散見於各篇中。懷王入秦不返，戰國天下之公憤，而子長若引爲一人之私憤，既數數著之矣。此篇尤大聲疾呼，低回欲絶。

"令尹子蘭聞之，大怒。""聞之"，聞屈平作《離騷》。

《吕不韋列傳贊》。孔子之所謂聞者，實與吕子不侔。子長讀《論語》，别自有説。

《刺客列傳》《聶政傳》之後數行，《荆軻傳》之首尾各十數行，其蕩漾疏散吞吐處，正自不可幾及。

《李斯列傳》。李斯之功，只從獄中上書叙出，與蕭何之功，從鄂君語中叙出，同一機杼。李斯之罪，從趙高反復熟商立胡亥事叙出，與伍被説淮南、蒯通説韓信，同一機杼。

《蒙恬列傳贊》："吾適北邊，自直道歸至，固輕百姓力矣。"《始皇紀》曰："二十七年治馳道。"《六國表》曰："三十五年爲直道，道九原，通甘泉。"是直道與馳道不同也。蒙恬未治馳道，止治直道、築長城二事，子長責其輕民力，可謂定論。

《張耳陳餘列傳》子長尚黄老，進游俠，班孟堅譏之，蓋實録也。好游俠，故數稱堅忍卓絶之行。如屈原、虞卿、田横、侯嬴、田光及此篇之述貫高皆是。尚黄老，故數稱脱屣富貴、厭世棄俗之人。如本紀以黄帝第一，世家以吴太伯第一，列傳以伯夷第一，皆其指也。此贊稱張、陳與太伯、季札異，亦謂其不能遺外勢利、棄屣天下耳。

《魏豹彭越列傳贊》："獨患無身耳。"五字古來英雄所爭在此。子長，烈士也，故道得到。

《黥布列傳贊》。以坑殺人爲首虐，遂以身爲大僇，此亦後世因果之説。如韓、彭、英布之智力，自有不能與高祖並立之理，即釁端發自愛姬，亦不足論。此等贊，子長似不甚厝意。

《淮陰侯列傳》。彭城敗散，而後信收兵至滎陽，破楚京索之間。下魏破代，而後漢輒收信精兵。滎陽距楚，成臯圍急，而後漢王至趙，馳入信壁。此三役，皆高祖有急，賴信得全。子長於此等處，頗爲用意。

《韓王信盧綰列傳贊》："夫計之生孰成敗，於人也深矣。"韓王信、盧綰、陳豨皆計事不孰，此句蓋兼三人者言之。

《田儋列傳》。田氏王者八人，益以韓信，凡九人。叙次分明，一絲不紊，筆力極騫舉也。

《樊酈滕灌列傳》樊噲、夏侯嬰皆沛人，灌嬰雖非沛人，而睢陽去沛不遠，且終身爲騎將，與夏侯嬰終身爲太僕略相類，三人同傳宜也。酈商不入食其傳，又不入傅、靳等傳，而列之此傳，頗不可解。《夏侯嬰傳》"太僕"字凡十三見，"奉車"字凡五見，"以兵車趣攻戰疾"字凡四見。《灌嬰傳》"將騎兵"凡九見。

《張丞相列傳》夾叙周昌、趙堯、任敖事，與《蒙恬傳》夾叙趙高事，機杼略相類。

《酈生陸賈列傳》。初，沛公引兵過陳留，酈生踵軍門上
謁，此一節應別行寫。正傳中既載酈生誠騎士以進，沛公踞
床洗足見之矣；此又載酈生按劍以叱使者，當時傳聞不一，
聊記於傳後，以廣異聞。又有傳酈生書者，謂漢王定三秦至
鞏洛，酈生乃始來見，則贊中辨其非是。

《傅靳蒯成列傳》。子長於當世艷稱之功臣封爵者，皆不
甚滿意。常以不可知者，歸之天命。如於蕭何，則曰“碌碌
未有奇節，依日月之末光”；於曹參，則曰“以與淮陰侯
俱”；於樊、酈、滕、灌，則曰“豈自知附驥之尾，垂名漢
廷”；於傅寬、靳歙，則曰“此亦天授於衛青，亦曰天幸”，
皆以成功委之於命。雖要歸有良然者，然亦由子長褊衷，不
能忘情於功名，故時時以命字置諸喉舌之間。若仲尼，則罕
言命，且不答南宮適、羿奡、禹稷之問，茲其所以爲大也。

《劉敬叔孫通列傳贊》：“智豈可專邪?”此語是子長識力
過人處。

《季布欒布列傳》狀季布、季心、欒布諸人，俱有瑰瑋
絕特之氣，贊中仍自寓不輕於一死之意。子長跌宕自喜之概，
時時一發露也。

《袁盎晁錯列傳》：“宦者趙同嘗害盎。盎兄子種說盎曰：
‘君與鬪廷辱之，使其毀不用。’”使其毀不用者，謂廷辱之，
後趙談雖進毀言，文帝將不聽用也。贊。晁錯陗直刻深，袁
盎天姿亦頗近之，故兩人相忌嫉特深。子長以好聲矜賢譏盎，

亦互文見義。

《張釋之馮唐列傳贊》："《書》曰：'不偏不黨，王道蕩蕩。不黨不偏，王道便便。'張季馮公近之矣。"季布、欒布、袁盎、晁錯皆激烈阸直，非和平之器。張、馮爲得其平，故引《書·洪範》贊之。

《萬石張叔列傳》。子長生平風旨，不與萬石建陵諸人相近。而此傳曲盡情態，^①亦自具有大度。後世卿相老成醇謹者，托義於此，則有所摹擬而爲之，爲文者亦純事摹擬矣。

《田叔列傳》不別爲貫高立傳，而別爲田叔立傳，子長與任安田仁善也。

《扁鵲倉公列傳》。太史公好奇，如《扁鵲倉公》《日者》《龜策》《貨殖》等事無所不載，初無一定之例也。後世或援太史公以爲例，或反引班、范以後之例而譏繩太史公，皆失之矣。

《吳王濞列傳》先叙太子爭博，晁錯削地詳致反之，由此叙吳誂膠西，膠西約五國，詳約從之狀。次叙下令國中，遺書諸侯，詳聲勢之大。次叙晁錯絀誅，^②袁盎出使，詳息兵之策。次叙條侯出師，鄧都尉獻謀，詳破吳之計。次叙田禄伯奇道，桓將軍疾西，詳專智之失。六者皆詳矣，獨於吳

---

① "態"，原本誤作"熊"。
② "絀"，陳校本誤作"給"。"絀"是"詘"的假借字。《説文》："詘，相欺詘也。"

軍之敗不詳叙，但於周丘戰勝之時聞吳王敗走而已。此亦可悟爲文詳略之法。

《魏其武安侯列傳》。武安之勢力盛時，雖以魏其之貴戚元功，[1]而無如之何；灌夫之强力盛氣，而無如之何；廷臣内史等心非之，而無如之何；主上不直之，而無知之何。子長深惡勢利之足以移易是非，故叙之沈痛如此。前言灌夫，亦持武安陰事。後言夫繫，遂不得告言武安陰事。至篇末乃出淮南遺金財事，此亦如畫龍者將畢乃點睛之法。

《韓長孺列傳》。壺遂、田仁皆與子長深交，故叙梁趙諸臣多親切。

《李將軍列傳》"初，廣之從弟李蔡"至"此乃將軍所以不得侯者也"，十餘行中專叙廣之數奇，已令人讀之短氣。此下接叙從衛青出擊匈奴徙東道迷失道事，愈覺悲壯淋漓。若將從衛青出塞事叙於前，而以廣之從弟李蔡一段議論叙於後，則無此沉雄矣。故知位置之先後、翦裁之繁簡，爲文家第一要義也。

《匈奴列傳贊》："孔氏著《春秋》，隱桓之間則章，至定哀之際則微，爲其切當世之文，而罔褒忌諱之辭也。"叙武帝時事不實不盡，故贊首數語云爾。

---

① "元"，陳校本誤作"无"。元功，大功。《漢書·景武昭宣元成功臣表序》："輯而序之，續元功次云。"顏注："元功，謂佐興其帝業者也。"

《衛將軍驃騎列傳》。《衛青霍去病傳》，右衛而左霍；猶《魏其武安傳》，右竇而左田也。①衛之封侯，意已含風刺矣。霍則風刺更甚。句中有筋，字中有眼。故知文章須得偏鷙不平之氣，乃是佳耳。

《平津侯主父列傳》。平津亦賢相，而太史公屢非刺之，蓋子長褊衷於汲黯、董仲舒。既所心折，即郭解、主父偃亦所深許，遂不能不惡平津耳。

《南越尉陀列傳》：②"自尉佗初王，後五世九十三歲而國亡焉。"五世九十三歲，越國必有善政。趙光、趙定、居翁之屬漢，必有事實。茲皆不書，略人之所詳也。太后之淫亂，置酒之坐次，詳人所略也。故知記事之文，宜講翦裁之法。

《東越列傳》。莊助發郡國之兵，不從田蚡計，楊僕、韓說等之三道並進，居股多軍之封侯，俱足發明武帝之英風俊采，特不於贊中揭出耳。

《朝鮮列傳》事緒繁多，叙次明晰，柳子厚所稱太史之潔也。

《西南夷列傳》通二方，置七郡，叙次先後，最爲明晰。

《司馬相如列傳贊》《漢書》"春秋"二字上有"司馬遷稱"四字，蓋自"春秋推見至隱"下至"風諫"，何異司馬

① "竇"，原本誤作"寶"，從陳校本改。
② "陀"，當作"佗"，下文同。

81

遷之言也。自“靡麗之賦”下至“不已虧乎”止，揚雄之言也。後人將《漢書》論贊羼入《史記》內，太史公而引揚雄之言，遂不可讀矣。

《淮南衡山列傳》。伍被既造謀徙民朔方，以怨其民。興詔獄逮諸侯太子幸臣，以怨其諸侯。則所以爲淮南反計者，亦甚深至。前此所爲雅辭引漢之美者，當不可盡信也。太史公素惡丞相弘、廷尉湯，故欲曲貸伍被，或不無增飾於其間耳。

《循吏列傳》。循吏者，法立令行，識大體而已。後世之稱循吏者，專尚慈惠，或以煦煦爲仁者當之，與太史公此傳之本意不倫。

《汲鄭列傳》《汲黯傳》處處以公孫弘、張湯相提並論，此太史公平生好惡之所在。景武間人才，以此傳爲線索。

《儒林列傳》。子長最不滿於公孫弘，風刺之屢矣。此篇錄公孫宏奏疏之著於功令者，則曰“余讀功令，未嘗不廢書而嘆”；於轅固生，則曰“公孫宏側目視固”；於董仲舒，則曰“公孫宏希世用事”，於胡毋生，則曰“公孫宏亦頗受焉”。蓋當時以經術致卿相者，獨宏，子長既薄其學，又醜其行，故褊衷時時一發露也。

《酷吏列傳》通首以“法令滋章，盜賊多有”二語爲主，序中“天下之網嘗密”數行，指秦言之，即以諷武帝時也。

《大宛列傳》前叙諸國，從張騫口中述出，最爲朗暢。

後叙兩次伐宛，亦極雄偉。中間叙烏孫和親及西北外國之俗，筆力尚未騫舉。

"得烏孫馬好，名曰天馬。及得大宛汗血馬，益壯。"得烏孫馬，得大宛馬，皆後此之事，兹附録於前。

"出此初郡。"初郡者，初置之郡。

《游俠列傳》序分三等人，術取卿相，功名俱著，一也；季次原憲，獨行君子，二也；游俠三也。於游俠中又分三等人，布衣閭巷之俠，一也；有土卿相之富，二也；暴豪恣欲之徒，三也。反側錯綜，語南意北，驟難覓其針綫之迹。

《佞幸列傳》以本朝臣子而歷叙諸帝幸臣，此王允所謂謗書也。

《滑稽列傳序》："天道恢恢，豈不大哉。談言微中，亦可以解紛。"言不特六藝有益於治世，即滑稽之談言微中，亦有禆於治道也。

《日者列傳》。周秦諸子著書及漢人作賦，多設爲問答之辭，此篇與東方朔諸文略相類。

《龜策列傳》。褚先生在長安求之不得，故後世皆知此傳爲僞。

《貨殖列傳》。自桑孔輩出，當時之弊，天子與民爭利，《平準書》譏上之政，《貨殖傳》譏下之俗，上下交征利，《孟子列傳序》所爲廢書而嘆也。中惟家貧親老數行，是子長自傷之辭，餘則姚惜抱之論得之。

《太史公自序》論六家要指，即太史公遷之學術也。托諸其父談之詞耳。姚惜抱以爲其父之辭，蓋失之。

"上大夫壺遂曰。"設爲壺遂問答，即《解嘲》《賓戲》《進學解》之意。

漢 書

《景帝紀》："元年，廷尉信謹與丞相議曰：'吏及諸有秩受其官屬所監、所治、所行、所將，其與飲食計償費，勿論。它物，若買故賤，賣故貴，皆坐臧爲盜，没入臧縣官。吏遷徙免罷，受其故官屬所將監治送財物，奪爵爲士伍，免之。'"故官屬及所將所監所治而獨無所行者，故時巡行之處，其官屬未必更送財物也。僅奪爵爲士伍而不以坐臧爲盜論者，前任之官其罰稍輕於現任也。所將，謂所攜以自隨之人也。若將雛、將子、將軍之將。

《武帝紀》："太初元年夏五月，正曆以正月爲歲首。"自此以前雖皆以建亥之月爲歲首，然皆稱冬十月、冬十一月、冬十二月、春正月，未嘗以建亥之月爲正月。蓋漢初稱建亥月爲正，而班氏追改之。故師古曰："史追正其月名。"

《宣帝紀》："地節四年，詔曰：'今系者或以掠辜，若饑寒瘦死獄中。'"① 掠辜而死，一端也；飢寒而瘦死，一端也。
師古分作三端，蓋失之。下文掠笞若瘦死者亦只二端。

《天文志》："凡以宿星通下之變者，維星散，句星信，
則地動。"維者，謂周圍如圜，若鼈星、天津、天錢、天壘
城、天苑之類。句者，謂其末如鉤，若天鉤、卷舌、天讒、
大陵、積尸之類。維者欲圜不欲散，句者欲曲不欲伸，否則
地動。不專指極後之四星與斗杓後之三星言。

《五行志》："言之不從，從順也。"貌之不恭。傳曰之
下，有説曰。此"言之不從"句上，② 亦應有説曰二字。"

"視之不明，是謂不悊。③ 悊，知也。""視之不明"句
上，當有"説曰"二字。

"昭公二十五年夏，有鸐鵒來巢"至"繼嗣可立，災變
尚可銷也。"以上之事，皆禽鳥視之不明，當有贏蟲之孽。此
羽蟲之事，④ 不知何以列入。

"思心之不睿，是謂不聖。思心者，心思慮也。""思心
之不睿"上，應有"説曰"二字。

"皇之不極，是謂不建。皇，君也。""皇之不極"句上，
亦應有"説曰"二字。

---

① "瘦"，原本作"瘦"，應爲"瘦"。下同。
② 原本無"之"字，據陳校本補。
③ 《集韻》："哲，古作悊。"
④ "之"，原本誤作"六"。

《地理志》："京兆尹南陵。"師古曰："兹水秦穆公更名以章霸，功視子孫。視讀曰示。"視讀曰示，師古不應自爲作音。疑有誤也。

《溝洫志》："於是爲發卒萬人，穿渠自徵引洛水至商顏下。"國藩按：洛水，此今之北洛水也。中隔渭水，不知何以能至商顏？

《陳勝傳》："行收兵。"行收兵云者，且行且收兵也。

"公孫慶曰：'齊不請楚而立王，楚何故請齊而立王？'"田儋立爲齊王之時，未嘗請命於陳勝，故云。

《項籍傳》："東陽少年殺其令，相聚數千人，欲立長，無適用。"國藩按：適，主也。本毛傳之訓。然經典中如"誰適爲容""奚其適歸""莫適爲主""我安適歸矣""吾誰適從"等語，皆詞氣相類，若皆訓爲主，則"莫適爲主"當訓爲莫主爲主矣。若各處望文立訓，參差互異，則古書之例又不爾也。適蓋願安之詞。《孟子》云："寡人願安承教。"謂心願而意安之也。《莊子》："忘足，履之適也；忘腰，帶之適也。"亦願而安之也。如上所引五語及此"無適用"，皆可以願安之意通之。

"梁曰：'田假與國之王窮來歸我，不忍殺，趙亦不殺角、間以市於齊。'"國藩按：師古訓市字極精當矣。然"以市於齊"四字，乃兼楚趙言之。本求齊出兵俱西者，楚也。若楚自殺假，又令趙殺角、間，是賣此三人以買齊兵也。今皆不殺，是不以此三人市齊之兵也。不得專指角間。

“羽謂其騎曰：‘吾爲公取彼一將。’令四面騎馳下，期山東爲三處。”“期山東爲三處”云者，本由山上四面分馳而下，既下則皆聚會於山之東面也。分爲三處者，爲疑陳，使漢兵不知羽所在，猝不敢前也。皆會於東者，東面濱大江甚近，將渡江也。

“贊曰：賈生之《過秦》曰。”《史記》録賈生《過秦》三篇於《秦本紀》後，賈生本爲秦而作也。班氏録《過秦》一篇於此，則似專爲贊陳勝而録之。同一録賈生文，而意各有當也。

《張耳陳餘傳》：“縣殺其令丞，郡殺其守尉，今曰張大楚王陳。”師古曰：“言張建大楚之國而王於陳地。”曰，讀曰已。張大楚，謂張而大之也，不宜以大楚連讀。

“餘曰：‘吾顧曰無益。’”顧，猶特也。本傳“顧其勢初定”“吾顧曰無益”“顧爲王實不反”，皆宜作特字解。《漢書》中此等字甚多，王念孫皆作特字解。師古訓爲思念，皆失之。

《韓信傳》：“蕭何曰：‘諸將易得，至如信，國士無雙。’”國士，謂其才智足伏一國也。又等而上之，則曰天下士。“管仲天下才”是也，《莊子》“此國馬也，而未若天下馬也”，義與國士、天下士同。師古注失之。

“今韓信兵號數萬，其實不能千里襲我。”其實不能云者，雖名爲數萬，實尚不滿數萬也。

《彭越傳》：“項籍入關，王諸侯，還歸。”還歸，歸彭城也。

“迺拜越爲魏相國，擅將兵，略定梁地。”擅者，謂雖爲魏相國而兵事不由魏豹調遣，越得專主之也。

《燕王澤傳》：“高后時，齊人田生游乏資，以畫奸澤。”《莊子·天運》篇：“以奸者七十二君。”奸，求也。

“澤使人謂田生曰：‘弗與矣。’”“弗與矣”者，怨望之詞。言既得金去，遂不復顧我矣。猶飢則依人，飽則颺去也。厥後田生以計爲澤求得封王，以明身雖不在澤所，而無日不爲澤畫策，報恩之深也。

《吳王濞傳》：“然其居國以銅鹽故，百姓無賦，卒踐更，輒予平賈。”自行而踐更者，定例也。出錢而過更者，寬政也。過更者既選寬政矣，而踐更者又予之以傭直，是富者出錢而不自行，貧者雖自行而得傭資，此吳王之欲得民心也。服說是，晉說非也。

“竊聞大王以爵事有過，所聞諸侯削地，罪不至此。此恐不止削地而已。”言楚、趙王削地之罪不至於膠西王賣爵之罪之甚，楚、趙尚削地，則膠西恐不止於削地而已。言其當滅國也。此以危言怖膠西王也。

“西走蜀漢中告越。”注：“師古曰：‘言王子定長沙已北，而西趣蜀及漢中，平定昌訖，使報南越也。’”國藩按：

師古説非也。長沙以北，西走蜀漢中，地方數千里，此非幼弱之長沙王子所能定也。南越是時最強盛，故吳王以此屬南越王。長沙與南越相直，王子可爲内應，故曰因王子也。告越者，言已將此指告南越矣。

“削奪之地。”之，疑作封。

《楚元王傳》：“德厚寬好施生。”《易》曰：“天施地生。”此“施生”字之所本也。

《劉向傳》：“民萌何以勸勉。”萌與甿同。力田之民曰甿。

“用紵絮斫陳漆其間。”陳，施也。以石爲椁、又以紵絮斫斬糜爛，而施漆於其間。猶今世之以瓷灰和漆封棺口也。

“封墳掩坎，其高可隱。”其高可隱，謂人隔墳而立，可隱肘也。不能遮蔽全身，不甚高耳。

“石椁爲游館。”游館，以石爲離宮、別館於地下。

“上以我先帝舊臣，每進見，常加優禮。吾而不言，孰當言者。向遂上封事諫曰。”奏疏惟西漢之文冠絶古今。西漢前推賈、晁，後推匡、劉。賈、晁以才勝，匡、劉以學勝。此人人共知者也。余尤好劉子政。忠愛之忱，若有所甚不得已於中者，足以貫三光而通神明。是故識精而不炫，氣盛而不矜，料王氏之必篡，思有以早爲所，而又無誅滅王氏之意。宅心平實，指事確鑿，皆本忠愛二字，彌綸周浹而出。吾輩欲師其文章，先師其心術，根本固，則枝葉自茂矣。

"行汙而寄治。"汙,亂也。寄,亦托也。行本汙亂,而托爲澄治。

"根垂地中。"垂,當作𠂹,𠂹與插同。

"雖立石起柳,無以過此之明也。"指明梓柱之徵,果爲王氏篡漢之兆。向之忠直,出於至誠,故其道可以前知。讀至王劉不並立等語,至今如睹其涕泣之狀,如聞其嗚咽之聲。

《劉歆傳》:"詩始萌芽,天下衆書,往往頗出。"曰萌芽,曰頗出,言不完不備也。

"或爲雅,或爲頌,相合而成。"《詩》或以相合而成,《書》或以後得而集,亦言其不完不備也。

"其古文舊書,皆有徵驗。外內相應,豈苟而已哉。"內者,秘府之藏也。外者,柏公、貫公、庸生之學也。兩者皆同,故曰相應。

《季布傳》:"布之官,辯士曹邱生數招權顧金錢。"劉攽曰:"招權,謂作爲形勢,招權歸己也。顧金錢者,謂志在金錢也。顧,猶念也。"愚按:招權歸己,劉説是也。其訓顧曰念,非也。本書《晁錯傳》注:"顧,讎也。"《後漢·桓帝紀》注:"顧,酬也。"曰讎,曰酬云者,皆謂此有所往,彼有所反,無德不報之謂也。曹邱生既招權歸己矣,因以其權轉而假人,人乃以金錢報之。我以權往,人以金錢反,故曰顧也。後世有曰招權市利者,義正與此相同。謂既招得貴人之權歸己,因轉而以權假人,人即以利報我,故曰市利也。

“使僕游揚足下名於天下，顧不美乎。”顧，反也。師古訓念，非也。

《齊悼惠王傳》：“高后兒子畜之，笑曰：①‘顧乃父知田耳。’”師古曰：“乃，汝也。汝父謂高帝也。”劉敞曰：“兒子畜之，不以人臣待之也。乃父，直謂王肥耳。”國藩按：劉說是也。古人謂孫及兄弟之子、兄弟之孫及他年輩幼小者，皆可稱兒子。本傳下文云“齊王自以兒子年少”可證。

“勃曰：‘失火之家，豈暇先言丈人後救火乎。’”丈人，尊長之稱。謂先告家長，而後往救火，猶先讀詔命，而後靖諸呂之難也。《史記》作大人，亦謂家長也。

贊：“左官附益阿黨之法設。”愚按：附益，亦解在《諸侯王表》。師古於表解云：背正法而厚於私家。於傳解云：欲增益諸侯王。自相矛盾。

《蕭何傳》：“秦御史監郡者與從事辦之。”劉敞曰：“此句先題目下事，言秦制御史監郡者，凡有事皆與從事共辦之。”愚按：劉說是也。凡監郡皆然，不獨泗水郡爲然。何給，泗水卒史，即泗水郡之從事也。

《曹參傳》：“度之，欲有言，復飲酒。”度之，師古讀爲大各反，則是以爲籌度之度也。度人復欲有言，則又從而飲之酒，是度之之字爲羨文矣。國藩按：度之，《史記》作間

---

① “笑”，陳校本誤作“答”。

之，義相同也，猶曰頃之，曰少間，曰少頃耳。

“至朝時，帝讓參曰：與窋胡治乎。”胡治云者，謂在家幹治何事，諷其笞子也。不便面責以無罪笞子之咎，乃詰以在家幹治何事云耳。

《王陵傳》。《史記》王陵、周勃等事，皆列入《陳平世家》中“始平曰”，以下“我多陰謀”云云，接上文“何坐略人妻棄市”，皆陳平事也。《漢書》別分爲《王陵傳》，以周勃、陳平問獄訟錢穀事闌入陵傳，已失其義矣。而“何坐略人妻棄市”之下，“始平曰”之上又闌入王陵、審食其後嗣一段，遂使審平與陳平之名混淆。

《周勃傳》：“得綰大將，抵丞相偃守陘。”盧綰起事至微薄，未嘗置丞相之官，而其尊貴略如漢之丞相，故曰抵丞相也。

“迺顧麾左右執戟皆仆兵罷。”仆者，棄兵衛於地也。罷者，散去也。左右皆執兵衛少帝者，故滕公令其仆兵而各散去。師古訓頓未妥。

“有謁者十人，持戟衛端門，曰：‘天子在也！足下何爲者。’”滕公以少帝非劉氏，不當立，不以少帝爲君，故稱之曰足下。謁者不知少帝已廢，代王已立，不以代王爲君，故亦稱曰足下。

“上視而笑曰：‘此非不足君所乎。’”孟康注：“設戢無箸者，此非不足滿於君所乎，嫌憾之也。”師古注：“孟説近之。帝言賜君食而不設箸，此由我意於君有不足乎。"宋祁曰："浙本注文‘由我'上有‘豈不'二字。"按：孟注"恨讀爲很，違也。"《説文》："很，不聽從也，一曰鷙也。"《漢書》"李敢怨大將軍之恨其文"①"夏侯常連恨勝"兩"恨"字，皆當讀爲違戾之"很"。此孟注云嫌恨之也者，言明示以不足滿於君所之之意，嫌有意與亞夫相違戾也。

《樊噲傳》："項羽既饗軍士中酒。"愚按：中酒之中，當讀如字。《文選・上林賦》："於是酒中樂酣。"郭注："中，半也。"此中酒之中，亦當訓爲半也。師古音竹仲反，解爲不醉不醒，失之矣。凡竹仲反之中，有兩義，皆從射中之中引伸而得。射有用之於禮射者，則以中爲合度。有用之於克敵者，則以中爲殺傷。從合度之義而引伸之，則中訓爲得也，應也，合也，當也。如《封禪書》："與王不相中。"是中訓爲得。《禮記》："律中太簇。"是中訓爲應。《穆天子傳》："味中縻胃而滑。"是中訓爲合。《司馬遷傳》："其聲中其實者。"是中訓爲當。凡此皆從射以中爲合度而引伸之者也。從殺傷之義而引伸之，則如《趙王彭祖傳》云"持詭辨以中人"，《何武傳》"欲以吏事中商"之類，皆從射者以矢傷人而引伸之者也。中酒之中，亦從矢傷人之義而引申之，謂酒力足以傷人之生，伐人之性，如受中傷於矢耳。師古訓中酒

---

① "文"當爲"父"字之訛。

爲不醒不醉，抑又非也。

《夏侯嬰傳》："高祖時爲亭長，重坐傷人。"愚按：重，難也。坐傷人，則罹刑罰。故高祖難之。

"高祖初爲沛公，賜爵七大夫，以嬰爲太僕常奉車。"嬰自高祖初爲沛公時，即爲太僕常奉車。及至事孝惠、吕后、孝文，終身皆爲太僕奉車也，故《史記》歷歷數之。或曰"以太僕奉車"，或曰"復常奉車"，或曰"因復奉車"，或曰"以太僕從擊"某，或曰"以太僕擊"某，終高祖之世凡十一見。而於末總之曰："嬰自上初起常爲太僕，竟高祖崩。"其後又四見，合之凡十五見。雖史公磊落自喜，不厭其復，然究嫌煩贅也。《漢書》删去八處，僅七見，可謂得體。然獨於"從攻定南陽"之上，著"因奉車"三字，殊爲不類。又於"號昭平侯"之下，著"復爲太僕"四字，亦爲自亂其例。嬰自始至終，固無日不爲太僕，所有攻戰之功，固無一不因奉車以從也。

《傅寬傳》："擊破齊歷下軍，擊田解。屬相國參殘博。"韓信破齊之時，曹參以左丞相屬焉。寬之破歷下，擊田解，固隸屬信之麾下。其殘博時，雖專屬參，猶不出信之麾下也。蓋參是時若次將，尚屬信耳。

《周昌傳》："趙人方與公。"秦漢間，尊稱人多曰公。有以官名稱公者，如《曹參傳》中之秦監公是也。有以土人稱公者，如高祖爲沛公、膠西有蓋公是也。有以縣令稱公者，如曹參爲戚令，曰戚公；夏侯嬰爲滕令，曰滕公；王武爲柘公是也。此方與公，亦以縣令而尊稱之耳。孟説非也。

《任敖傳》："以淮南相張蒼爲御史大夫。"《史記》周昌、任敖、申屠嘉皆附入《張蒼列傳》中，通首以蒼爲主，而以昌、敖等事緯之。《漢書》既各爲標目，昌與敖各爲立傳矣，而乃以蒼事入敖傳中，斯爲不倫。

《申屠嘉傳》："嘉謂長史曰：'吾悔不先斬錯，乃請之，爲錯所賣。'"師古訓先斬而後奏，是以"乃請之"屬上爲一句讀。今按當斷爲二句，言悔不先斬而乃先請，出於下策，致爲所賣也。《史記》作"乃先請之"，是分爲二句矣。

贊："張蒼文好律曆。"師古訓爲名好律曆，殊爲不詞。今按：好者，學字之誤。《史記》本作文學律歷。《漢書》偶有訛字，師古不及糾正之耳。

《酈食其傳》："爲里監門，然吏縣中賢豪不敢役。"當云爲里監門吏。班固書誤倒寫"然"字於"吏"字上。《史記》不誤。

"項王遷殺義帝，漢王起蜀漢之兵擊三秦，出關而責義帝之負處。"宋祁曰："或無負字。"愚按：或本是也。此涉下殺義帝之負句而誤耳。《史記》無負字。

《陸賈傳》："或謂其子曰：'與女約：過女，女給人馬酒食極飲欲，^① 十日而更，所死家，得寶劍車騎侍從者。一歲中以往來過他客，率不過再過，數擊鮮，毋久溷女爲也。'"《史記》云："一歲中往來過他客，率不過再三過。數見不鮮，毋久溷公爲也。"國藩按：他客，謂親族僚友也。"數見不鮮"二語，賈與他客約之辭。上文六語，賈與其五子約之辭。與五子約稱曰女，與他客約稱曰公，區以別矣。孟堅改爲"數擊鮮，毋久溷女"二語，並此亦似與五子約之辭，此孟堅未深究子長之文義而改之也。又"過他客，不過再三過"者，賈常傳食於其子，故無暇過他客也。孟堅改爲"以往來過他客，率不過再過"，似賈在他客處往來之時多，而其諸子處反僅再過矣。此又與子長之文意相戾也。

《淮南厲王傳》："而殺列侯以自爲名。"自爲名者，自以爲報母仇以孝爲名也。

"大王欲屬國爲布衣。"屬國云者，以國屬之人，而不復欲自有之也。

《衡山王傳》："王日夜求壯士於周丘等，^② 數稱引吳楚反時計畫約束。衡山王非敢效淮南王求即天子位，畏淮南起並其國，以爲淮南已西，發兵定江淮間而有之，望如是。"按："數稱引吳楚反時計畫約束"者，壯士等之所稱引也。"衡山

---

① "飲"，陳校本、京華本改爲"欲"。今本《史記》作"欲"。
② "丘"，原本作"邱"，當時避孔子諱而改。

王非敢”以下，“而有之”以上，皆壯士等私相計畫之辭。
“淮南已西”云者，言淮南王起兵西入長安，則衡山王發兵
定江淮間，據淮南王之地而有之。淮南朝發，則衡山夕起。
庶不爲淮南王所並也，所望不過如是而已。

　　《伍被傳》：“須士卒休，乃舍；①　穿井得水，乃敢飲；軍
罷，士卒已逾河，乃度。皇太后所賜金錢，盡以賞賜。”軍罷
二字若屬上句讀，則無義可尋。若屬下句讀，則逾河之處不
必適在軍罷時也。此處當有二飲字。文云：“穿井得水飲，軍
罷乃敢飲”轉寫脱一飲字。又誤置軍罷二字於上耳。

　　“王曰：‘男子之所死者，一言耳。’”凡男子之死於一言
者，約有數等：與人爭很，一言之忿，不顧而死者，是死於
忿也。氣誼相許，一言之約，借軀以相酬報者，是死於要約
也。要事同計，異人同情，因旁人一言之感觸，遂以激發欲
死者，是死於激切也。厲王遷死，淮南賓客多以此感激安，
或安以一言而激發欲死耳。師古二義解一言甚當，而於王安
未合也。

　　“天下勞苦有間矣。”有間，謂有隙可乘也。如説是，師
古失之。孟子曰：“連得間矣。”文氣略同。

　　“王曰：‘此可也，雖然，吾曰不至若此專發而已。’”
《史記》作“吾以爲不至若此”。言不至如伍被之説如此其難

————————

　　①　原文脱“舍”字。

耳。《漢書》少一爲字，義與《史記》同。師古之解非也。

《周仁傳》："仁爲人陰重不泄，常衣弊補衣溺袴，期爲不潔清，以是得幸。入臥內，於後宮秘戲，仁在旁終無所言。"劉奉世曰："袴非小袴，能藉則近潔矣。此常袴溺瀝其上，不洗濯之，以其不潔之故，人惡遠之，乃得至后宮也。"愚按：劉説常袴不洗濯是也，其説人惡遠之非也。仁之衣弊衣溺袴，言其不好修飾，不事容悦也。溺者，甚之之詞，猶曰不澣云耳。以其慎密質樸，① 是以得幸，雖后宮秘戲，亦得在旁，取其謹愿之至，不漏泄禁中褻語，非取其垢污而爲人所惡遠，遂與宦者同視也。劉説蓋爲張説所誤，亦陋甚也。

《賈誼傳》：《弔屈原賦》："歷九州而相其君兮，何必懷此都也。"自"風縹縹其高逝兮"至篇末，皆責屈原不能引身遠遁，自取尤辱。其切責之，乃所以深痛之也。師古之説非是。

"誼數上疏，陳政事，多所欲匡建。"奏疏以漢人爲極軌，而氣勢最盛，事理最顯者，尤莫善於《治安策》。故千古奏議，推此篇爲絕唱。"可流涕者"少一條，"可長太息者"少一條，《漢書》所載者，殆尚非賈子全文。賈生爲此疏時，當在文帝七年，僅三十歲耳。於三代及秦治術無不貫澈，漢家中外政事無不通曉，蓋有天授，非學所能幾耳。奏

---

① 陳校本"慎"作"縝"。

議以明白顯豁、人人易曉爲要。後世讀此文者，疑其稱名甚古，其用字甚雅，若倉卒不能解者。不知在漢時乃人人共稱之名，人人慣用之字，即人人所能解也。即以稱名而論，其稱淮南、濟北，如今日稱端華、肅順也。其稱匈奴，如今日稱英吉利也。其稱淮陰侯、黥布、彭越、韓信、張敖、盧綰、陳豨六七公，猶今日稱洪秀全、李秀成、石達開、張洛刑、苗沛霖、奮匪、回匪也。其稱樊、酈、絳、灌，猶今日稱江、塔、羅、李也。其稱郡國，猶今日稱府廳也。其稱傅相丞尉，猶今日稱司道守令也。又以用字而論，其用厝字，猶今日用置字也。其用虖字，猶今日用乎字也。其用慮字，猶今日用大致也。其用埶字，猶今日用勢字也。其用亡字，猶今日用無字也。其用亶字，猶今日用但字也。其用幾幸，猶今日用冀幸也。① 其用隃字，猶今日用足逾字也。其用縣字，猶今日用懸字也。由此等以類推，則當日通稱之名、通用之字，斷無不共諭者。然則居今日而講求奏章，亦用今日通稱之名、通用之字，可矣。

　　“首尾衡決。”衡決，猶橫決也。古人言直皆曰縱，言橫皆曰衡。於事之忤亂無條理者，則橫字作去聲讀。如曰橫逆、曰洪水橫流是也。此處若作橫決，亦當讀爲去聲。

　　“祖有功而宗有德，使顧成之廟稱爲太宗。”此疏陳於文

---

① “幸”，原本作“倖”，從陳校本改。作“僥倖”之意時多用“倖”。

帝時，便謂文帝死後廟號應稱太宗，足見當時風俗近古。

“夫樹國固必相疑之勢。”樹，獨立也。於京師之外，又樹立宗室多國，勢必相疑。

“今或親弟謀爲東帝，親兄之子西鄉而擊，今吳又見告矣。”親弟，謂淮南厲王長。親兄之子，謂齊悼惠王之子興居。皆謀反也。

“如此，有異淮南、濟北之爲邪。”淮南，謂上文親弟謀爲東帝也。濟北，謂上文親兄之子西鄉而擊也。

“非有仄室之勢，以豫席之也。”仄室之勢，猶曰寸土半階之勢。席，猶曰憑藉也。

“動一親戚。”古人稱父子兄弟曰親戚。

“長沙乃在二萬五千户耳。”在，讀如才，猶曰僅也。

“諸侯之地，其削頗入漢者，爲徙其侯國及封其子孫也，以數償之。”諸侯之地前頗有削而入漢者，猶今云入官也。仍當移徙界址，歸入侯國境內，待封其子孫時全數還之。

“一二指搐，身慮亡聊。”搐，《集韻》《類篇》並云牽制也。一二指搐云者，謂偶然有所指，或有所牽制也。慮，猶云大氐也。謂脛與指大瘇平居不可屈伸，偶然牽動，則周身大氐皆痛甚亡聊矣。

“斥候望烽燧，不得卧。”斥，遠也。候，候伺也。斥候，猶今之放哨者也。

“臣竊料匈奴之衆，不過漢一大縣。”漢之匈奴，南北二

千里，東西五千里，而曰不過抵漢一大縣，此賈生閱歷之
淺也。

“陛下何不試以臣爲屬國之官，以主匈奴。”典屬國之
官，專主外國事，後蘇武嘗爲之。

“今民賣僮者，爲之繡衣絲履偏諸緣。”偏諸，即牙條，
今之闌干緶子之屬近之。

“緁以偏諸。”偏諸，即緶子。緁，謂縫於衣之領緣也。

“其慈子耆利。”慈子耆利，猶云溺愛貪利。

“逐利不耳。”利不耳，即利否耳。

“是非其明效大驗邪。”以刑法與禮教層層比較，勸漢帝
宜學周，不宜學秦。

“故貴大臣定有其罪矣，猶未斥然，正以譴之也，尚遷就
而爲之諱也。”是時丞相絳侯周勃免就國，人有告勃謀反者，
逮系長安獄，故賈生以此譏之。

“夫將爲我危。”夫，猶彼也。《左傳》：“則夫致死焉。
亦謂彼致死也。”

“故可托以不御之權。”不御之權，謂全授以權柄，不復
制御之也。

“卒破七國，至武帝時，淮南屬王子爲王者兩國亦反
誅。”卒破七國，言誼策梁足以捍齊趙，淮陽足以禁吳楚，其
言果應也。屬王子爲王者兩國亦反，言誼策淮南四子爲父報
仇，其言果應也。

《袁盎傳》："盎兄子種爲常侍騎，諫盎曰：'君衆辱之。'"古稱尊長多曰君，自稱多曰臣。此君衆辱之，是稱其叔父曰君也。《王章傳》"我君素剛"，是稱其父曰君也。秦漢間談説之際，自稱曰臣者，不可枚舉。

《晁錯傳》："曰便爲之。"猶云以暇時爲之也。

"詔策曰：'悉陳其志，毋有所隱。'愚臣竊以五帝之賢臣明之。臣聞五帝其臣莫能及，則自親之；三王臣主俱賢，則共憂之；五伯不及其臣，則任使之。此所以神明不遺，而賢聖不廢也云云。又曰今執事之臣，皆天下之選已，然莫能望陛下清光，譬之猶五帝之佐也。陛下不自躬親，而待不望清光之臣，臣竊恐神明之遺也。"按：清光，即才智也。莫能望，謂遠不能及也。五帝才知過於其臣，則自親政事。三王才知與臣相等，則共謀政事。五伯才知不及其臣，則以政事委任臣下。晁錯之意，以當時盜賊不衰，[1] 邊竟未安，文帝之才知既不足以濟事，而諸臣之才知反不能望文帝之清光，是臣下亦不足以備任使也，則政事必有闕遺而不舉者矣。錯自度其才知過於文帝，又遠過於在廷諸臣，隱然以五伯之佐自命，[2] 欲帝之舉國而任己也，故以對詔策中"悉陳其志，毋有所隱"二語。"神明不遺，賢聖不廢。謂神明之所照者，

---

① "賊"，原本作"則"，從陳校本改。
② "然"，原本作"在"，從陳校本改。

無遺棄之事。賢聖之所通者，無廢闕之端。"師古說非也。賢，謂過人之智、聖，謂通明之才。不必皆成德而後稱曰賢曰聖也。

"錯父謂錯曰：'上初即位，公爲政用事，侵削諸侯，疏人骨肉，口讓多怨，公何爲也？'錯曰：'固也。'"固也云者，言乃父所責固當。師古訓非也。

《汲黯傳》："賜從軍死者家，鹵獲，因與之。"鹵獲，得匈奴之財也。因與之，亦賜從軍死者之家也。

《竇嬰傳》："孝景三年，吳楚反，上察宗室諸竇，無如嬰賢。"凡與國有親戚屬籍者，亦得呼爲宗室。《酷吏傳》"周陽由以宗室任爲郎"，謂其父趙兼爲淮南王之舅，與國爲戚屬也。本傳後文廷辨時，《史記》曰："俱外家宗室，故廷辨之。"亦謂外家爲宗室也。

"所賜金陳廊廡下，軍吏過，輒令財取爲用。"財，猶曰少也。王念孫解財、察財、幸財、留念等語，其說甚詳。

《灌夫傳》："夫亦持蚡陰事，爲奸利，受淮南王金與語言。"與語言者，即蚡爲太尉時迎淮南王於霸上相對之語言也。

"蚡起爲壽，坐皆避席伏。已嬰爲壽，獨故人避席，餘半膝席。"避席者，一身去位，離席而起立也。膝席者，半身已起立，其半尚膝倚於席也。

《韓安國傳》："且匈奴，輕疾悍亟之兵也。至如猋風，去如收電，畜牧爲業，弧弓射獵，逐獸隨草，居處無常，難得而制。今使邊郡久廢耕織，以支胡之常事，其勢不相權也。"[1] 胡射獵逐徙，以用兵爲常；漢久廢耕織，以用兵爲變。以變而支常，故輕重不鈞。

《江都易王傳》："與其後成光共使越婢下神，祝詛上。"下神，猶云降神，迎之而使來臨也。

《廣川惠王傳》："昭信謂去曰：'前畫工畫望卿舍。'"畫望卿舍，謂作畫於望卿之室也。

"去即與昭信從諸姬至望卿所。"前云會諸姬，謂去與昭信擊二王，令諸姬皆會而觀之也。此云從諸姬，謂去與昭信擊望卿，令諸姬皆從而觀之也。

《常山憲王傳》："漢使者視憲王喪，梲自言憲王病時，[2] 王后太子不侍。"自言，訟訴也，下皆獄辭。

《李廣傳》："程不識故與廣俱以邊太守將屯，及出擊胡。"將兵屯田，胡來則出擊，二者皆邊太守之事也。

"是時廣軍幾没，罷歸。"宋祁曰："浙本及越本並無罷字。"罷歸二字當爲句。

"廣從弟李蔡，武帝元朔中爲輕車將軍，從大將軍擊右賢王有功，[3] 中率，封爲樂安侯。"《集韻》："率，計數之名。"

---

① "勢"，原本作"蓺"，當改爲"勢"。
② "梲"，華僑本誤作"稅"。
③ 陳校本"右"誤作"石"。

凡言大率者，猶云大率者，猶云大數也。中率，猶云中程，中科，謂有一定之程課、一定之科則也。上文云中首虜率，此云中率封侯，皆謂其功合於漢家科程也。

"大將軍弗聽，令長史封書與廣之莫府曰：'急詣部如書。'廣不謝大將軍而起行，意象慍怒，而就部引兵與右將軍食其合軍出東道。"書中所載，仍令廣從食其出東道。書若今之札飭。

《李陵傳》："一日五十萬矢皆盡，即棄車去，士尚三千餘人，徒斬車輻而持之。"愚按：徒，徒步也。棄車而徒，斬其車輻，持以爲兵也。

"陵還太息曰：'兵敗，死矣！'軍吏或曰：'將軍威震匈奴，天命不遂。'後求道徑還歸。""天命不遂"下，當更有二語云，"姑隱忍不死，少留匈奴中"。下乃云"後求道徑還歸"，詞意乃備。《漢書》多簡字簡語，往往然也。

"期至遮虜鄣者相待。"意以入塞之際，當相聚少蘇。計數得脫歸生入者，果幾人也。

"上悔陵無救，曰：'陵當發出塞，乃詔彊弩都尉令迎軍。坐預詔之，得令老將生奸詐。'"孟康曰："坐預詔彊弩都尉路博德迎陵。博德老將，出塞不至，[1] 令陵見沒也。"陵之見沒，由於兵少無救。兵之少，由於使路博德別出西河，

---

① "至"，原本作"見"。今本《漢書》作"至"。

遮他道，而使陵以孤軍出塞，故敗没也。武帝至是深自悔，
以爲向使待陵發出塞之時，乃令博德迎其軍，而隨往，則博
德必同出塞，無所施其奸計矣。事機之所以失，由於當陵未
發出塞之先，預詔博德迎陵軍，致令博德上書稽行，反疑陵
不欲出，故迫陵以孤軍出塞也。陵之以無救而敗，由於博德
奸詐上書，致武帝疑陵，而逼令分軍各出。博德之所以能行
其奸詐，由於武帝預詔，先示以疑陵之隙，此武帝所以悔也。
孟説失之。

《董仲舒傳》："仲舒爲博士時，下帷講誦，弟子傳以久
次相授業。"久者爲之師，其次久者從而受業。次久者爲師，
新來者又從而受業。

"武帝即位，舉賢良文學之士前後百數，而仲舒以賢良對
策焉。"武帝之問，以爲作樂即可致治，何以後世樂器雖在，
而治不可復？仲舒之意，以爲欲作樂必先興教化，欲興教化
必先彊勉行道，能行道則治可復，教化可興，而樂可作。皆
自人力主之，非天命之所能主也。武帝之問，以爲何修何飭
而後可致諸祥？仲舒之對，以爲修飭德教，則奸邪自止，而
諸祥可致。若修飭刑法，則奸邪愈生，而諸祥不可致矣。中
言正心正朝廷數語，是修飭之本。末言仁義智信，是修飭之
目。致諸祥必由於止奸邪，任刑罰則奸邪不止，任教化則奸
邪止。於問中何修何飭而致諸祥，最相鍼對。武帝之問，本
以力本任賢對舉。以親耕籍田，爲己能力本矣。勸孝弟，崇

有德，爲己能任賢矣。而以功效不獲爲疑。仲舒之對，則略力本而專重任賢一邊。以爲賢才不出，出於素不養士。下以興太學之養士之要，大臣歲貢二人爲選賢之要。

《司馬相如傳》：《子虛賦》"觸穹石"至"衍溢陂池"一節。《子虛賦》言水，始終不外有力、自然兩義。如"穹石"四句，言水之盛怒有力。"渾弗"五句，極言其有力。"穹隆"四句，言其自然。"批巖"二句，言其有力。"臨坻"二句，言其自然。"沈沈"二句，言其有力。"潏潏"二句，言其自然。"馳波"十句，皆言其自然。脈絡極分明也。洴、溉、瀨、沛、墜、磕、沸爲韻，怀、歸、回、池爲韻，而一韻之中，上有數句又各私自爲韻，如汗、折、冽私自爲韻，鷔、浥私自爲韻也。

"其南則有平原廣澤。"此叙南有平原廣澤，似最宜畋獵之地。而下文叙獵，但在東西北三處，而不及南之廣澤，蓋虛實互相備也。

"襞積褰縐，紆徐委曲，鬱橈谿谷，紛紛裶裶，揚袘戌削，① 蜚襳垂髾。""襞積"至"谿谷"三句，"紛紛"至"垂髾"三句，皆下二句用韻。

"舞干戚。"干戚，疑當作干羽。此處當用韻，不似四句

① 戌削，形容衣服裁制合體。"戌"，也寫作"卹""恤"。《史記·司馬相如列傳》："紲獨繭之褕袘，眇閻易以戌削。"《索隱》引郭璞曰："恤削，言如刻畫作也。"

乃韻者。

"世有大人兮，在乎中州。宅彌萬里兮，曾不足以少留。悲世俗之迫隘兮，揭輕舉而遠游。"前六句總以輕舉遠游四字爲一賦之指。

"登閬風而遥集兮，亢鳥騰而一止。"以上游行，至是始止息也。壹止云者，如鳥之飛，欻然而止也。

"未有殊尤絶迹可考於今者也，然猶躡梁父，登大山，建顯號，施尊名。"可考於今，謂奇絶之功迹至今猶可考見者。言自古莫盛於成周，然周亦未有奇絶功迹，猶且封禪也。豈有漢之功迹奇絶如此，尚吝於封禪哉？

"於是大司馬進曰。"大司馬之位號，武帝特置以寵衛、霍者。

"亦各並時而榮，咸濟厥世而屈。"濟，猶度也，越也。並時而榮，猶當時則榮，越世則屈，絶無稱也。

"以浸黎民。"浸，言澤潤也。

"猶兼正列其義，被飾厥文，作春秋一藝。"猶兼，若猶復之謂也。既舉其事，猶復著之藝文，以垂後世也。

"不已戲乎。"猶云不太輕視相如平。

《張騫傳》："其後烏孫竟與漢結婚。"以下皆言漢使至西域往來不絶事，皆《史記·大宛列傳》内之文，此録入《張騫傳》不可解。又末段亦《大宛傳》之文，明所以伐宛之由，茲入騫傳失之。末又忽入騫孫猛云云，亦未當也。

《李廣利傳》：“於是遣水工徙其城下水空，以穴其城。”《史記》作以空其城。徐廣曰：“言空者，令城內渴乏。”①此言遣水工備至宛時徙水道之用，下文決其水源移之，乃其事也。

《司馬遷傳》：“不相師用，而流俗人之言。”蘇林曰：“而，猶如也。謂視少卿之言如流俗人之言，而不相師用也。”

《燕刺王旦傳》：“王曰：‘老虜曹爲事當族。’”老虜曹，謂上官桀輩也。旦怨桀等謀事不臧，自取族滅也。

《廣陵厲王胥傳》：“女須泣曰：‘孝武帝下我。’”下我云者，神降而見於我前也。

“歌曰：‘千里馬兮駐待路。’”張晏曰：“二卿亭驛，待以答詔命。二卿，謂廷尉、大鴻臚也。亭驛，謂駐於驛館也。此以千里馬喻二卿也。”國藩按：此語極狀其急，言命在須臾，不能少待之意。不必指二卿也。

《昌邑哀王傳》：“賀曰：‘城門與郭門等耳。’且至未央宮東闕，遂曰：‘昌邑帳在是闕外馳道北。’”且至，將至也。是闕，遂遙望東闕而指稱之辭。下文曰到者，至闕也。

《嚴助傳》：“大爲發興，遣兩將兵誅閩越。淮南王安上書諫曰。”淮南王安收養文士，著《淮南子》；亦猶呂不韋好

---

① “渴”，陳校本誤作“皆”。

客養士，著《呂覽》一書也。此篇蓋亦八公輩所爲，陳義甚高，摛辭居要，無《淮南子》冗蔓之弊。班史載入助傳中，與主父偃、徐樂、嚴安、賈捐之諸篇並列，以見務廣窮兵之害，均爲有國者所當深鑒。後世如蘇子瞻代張方平諫用兵書，亦可與此數篇方軌並駕。

"天下攝然。"攝者，收斂之意，攝然猶安然也。

"輿轎而隃領。"領，即嶺字。自貴州、廣西、廣東、福建、浙東皆共此嶺。古嶺內爲中國，嶺外爲百越。今之嶺內爲湖南、江西、浙西三省。嶺外則黔、廣、閩、浙五省。

"暴露中原，霑漬山谷。"暴露謂骨，霑漬謂血。

"其入中國，必下領水。"今湖南之郴州河，江西之贛州河，皆領水也。此領水當指建昌河、廣信河言之。故下文言至餘干界中。

"而中國之人，不能其水土也。"不能，即不耐也，猶今言不服水土。

"陛下若欲來內處之中國。"來，同徠。內，同納。謂招徠收納之也。

"於是山東之難始興。"山東之難，謂秦二世時陳涉等作難皆在太行山以東也。

"如使越人蒙死徼倖。"蒙死，猶冒死也。徼倖，越人自知不能勝中國，而徼求幸勝也。

"使中大夫玉上書言事，聞之，朕奉先帝之休德。""聞之"屬上句，讀言既聞之矣。

"陛下故遣臣助行告王其事，王居遠事薄，遽不與王同其計。"言王所居既遠，而漢廷之事又薄，遽不及與王往反熟計，以抵和同也。

"輒遣使者罷屯，毋後農時。"後農時，謂以兵事稽之而失農時也。急罷屯，則不稽矣。

《賈捐之傳》："元帝初元元年，珠崖又反，發兵擊之，諸縣更叛，連年不定。上與有司議大發軍，捐之建議以爲不當擊。上使侍中駙馬都尉樂昌侯王商詰問捐之曰：'珠崖內屬爲郡久矣，今背叛逆節，而云不當擊，長蠻夷之亂，虧先帝功德，經義何以處之？'捐之對曰：……"賈君房在當世有文名，故楊興曰："君房下筆，語言妙天下。"昔亡弟愍烈公溫甫好"語言妙天下"五字，尤好讀《罷珠崖對》。大抵西漢之文，氣味深厚，音調鏗鏘，迥非後世可及。固由其措辭之高、胎息之古，亦由其義理正大，有不可磨滅之質榦也。如此篇及路溫舒《尚德緩刑書》，非獨文辭超前絕後，即説理亦與六經同風已。

"民賦四十，丁男三年而一事。"本一年供役一次，因天下民多，故三年僅一役也。事，即役也。

"父戰死於前，子鬥傷於后，① 女子乘亭鄣，孤兒號於

_____

① "鬥"，原本作"鬭"，應爲"鬥"。

道。”古文中五字句極少，此連用四句，聲調悲壯，可歌可泣。亭鄣，邊塞屯宿之所，猶今城上之更柵也。

“欲驅士衆擠之大海之中。”珠厓隔海即今之瓊州也，故曰“擠之大海之中”。

“興曰：‘縣官嘗言，興瘉薛大夫，我易助也。’”我易助云者，謂天子既許我瘉薛大夫，是天子已器我矣，若更得旁人一言之薦，則天子必從，故易助也。

《楊敞傳》：“真人所謂‘鼠不容穴，銜窶數’者也。”言鼠已不見於穴矣，而又銜窶數，則愈以自妨，終不爲世所容耳。

“蒙富平侯力，得族罪！毋泄惲語，令太僕聞之亂餘事。”謂富平既不肯爲我廢前語，則當直言證實我必得族罪矣。但此次我戒飭富平之語，毋得再泄，令太僕聞之，更與前事參伍相亂，彌增罪狀也。“毋泄惲語”云者，謂此次戒飭富平勿證實之語，非謂前番奔車抵殿門昭帝崩之語也。

《公孫劉田王楊蔡陳鄭傳贊》。《車千秋傳》：“始元六年，詔郡國舉賢良文學，問民所疾苦。於是鹽鐵之議興焉。”傳未明鹽鐵之議云何，故於贊申明之。

“成同類長同行。”同類者，則順成之。同行者，則比長之。長，猶“長君之惡”之長。

《楊王孫傳》：“且夫死者終生之化。”終生，猶曰畢生，曰一生，曰終身也。

卷四　史下

湘鄉曾國藩著　湘潭王啟原編輯

漢　書

《霍光傳》："召内泰壹宗廟樂人，輦道牟首，鼓吹歌舞，悉奏衆樂。"泰壹宗廟樂人，祀泰壹神之樂人及祭宗廟之樂人也。召樂人而内之，由輦道而同游牟首之地，以鼓吹歌舞，悉奏衆樂也。牟首，孟康説是也。

"中二千石，治莫府冢上。"於冢上開莫府，典治葬事也。

《金安上傳》："上拜涉爲侍中，使待幸緑車，載送衛尉舍。"緑車，皇孫之車也。待幸，常設以待臨幸，不俟倉卒再駕也。待幸之車非一，有天子之乘輿，有太子之車，有皇孫之緑車。此以待幸之緑車載送金涉，欲其速至，且示榮寵也。

"時王莽新誅平帝外家衛氏，召明禮少府宗伯鳳入，説爲人後之誼，白令公卿將軍侍中朝臣並聽。"白令並聽云者，莽白於太后，令公卿朝臣並聽鳳説也。

《趙充國傳》："充國以爲狼何小月氏種，在陽關西南，勢不能獨造此計，疑匈奴使已至羌中，先零、罕、开乃解仇作約。到秋馬肥，變必起矣。宜遣使者行邊兵，豫爲備，敕視諸羌毋令解仇，以發覺其謀。於是兩府復白，遣義渠安國行視諸羌，分別善惡。安國至，召先零諸豪三十餘人，以尤桀黠，皆斬之。縱兵擊其種人，斬首千餘級。於是諸降羌及歸義羌侯楊玉等恐怒，亡所信嚮。"王曰："恐怒宜作怨怒，謂怨怒漢吏不親信而歸嚮之也。"國藩按：恐怒者，且恐且怒也。信者，投誠之謂。嚮者，向慕歸義之謂。諸降羌本欲歸順於漢，今漢使不分善惡，一切皆斬之，降羌且恐且怒，靡所適從，故曰亡所信嚮也。安國此次使視諸羌，本重在分別善惡，無令其混合爲一。乃安國不分善惡，不分降者與逆者，一概斬之，此所以激諸羌背畔也。充國之心，總不欲其混合爲一，惟在擇罕、开誅先零，堅持此議，始終不改。故深以安國此行不分善惡、多殺激變爲咎。下文充國嘆曰："丞相復白遣安國，竟沮敗羌。"即歸咎於此役也。又大开小开曰：①"得亡效五年時不分別人而並擊我？"亦即指此役之不分別善惡也。

"充國計欲以威信招降罕、开及劫略者。"罕，一種也。

---

① "大"，原本作"太"，此處應爲"大"。

开，一種也。劫略者，他小羌種之爲先零所劫略而俱畔者也。

"此殆空言，非至計也。"非至計與《東方朔傳》"非至數也"之至同。

"有通谷水草。"通谷，謂窮山深谷中往往有徑路與匈奴相通也。

"將軍不念中國之費，欲以歲數而勝。"欲以歲數而勝云者，謂決勝之期，欲以歲計，不特以月計也。故下充國復奏曰："恐國家之憂縣十年數。"謂且以十年計，尚不止於歲數而已。

"敦煌太守快將二千人。"快，太守之名也。

"將軍其引兵便道西並進，雖不相及，使虜聞東方北方兵並來。"雖不相及云者，謂武賢、快等軍從北而南，充國兵從東而西，兩路兵雖不能同時相會聚，但使虜聞聲震懼，亦自佳也。

"乃上書謝罪，因陳兵利害曰。""臣竊見騎都尉安國"以下數句，解説難明。蓋前安國復使視諸羌時，天子曾有賜書告罕，許以不誅罕。故充國使雕庫還告开，亦許以不誅，是推廣天子告罕之意也。故曰罕、开之屬皆聞知明詔。

"六月戊申奏，七月甲寅璽書報從充國計焉。"戊申至甲寅凡七日，長安至金城往返三千餘里。

"會得進兵璽書，中郎將卬懼，使客諫充國曰：'誠令兵出，破軍殺將，以傾國家，將軍守之可也；即利與病，又何足争。'"邛意以兵出而果有破軍殺將傾國家之禍,則將軍固宜守不出兵之議。所争者大,所全者多,猶之可也。今則爲利爲病,所差無幾,又何足争。

"竟沮敗羌。"諸羌本有意投誠,因安國不分善惡,而泛殺之,諸羌遂以亡所信嚮,而背畔,故曰沮敗。

"倅馬什二就草。"就草,猶今之出青。今官馬以四月出察哈爾擇水草處牧放,謂之出青。

"今大司農所轉穀至者,足支萬人一歲食,謹上田處及器用簿。"王曰:"今大司農,今當作令,《太平御覽》引此正作令。"國藩按:屯田自有穀,不必更令大司農轉穀矣。今字未誤也。蓋謂目今已經轉至之穀,不復煩大司農轉矣。"謹上田處及器用簿",謂所田之地及應制之器用分爲二簿呈上也。

"又大开小开前言曰:'我告漢軍先零所在,兵不往擊,久留,得亡效五年時,不分別人而並擊我。'"劉奉世曰:"本始年未伐先零,此即元康五年未改神爵以前,義渠安國召誅先零之時,所謂無所信嚮即是。"國藩按:元康五年改元神爵,羌人不深悉,故至今尚以五年呼之也。安國不分別善惡,召誅先零,而泛殺罕、开,故大开有此言。

"畔還者不絶。"謂罕、开莫須各種背畔先零而來歸於漢者,往往不絶也。

“烽火幸通，勢及並力。”① 並力，疑當爲力並。言營壘相次，烽火相通，則聲勢聯絡矣。故曰勢及。勢既聯絡，則衆力合並也。

“不足以故出兵。”王曰：“故上宜有疑字。《漢紀》正作不足以疑故出兵。”國藩按：此言大小昆雖有得亡效五年之疑詞，然有臨衆往宣明諭，終當亡他心，不必因此小故而出兵也。不著疑字亦可。

《陳湯傳》：“而康居副王抱闐將數千騎，寇赤谷城東，殺略大昆彌千餘人，毆畜産甚多。從後與漢軍相及。”漢軍從北道入赤谷即西行，不由赤谷之東路，故經過時不與康居副王之兵相遇。迨漢兵既西去，而康居副王之兵亦還，恰尾漢兵之後，故得相及也。

“騎步兵皆入，延壽、湯令軍聞鼓音皆薄城下。”騎兵，即“百餘騎往來馳城下”者也。步兵，即“夾門魚鱗陳”者也。“騎步兵皆入”，則城外無郅兵矣，故漢兵遂薄城下。

“夜過半，木城穿，中人卻入土城，乘城呼。時康居兵萬餘騎，分爲十餘處，四面環城，亦與相應和。夜數奔營，不利，輒卻。平明，四面火起，吏士喜，大呼乘之。”中人，郅支兵也。乘城而呼者，欲助軍威，亦以見其嘩然不整也。康居與之相應和者，所以戲之，明其助漢也。“夜過半木城穿”

① “勢”，原本作“執”，當改爲“勢”。下同。

與上文"夜數百騎欲出",同爲一夜也。平明火起,即上文云發薪燒木城者也。

《段會宗傳》:[1]"總領百蠻,懷柔殊俗,子之所長,愚以無喻。"劉攽曰:"此言總領百蠻,懷柔殊俗,是子之所長,愚無以相喻也。"國藩按:谷永之意以爲邊事雖子之所長,而朋友相戒,則以毋求奇功爲善。

"終更即還。"謂三年之期,得代即速歸也。

"會宗曰:'豫告昆彌,逃匿之爲大罪。即飲食以付我,傷骨肉恩。故不先告。'"言豫告昆彌,若漏泄使番丘得以逃匿,[2]則昆彌有負漢之罪。若昆彌飲食漢兵,助誅番丘,則昆彌又傷骨肉之恩。是使昆彌進退爲難也,故不先告。

《于定國傳》:"後貢禹代爲御史大夫,數處駁義,定國明習政事,率常丞相議可。"議可者,天子可其議也。丞相與御史大夫駁議不合,天子可丞相議,而不從御史大夫也。

"民多冤結,州郡不理,連上書者交於闕廷。"王曰:"連,宋祁說作遠,是。"國藩按:作遠而下無方字,亦爲不詞。

《韋賢傳》:"諫詩云:'致冰匪霜,致隊靡嫚。瞻惟我王,昔靡不練。'"謂致冰豈不由於霜,致隊豈不由於嫚,我

---

① "段",原本誤作"殺"。

② "丘",原本作"邱",爲避孔子名諱。

王在昔應亦閱歷既多，如之熟矣。

"黃髮不近。"言黃髮之人，今豈不近在目前乎？蓋孟隱以自謂也。

"懼穢此征。"恐玷污王朝，將於此而遂行也。

《在鄒詩》。"嗟我小子，豈不懷土"云云，所以輕去鄉里而絕祖考者，將以窟楚王而反朝也。至於夢中與王違戾，於是決。王之終不悟，既不能諫正；君王又忍於輕絕祖禰，二者並傷，所以涕泣也。

《韋玄成傳》："上欲感諷憲王，輔以禮讓之臣。"感諷憲王，欲其仍安宗藩之分，不得覬覦儲貳也。故以禮讓之臣輔之。

"凡祖宗廟在郡國六十八，合百六十七所。而京師自高祖下至宣帝與太上皇、悼皇考各自居陵旁立廟，並爲百七十六。"京師七帝並太上皇、悼皇考凡九廟，合郡國之百六十七所，故爲百七十六也。

《魏相傳》："相獨恨曰：'大將軍聞此令去官。'"獨恨者，相私自揣懼，非必對人爲此語也。

《丙吉傳》："豈宜褒顯，先使入侍。"朱子文曰："豈字於文爲悖，恐是直字。"錢大昕曰："豈宜者，猶言宜也。古人語急，以豈不爲不，不可爲可，此當言豈不宜，亦語急而省文耳。"王念孫曰："豈猶其也，言有美材如此，其宜褒顯也。《吳語》曰'天王豈辱裁之'、《燕策》曰'將軍豈有意乎’、《史記》曰‘我豈有所失哉’，豈字並與其同義。”國藩按：《説文》：“豈，一曰欲也，登也。”段氏以爲當作欲登也。欲登者，欲引而上也。凡言豈者，皆庶幾之詞，言幾至於此也，故曰欲登。愚竊以爲豈字古義，段氏之説近之。今京師俚語謂事之相去甚近者，則曰彀得上。其相去遠者，則曰彀不上。豈字詞意，蓋在彀得上、彀不上之間，未定之詞也。亦重難之詞也。明知其近於此矣，然審重而未敢深信，則曰豈。周漢人文字曰豈者，往往然也。曾子問周公曰：“豈不可？”豈不可云者，明知其不可，而姑爲審重之詞也。此丙吉曰“豈宜褒顯，先使入侍”，“豈宜褒顯”云者，明知其宜褒顯，而姑爲審重之詞，使大將軍裁決之也。如大將軍果以爲可，則先使入侍，尚不遽即尊位。此外，古人文字稱豈，皆有重難未定之意；後人文字稱豈，則有相反之意，若今俚語之難道是，於古人詞氣不盡合矣。

“此馭吏邊郡人，習知邊塞發奔命警備事。”奔命，奔走之極急也。發奔命，若今言發急足。警備，言邊塞有警告戒嚴也。事，猶狀也。此馭吏習知其狀也。奔命與亡命字詞意略同。亡命謂逃亡極急，今俚語謂奔走之極急者或曰不要命，亦其類也，不必作命令解矣。《左傳》“一歲七奔命”，亦奔走救應之義。

“馭吏因隨驛騎至公車刺取。”公車，因公事而馳至京師者謂之公車。其所戾止之地，亦謂之公車。漢制，衛尉屬官有公車司馬，天下上事及闕下凡所徵召，皆總領之。此邊告警備亦上事之屬也。

《京房傳》：“唯陛下毋難還臣而易逆天意。”毋以還臣爲難，而以逆天意爲易。難謂遲疑不決，易謂不足畏也。

《趙廣漢傳》：“其尉薦待遇吏，殷勤甚備。”尉薦，猶尉藉也。尉者，以火尉繒，從上按下也。薦，草之深厚者，可以爲席，從下藉上也。皆體貼人心，曲意安撫之詞。如淳説近之。師古以薦爲薦達，非也。《韓延壽傳》云：“引見尉薦，郡中翕然。”《胡建傳》云：“尉薦士卒，得其歡心。”皆無薦達之義。

“京兆尹趙君謝兩卿，無得殺質。”質，蘇回也。兩卿，劫回之二人也。

“又素聞廣漢名，即開戶出，下堂叩頭。”廣漢立庭中，賊在堂內，丞叩堂户曉賊，故賊即開户下堂，就庭中向廣漢叩頭也。

“不詣屯所，乏軍興。賢父上書訟罪，告廣漢。”乏軍興，謂以乏軍興之律罪之也。訟罪，訟理其子之罪。告廣漢，告禹之劾賢乃廣漢風使之也。

“又坐殺賊不辜、① 鞫獄故不以實、擅斥除騎士、乏軍興

---

① “殺賊”應作“賊殺”。今本《漢書》即作“賊殺”。《荀子·修身》：“傷良曰讒，害良曰賊。”張斐在《注律表》中解釋：“無變斬擊謂之賊。”所謂“無變”，即無故，即不是因爲鬥毆、嬉戲等原因而殺人。

數罪。"賊殺不辜,謂殺榮畜也。斥除騎士,謂劾蘇賢也。廣漢於摧辱魏相之外,又坐此數罪。

《韓延壽傳》:"百姓遵用其教,賣偶車馬下里偽物者,棄之市道。"百姓遵延壽之教,市中夙賣偶車馬等物者,至是無人購買,故棄之也。

"人救不殊。"殊,死也。不必身首絶而後爲殊。

《張敞傳》:"盜賊並起,至攻官寺。"寺者,法地也,宮禁之内謂之省寺,百姓治事之署謂之官寺。自浮屠入中國,凡藏置佛經之地,亦謂之寺,蓋竊取法地之意而名之。

"時時越法縱舍,有足大者。"有足大者,與有足多者、有足稱者詞意相類。

"敞使主簿持教告舜曰:'五日京兆竟何如?冬月已盡,延命乎?'"師古曰:"言汝不欲望延命乎?"立春以後,則不復行刑。舜意既以敞爲五日京兆,不足復案事,[①] 又以冬月僅餘數日,終不能復置己於死。舜懷此二端,故了不復畏敞也。敞竟置之死,臨刑之際,故爲二語告舜曰:"五日京兆竟如何?冬日已盡,延命乎?"意以汝料我五日京兆,不能復案事,今竟能案事否?汝料我冬月將盡,不復能行刑,今竟能延命否?蓋作詰問之詞,以鐫誚之也。師古之解未當。

---

① "不足復案事",原本作"不復能案事",據陳校本改。"復案"即"覆案",意爲審查、查究。《史記·梁孝王世家》:"乃遣使,冠蓋相望於道,覆按梁,捕公孫詭、羊勝。"

《王尊傳》："少孤，歸諸父。"歸，猶投也，若歸誠、歸命、歸義、歸罪之歸。

"問詔書行事。"行事，猶故事，謂已往之事，若今言成案也。詳見王氏念孫解《陳湯傳》。

"一郡之錢盡入輔家，然適足以葬矣。"宋元人詩詞往往用斷送字，今世俚語有葬送字，此云適足以葬，謂彼之多錢適足以斷送其身命乎。

"御史大夫中奏尊暴虐不改，外爲大言，倨慢姍上，威信日廢。"暴虐不改，謂當春而系者千人也。外爲大言，謂尊自奏"强不陵弱"四語是大言誇謾也。倨慢姍上，謂對放之詞也。威信日廢，謂許仲家殺人，吏不敢捕也。

"及任舉尊者，當獲選舉之辜，不可但已。"是時王氏用事，尊爲王鳳所薦。罪尊過重，則鳳之坐罪亦不得輕，冀朝廷投鼠忌器，所以深救尊也。

《孫寶傳》："明府素著威名，今不敢取穉季，當且闔閣，勿有所問。即度穉季而譴他事，衆口讙嘩，① 終身自墮。"度，越也。若一無所問，吏民亦不敢謗毀。若有所問，則當先其大者，後其小者，必自穉季始也。倘越穉季而問他事，則吏民謗毀，衆口讙嘩，終身剛直之聲以此一事而墮壞矣。

《何並傳》："令騎奴還至寺門，拔刀剝其建鼓。"建鼓，

① "讙"，陳校本誤作"讙"。

謂高懸之鼓也。《莊子》"若負建鼓而求亡子"是也。

《蕭望之傳》："令天下共給其費。"共讀曰供，上文既有天下字，則此共字不應又訓作同共也。

《馮野王傳》："收捕並不首吏。"首之云者，猶誠心投向之謂。曰首塗，謂誠心投向將趨前塗也。曰首公，謂誠心投向治公家之事也。曰首罪，謂誠心投向自歸於司敗也。此曰首吏，謂誠心投向從吏收治也。

《東平思王傳》："治石象瓠山，立石束倍草，並祠之。"劉攽曰："立石屬上句。"國藩按：謂象瓠山之立石也，並祠云者，謂瓠山所有之石，與宮中所治之石，二者並祠祀也。

《匡衡傳》："衡上疏戒妃匹勸經學威儀之則。"三代以下陳奏君上之文，當以此篇及諸葛公《出師表》爲冠。淵懿篤厚，直與六經同風。如"情欲之感，無間於儀容;[①] 宴私之意，不形乎動靜"等句，朱子取以入《詩經集傳》，蓋其立言爲有本矣。

《王商傳》："商部屬按問。"部屬，謂行部所屬。

"宜以爲後。"猶云且徐觀後效也。

"會日有蝕之，大中大夫蜀郡張匡其人佞巧，上書，願對近臣陳日蝕咎下朝者。"朝者，即近臣。匡願對近臣面陳，故令近臣受其所陳對之辭也。

---

① "儀"，陳校本作"義"。

《史丹傳》："臣竊戒屬毋涕泣。"屬者，謂進見之頃也。

《薛宣傳》："戒曰：'贛君至丞相，我兩子亦中丞相史。'"中丞相史，謂堪爲丞相史也。《禮》曰："用器不中度，幅廣狹不中量，木不中伐，禽獸魚鼈不中殺。"中義皆同此中，猶合也。

"責義不量力。"謂責人以義，而不量其力之不逮。

"宣考績功課，①　簡在兩府。"簡，策記也。猶今考功稽勳，兩司記歷官功過也。

"不相勅丞化。"勅，戒也。丞，輔翊也。謂宣父子不能相戒輔翊聖化。

"廷尉直以爲：律曰：'鬥以刃傷人，②　完爲城旦，其賊加罪一等，與謀者同罪。'詔書無以詆欺成罪。傳曰：'遇人不以義而見疻者，與痏人之罪鈞。'惡不直也。"鬥則曲直均，賊則曲專在傷人者，故同一傷人也，鬥則爲城旦，賊則加罪一等。無以詆欺成罪，謂罪不至此，而以詆欺强入人罪。疻，亦痏也。見疻與痏人之罪同。論起事之曲直也，先引律，次引詔書，次引傳，後斷本案，應此三者。

《朱博傳》："吏民數百人遮道自言。"自言，謂自訟理，若今赴訴呈狀也。《外戚傳》有"王翁須自言"。

---

① "績"，陳校本、京華本均誤作"續"。
② "鬥"，原本作"鬬"。

　　“扶拭用禁，能自效不。”扶拭，猶湔袚。謂棄瑕録用也。今人亦多用照拂字。

　　《翟方進傳》：“居官不煩苛，所察應條輒舉，甚有威名。”察吏有不法應科條者，輒即舉發，無所依違徇隱也。

　　“時慶有章，劾自道‘行事以贖論’，今尚書持我事來，當於此決。”“劾自道行事”猶今自行檢舉也。“以贖論”，謂己所自劾之事其罪合贖，猶今之功罪準抵銷也。①“尚書持我事來，當於此決”，謂即在甘泉宮定決也。尚書，猶今之內閣票擬也。

　　“前我爲尚書時，嘗有所奏事，忽忘之，留月餘。”謂此等小事疾遲無定，多有忘去，滯留月餘，不決遣也。今此自劾之事，尚書雖當即日持來決遣，②然尚書或偶忘之，今日不決，亦未可知。言此以見己所犯過失甚微薄也。

　　“豫自設不坐之比。”謂慶自言以贖論也。

　　“又暴揚尚書事，言遲疾無所在。”謂慶言忽忘之，留月餘，意謂小事遲疾無定也。

　　“虧損聖德之聰明，奉詔不謹，皆不敬。”“虧損聖德之聰明”云者，謂贖不贖當斷於聖心，不應豫自擬於不坐也。“奉詔不謹”云者，謂應奏之事而忘之月餘也。此二條皆

---

①　“功”，原作“公”，華僑本作“功”，是。
②　“雖”，原本作“難”，陳校本作“雖”，按文意當爲“雖”。

不敬。

"後丞相宣以一不道賊。"不道賊，謂浩商也。

"欲必勝立威。"必勝者，謂慶劾方進，方進亦劾慶，以求勝。勳劾宣，方進助宣劾勳，以求勝。

"以主守盜十金，賊殺不辜。"二者皆死罪，義以深文誅立，不必實有其事也。

"設令時命不成，死國埋名。"埋，猶死也。謂死於國事，埋於功名也。

《谷永傳》："二而同月。"謂黑龍與日食同九月，星隕與日食同二月也。

《何武傳》："服罪者爲虧除，免之而已；不服，極法奏之，抵罪或至死。"謂服罪者則減除其罪狀，僅令免官；不服者則盡法處治之也。

"有所舉以屬郡。"謂囚徒中審擬不當，有所舉發，仍令太守更自平反也。

《王嘉傳》："敞收殺之，其家自冤。"自冤，謂自以爲冤，抑而更訟理之。猶《朱博傳》中之自言也。

"孝宣皇帝愛其良民吏。"民吏，猶云民牧。良民吏，謂民吏之良者。

"暴平其事，必有言當封者。""暴平其事"云者，謂暴露其事而使在廷諸臣共平決之也。廷臣既多，故必有言當封者。嘉意不重爲天下分咎，重在宜暴露其事，蓋賢本無章奏可暴露也。

《揚雄傳》："《反離騷》辭曰：'淑周楚之豐烈兮，超既離虖皇波。'"淑，善也。雄自謂襲先人之善慶，故云周楚豐烈。離，歷也。謂已遨游於岷江之邊，周歷此大波，因投文於下游而吊屈原也。

"鳳皇翔於蓬陼兮，豈駕鵝之能捷。驂驊駵以曲囏兮，驢騾連蹇而齊足。"陼，水中丘。蓬陼，謂枉陼之生蓬茅者。鳳皇宜翔於千仞名山，[1] 今不幸而翔於蓬陼，則曾不得與駕鵝爭捷。驊駵宜騁於天衢，今不幸而騁於曲囏，則且與驢騾齊足矣。解"鳳皇"二句，應、晉説並誤。

"固不如襞而幽之離房。"襞，大徐以爲襞積加辨。[2] 蓋有分劈之義。謂不如分散衆香而幽之，使不揚也。

"鸞皇騰而不屬兮，豈獨飛廉與云師。"本欲留日，反縱日使速逝，雖鸞皇亦追之不及，而飛廉云師無論已。不屬，謂追不及也。

《甘泉賦》："乃搜逑索耦，皋伊之徒冠倫魁。"徒冠倫魁云者，謂同爲皋伊之徒，而更選其冠；同爲皋伊之倫，而更遴其魁也。

《儒林傳》："詣太常，得受業如弟子，一歲皆輒課。"謂

---

[1] "仞"，原本作"每"，從陳校本改。
[2] "加"，原本作"如"，陳校本作"加"。

太常所擇之弟子若干人，與郡國所察令其計偕之受業者若干人，皆每歲輒課也。①

“即有秀才異等，輒以名聞。”俟不次遷擢，又不僅以爲郎中也。

“其不事學若下材，及不能通一藝輒罷之，而請諸能稱者。臣謹按詔書律令下者罷之。”謂罷黜不復得爲博士弟子也。詔書本命予博士弟子，故宏奏自“諸能稱者”以上，皆遵詔書置弟子及如弟子者兩等人之事。自“臣謹案詔書”以下，則又因詔書所言而推廣之也。

“比二百石以上，及吏百石通一藝以上，補左右内史、大行卒史。”師古曰：“左右内史，後爲左馮翊，右扶風，而大行爲大鴻臚也。”比二百石以上及吏真百石者，此兩項人之通一藝者，其遷擢同也。右内史後更名京兆尹，左内史後更名左馮翊，主爵中尉後更名右扶風。師古誤也。

“比百石以下，補郡太守卒吏皆各二人。”比百石以下，亦宜有通一藝以上，句文簡省也。“皆各二人”，謂内史之卒史、大行之卒史、郡太守之卒史，皆各二人也。

《循吏傳》：“簿書正以廉稱。”簿書正，當是馮翊之屬官，其職主簿書者也。漢制廷尉之屬官有正，南北軍之屬官有正，則三輔之屬官或亦有丞有正也。霸所補卒史無專掌，

---

① “每”，原本誤作“卯”，據陳校本改。

故以署簿書正之職也。

"米鹽靡密。"靡密，謂纖靡而周密也。《史記·天官書》云"米鹽凌雜"，謂雜亂無叙次也。此用其語，而謂其有條理。

"今去不得，陽狂恐知，身死爲世戮，奈何。"[1] 言既不得去，而陽狂又恐爲人知，徒然身死爲世戮辱也。

"令口種一樹榆，百本薤，五十本蔥，一畦韭，家二母彘，五雞。"榆薤蔥韭，足供一口。彘雞足供一家。

《酷吏傳》："匈奴素聞郅都節，舉邊爲引兵去。"舉邊，猶云舉家、舉室。盡邊之人，皆爲引去也。

"至晚節事益多，吏務爲嚴峻，而禹治加緩，名爲平。"加緩，猶《孟子》加少加多之謂。言早歲酷急，晚節寬緩，遂得其平名，爲平者，當世號爲公平也。

"王温舒等後起，治峻禹。"謂其治較禹更嚴峻也。

"少温籍，縣無逋事。"温籍，讀曰醞藉。[2] 逋事，謂廢失不治之事。

"重足一迹。"謂前足所履之迹，後足復踐之。踧踖，恐懼之至也。

"縱至，掩定襄獄中重罪二百餘人。"掩，謂出其不意而

---

① "奈"，原本作"柰"。

② 醞藉，寬和有涵容。《漢書·薛廣德傳》："廣德爲人温雅有醞藉。"顔注引服虔曰："寬博有餘也。"

130

突入掩之也。

“至冬，楊可方受告緡，縱以爲此亂民，部吏捕其爲可使者。”“受告緡”云者，民有告人不出緡者，楊可受其辭也。部吏，部勒胥吏。捕，爲楊可所使之役也。

“其治米鹽，事小大皆關系其手，自部署縣名曹寶物。”名曹，謂諸曹掾史之名。手自疏記寶物，謂諸官物由曹史經理者若鹽鐵之類。寶物，《史記》作實物。

“今縣官出三千萬，自乞之，何哉？”謂今此三千萬，即使縣官出此錢給與之，亦何不可之有。

“通往就獄。”光欲延年歸誠投己，卻爲道地，惡延年之飾詞拒己，故使之就獄也。

“於是覆劾延年闌內罪人。”闌內，謂失闌而內入之也。《王嘉傳》云：“坐戶殿門失闌免。”

“以結延年，坐怨望非謗政治不道棄市。”怨望，謂徵爲左馮翊不果而憾，一也。坐察吏不實貶秩而笑，二也。非謗，謂誚黃霸，一也。譏壽昌，二也。義所上十事不出此等矣。

“賞親閱，見十置一。”十置一，謂十人之中才一人脫免。置，不問也。

“賞所置皆其魁宿。”所置，即上文所謂十置一者也。魁宿，謂渠魁宿奸也。魁宿貰之，善家子之失足協從者亦貰之，故曰皆貰。

“甘耆奸惡。”甘耆云者，猶云欲得而甘心也。

《游俠傳》："先是黃門郎揚雄作《酒箴》以諷諫成帝。"揚子云作文無一不摹仿前哲。傳稱其仿《論語》而作《法言》，仿《易》而作《玄》，仿《凡將》《急就》而作《訓纂》，仿《虞箴》而作《州箴》，仿相如而作賦，仿東方朔而作《解嘲》。姚惜抱氏又謂其諫不受單于朝仿諫伐韓，《長楊賦》仿《難蜀父老》，是皆然矣。餘獨好其《酒箴》無所依傍，蘇子瞻亦好之，當取爲子雲諸文之冠。

《佞幸傳·董賢》："質性巧佞，翼奸以獲封侯。"孫寵、息夫躬誣東平王本爲作奸，而賢扶翼之，三人同封侯，故云翼奸獲封也。

《匈奴傳》："於是匈奴得寬，復稍度河南，與中國界於故塞。"故塞，在河南。蒙恬前收河南地，以河爲塞，凡河套以內皆秦適戍所居之地也。至是適戍復去，故匈奴得南度入河套內，仍以故塞爲界。

"於是說教單于左右疏記，以計識其人衆畜牧。"左右，單于之隨侍者也。疏記，說教之分條記事也。計，計簿也。人衆畜牧以計簿識其數目也。

"其親豈不自奪溫厚肥美，齎送飲食行者乎。"以溫厚之衣齎送行者，以肥美之品飲食行者。詰漢俗未嘗不貴壯而賤老也。

"律飭胡巫，言先單于怒曰：'胡故時祠兵，常言得貳師以社。'"巫者往往托神言以惑人，故托爲先單于之言，欲殺貳師以祠社。

“雖空行空反，尚誅兩將軍。”謂誅虎牙將軍田順、祁連將軍田廣明也。

“固已犂其庭。”犂，讀曰劙。① 劙，剝也，劃也。犂庭，猶云剗刈匈奴之庭也。

“三垂比之懸矣。”三垂，謂東西南三邊，比之北狄，相去懸絕。

“因以兵迫協，將至長安。”將至者，挾以俱至也。

《西南夷傳》：“皆棄此國，而關蜀故徼。”謂以蜀之故徼爲關，閉而塞之，不復通五尺之道也。

“今以長沙豫章往，水道多絕，難行。”多絕，謂往往隔絕。如湘灘之間，當時無李渤之斗門，即隔絕也。

“誠以漢之強，巴蜀之饒。”漢強則夜郎畏威，巴蜀饒則夜郎貪利。

“會越已破，漢八校尉不下。”不下，謂八校尉擊且蘭而不能下也。適有郭昌、衛廣之兵因並擊且蘭。

“滇王始首善。”首善，猶云嚮善。言滇至是始內嚮也，師古失之。

《南粵傳》：“凡三輩上書謝過，皆不反。”不反，謂漢留之而不遣也。

---

① “劙”，原本及陳校本均作誤“勶”，應爲“劙”，下從刀不從力。

"立明王長男粵妻子術陽侯建德爲王。"明王長男者,言嬰齊之嫡子也。粵妻子者,言其母家在本國,異於中國,摎氏女也。術陽侯,其封邑。建德其名。

"故其校司馬蘇弘得建德。"故字疑衍文。

《閩粵傳》:"因立餘善爲東粵王。"東粵已舉國徙江淮之間,其地空虛,故復立餘善爲東粵王。

"及故粵建成侯敖與繇王居股謀。"繇王居股,當是繇王丑之後,傳中漏未叙明。居股後封爲萬户侯,則是粵閩亦比於内諸侯。兩粵皆墟矣,傳中亦漏未叙明。

《朝鮮傳》:"朝鮮王滿燕人。"滿姓衛,朝鮮自箕子後傳四十餘世,至準始稱王,衛滿擊破準而自王也。

"獨左將軍並將,戰益急,恐不能與。"不能與,猶易與耳之與。

《西域傳》:"其南山,東出金城,與漢南山屬焉。"南山中隔大沙漠,度漠又數千里,始抵漢南山,疑不屬也。

"從鄯善傍南山北,波河西行至莎車,爲南道。"南山即今云哈朗歸山、尼莽依山。

"自車師前王廷隨北山,波河西行至疏勒,爲北道。"北山今云騰格里山,即天山也。

"都護治烏壘城。"烏壘城,在今哈喇沙爾之西,地名策特爾。

"精絶國,王治精絶城。"今喀喇沙爾之正南不過四五百里，即大戈壁矣。漢精絕國在烏壘之正南二千七百餘里，意漢時固無戈壁，抑度戈壁而南，在今青海之西北與？

"上乃以烏孫主解憂弟子相夫爲公主，置官屬侍御百餘人。"解憂同母弟之子，名相夫者，姪從姑也。

"漢立其弟末振將代，時大昆彌雌栗靡健。"健，強盛也。亦猶上文云大昆彌弱。師古注曰："弱，幼小也。"

"國中大安，和翁歸靡時。""和翁歸靡時"爲句，則甚不詞，和當爲如字之誤也。

"雖不指爲漢，合於討賊。""合於討賊"云者，謂合於春秋討賊之義。翎侯能爲其君報仇，故褒之。大禄等不能護衛其君，① 故貶之。

"漢軍破城，食至多。然士自載不足以竟師。"言破車師城，因敵之糧，其食本至多，然苦於道遠，士卒自載者無多，歸途未竟而糧已竭。

"乃者以縛馬書徧視丞相、御史、二千石、諸大夫、郎爲文學者。"縛馬書，即軍候弘所上之書也。

"匈奴使巫埋牛羊所出諸道及水上以詛軍。單于遺天子馬裘，常使巫祝之。縛馬者，詛軍事也。"引牛羊詛軍、馬裘巫祝二事以明縛馬亦不過以詛軍而已。上文或云句馬，或云不

---

① "等"，華僑本作"寺"，誤。大禄、大吏、大監都是烏孫官名，不是漢朝官名。

詳，或云見彊，皆非也。

"大鴻臚等又議，欲募囚徒送匈奴使者，明封侯之賞，以報忿。"募人送使以還匈奴，若所募之人不辱命，則歸來宜受封侯之賞。漢與匈奴本積忿怨，是以封侯之賞報忿也。

"郡國二千石各上進畜馬方略補邊狀與計對。"補邊狀者，繕修邊備之狀也。有能進畜馬之方略及補邊之狀者，郡國上其名於京師。

《外戚傳》："太后安能殺吾母而名我，我壯即爲所爲。""爲所爲"者，謂彼殺吾母，吾亦殺彼也。

"還幄坐而步。"還，讀若旋。

"其問賈長兒妻貞及從者師遂辭。"貞，長兒妻名。師、遂，從者二人名也。

"其母將行卜相。"謂將共女同行而出卜相也。①

"上宿供張白虎殿。"宿供張者，先期供張也。

"奈何令長信得聞之。"猶云安得令太后聞之也。後吾邱遵語意亦同。

"許氏竟當復立邪！"成帝前后本姓許，後被廢。今許美人生子，恐又立爲后，故曰許氏復立。

"是家輕族人。"是家，私語，指斥官家之詞。輕族人者，言動輒族滅人家。武有子，恐被族滅，故不敢斥言也。

---

① "共"，京華本、足本均誤作"其"。

《元后傳》：“孝元皇后，王莽之姑也。莽自謂黄帝之後，其自本曰。”自本，當是莽別有一篇書自叙其本系也。如《司馬遷傳》《揚雄傳》《馮奉世傳》，傳首皆有系，亦皆諸人自爲叙述之詞。

“土山漸台西白虎。”“西白虎”云者，天子之白虎殿在東，今曲陽侯之土山漸台，其制儗與白虎殿等，是西又有一白虎也。

《王莽傳》：“莽休沐出，振車騎。”師古曰：“振，整也。一曰振，張起也。”振，前説是。修整車騎，自往勞遺，以明敬禮其師也。

“傅太后聞之，大怒，不肯會，重怨恚莽。”一劾董宏，一徹坐，故曰重怨恚。

“上應古制，下準行事。”行事，謂已行之事，言故事也。古制謂周公，行事謂霍光也。《陳湯傳》《薛宣傳》皆有行事字，解説創於劉敞，而王念孫暢之。

“考故官，問新職，以知其稱否。”謂謁對之時，問其舊日曾歷何官，有何政績，今新履何職，宜以何爲治，雜問以知其稱否也。

“克身自約，糴食逮給。”① 糴食者，家無儲粟，買之於外，亦印市之一端也。

---

① “逮”，原本誤作“遠”。

"比三世爲三公，再奉送大行。"比，近也。謂近時成哀平
之世，皆爲三公也。成哀大喪，皆預其事，故曰"送大行"。

"是故公孫戎位在充郎選。"在，讀若才，謂公孫戎之位
始得充郎選耳。

"臣莽實無奇策異謀。奉承太后聖詔，宣之於下，不能得
什一。受群賢之籌畫，而上以聞，不能得什伍。當被無益之
辜。"太后聖詔中有德意，莽代爲傳宣，不能盡達其德意，僅
能得其什一。群賢籌畫中有忠悃，莽代爲上聞，不能盡寫其
忠悃，僅能得其什五也。師古失之。無益之辜，言無益於國，
當蒙其罪。

"安漢公在中府外第，虎賁爲門衛，當出入者傅籍。"凡
出入安漢公之府第者，皆著於籍。不在籍者，不得擅出入。

"子午道從杜陵直絶南山徑漢中。"南山東自商顏，西至
嶓冢，橫亙千餘里。杜陵在山北，子方也。漢中在山南，午
方也。於山腰通一徑，故曰直絶。

"今攝皇帝背依踐阼。"背依，即負扆也。

"諸劉更屬籍京兆大尹，勿解其復，各終厥身。"前漢
時，諸劉皆復，世世無有所與。今王氏受命，諸劉仍復其身。
勿解者，不解除其復籍也，但終其身而已，其子則不復。

"欲防民盜鑄，乃禁不得挾銅炭。"炭以熾火鼓鑄，故禁
不得挾。

"置五威司命，中城四關將軍。司命司上公以下、中城主

十二城門。”四關之職主，皆各在策命中，故此立言司命、中城二將軍。王級曰：“繞雷之固，南當荆楚。”繞雷，疑亦地名也。四將軍之所守，皆在關中，如曰繞雷，曰羊頭，曰殽澠，曰汧隴，皆去長安甚近。其所當者則甚遠，如曰荆楚，曰燕趙，曰鄭衛，曰戎狄，皆使之扼險以御外。

“劉氏當復趣空宫。”“趣空宫”云者，令王莽急走出，空其所居之宫，已得入居也。

“漢氏高皇帝比箸戒云：罷吏卒，爲賓食，誠欲承天心，全子孫也。其宗廟不當在常安城中，及諸劉爲諸侯者，當與漢俱廢。”比，近也。著戒者，王莽以漢高之事著於戒令也。“罷吏卒爲賓食”六字，即戒令之辭。“誠欲”二句，建推闡戒令意。“其宗廟”三句，又建以以己意奏請者也。① 師古以爲高祖頻戒，失之。

“成帝，異姓之兄弟，平帝，婿也，皆不宜復入其廟。”成帝，莽姑元后之子，故曰異姓兄弟。

“正有他心，宜令州郡且尉安之。”正，猶云正令，字亦作政。

“今猥被以大罪。”猥，猶云乃也。師古訓多，未是。

“誅貉之部先縱焉。”誅貉之部，猶云誅貉之師。縱，謂縱師也。

---

① 下“以”字疑衍。

"太官齎糒乾肉，内者行張坐卧。"内者，官名也。如宦者謁者之屬，與太官爲對文。

"莽即真尤備大臣。"備大臣，謂設禁防而備之。

"敕曰：'非但保國將閨門，當保親屬在西州者。'諸公皆輕賤，而章尤甚。""非但保"二句，莽之敕詞。"諸公皆輕賤"句，班史之詞，言莽屈抑大臣，輕賤諸公，而哀章尤其所賤也。

"即有災害，以什率多少而損膳焉。"宋祁曰："什下當有計字。"國藩按：率者，計數之名。《趙充國傳》有中率字，今算學家亦以定數爲率，以十計數，十害一而減膳一分，十害二則減膳二分，率上不必增"計"字也。

"大司馬保納卿、言卿、仕卿、作卿、京尉、扶尉、兆隊、右隊、中部左洎前七部。"劉奉世曰："七部當爲七郡。"王念孫曰："當爲十郡。"國藩按：當云中部、左部、洎前十郡。

"以太官膳羞備損而爲節。"謂太官膳備，則官吏之禄亦備。膳損，則官吏之禄亦損也。

"士吏四十五萬人，士千三百五十萬人。"國藩按：師古"或五或十"之下，當云"或三或兩或三十"。

"倉無見穀以給傳，車馬不能足，賦取道中車馬，取辦於民。"劉攽曰："'以給'當屬上句。"國藩按：此疑有錯簡。當云"倉無見穀以給傳，取辦於民，車馬不能足，賦取道中車馬"。

“見王路堂者，張於西廂及後閣更衣中。又以皇后被疾，臨且去本就舍，妃妾在東永巷。”臨或見莽於王路堂，則設帷帳於西廂及更衣室。臨或來侍皇后之疾，則舍於西廂及更衣室。臨之妃妾則在東永巷。

“建章、承光、包陽、大臺、儲元宮及平樂、當路、陽禄館凡十餘所。”劉攽曰：“建章與宮名同，疑當是字誤。”國藩按：建章、承光、包陽、大臺、[①] 儲元，五宮名也。平樂、當路、陽禄，三館名也。

“郡縣力事，上官應塞詰對。”對，猶對簿對狀之對。詰對，猶詰責也。上官歸咎於郡縣而詰責之，郡縣竭力以事上官，思所以應答而塞責也。

“凡三十萬衆，迫措青、徐盜賊。”迫，急也。措，謂料理收拾之也。

《叙傳》：“班彪《幽通賦》云：‘恐罔蝄蜽之責景兮，[②] 慶未得其云已。’”師古訓引《莊子》云：“景曰：吾有待而然，吾所待又有待而然。”按：“吾有待而然”者，景爲形所使也。“吾所待又有待而然”者，形爲氣所使也。皆有所因，賦引此言人之禍福，皆有所由來也。

---

① “大”字原本脱，據陳校本補。

② 按：“蝄蜽”，亦作“蛧蜽”，傳説指山川的精怪。《説文·虫部》：“蝄蜽，山川之精物也。”《國語·魯語下》：“木石之怪曰夔、蝄蜽。”韋昭注：“蝄蜽，山精，效人聲而迷惑人也。”

"嬴取威於百儀兮。"① 王念孫曰："威，德也。言伯益有儀百物之德，而嬴氏以興。"國藩按：王說非也。鄧威定伯出《左傳·僖公二十七年》，言秦所以伯，由於益有儀百物之功。

"既仁得其信然兮，卬天路而同軌。"② 求仁得仁，既可以人力信其不差矣。而天道亦巧與相助，若合符節，故曰同軌。

"嬀巢姜於孺筮兮。"《詩》："維鵲有巢，維鳩居之。"言姜有國而爲嬀所奪，故曰巢。

"三孽同於一體兮，雖移盈然不忒。"厲之咎雖移於盈，然報應之理究不忒也。

"守孔約而不貳兮，迺輶德而無累。"孔約，謂孔氏之誠約也。上文"有欲不居有惡不避"，即孔門之訓。師古訓孔爲甚，失之。

"侯草木之區別兮，至李虎發而石開。"有其實必有其榮，有其感必有其應。至誠而不動者，未之有也。爲其事而無功者，未嘗睹也。孔之契韶，漢之襃孔養李之精誠通神，皆一貫之義。

"德薄位尊，非胙惟殃。"按：胙，福祚字。段氏玉裁以

---

① "嬴"，陳校本誤作"贏"。
② "卬"，通"仰"。

爲古無祚字，即用胙字耳，言數人之處尊位，非所以福之，適所以殃之也。

"如台不匡，禮法是謂。"言國家無以匡正之，將禮法之謂何。

後漢書

《邳彤傳》："謀夫景同。"景同，猶云景從、景附。

《景丹傳》："秋與吳漢、建威大將軍耿弇、建義大將軍朱祜、① 執金吾賈復等從擊破五校於羛陽，降其眾五萬人。"以遷、固文法推之，"大司馬吳漢"五字均應有，不得但云吳漢也。

《劉隆傳》："趣吏不肯服。"趣下當有對字。

"吏乃實首服。"實字當在首服二字下。

《竇融傳》："融於是日往守萌，② 辭讓鉅鹿，圖出河西。"注："守，猶求也。"守，無訓求者。日往守，謂常至萌處也。辭讓巨鹿，屢次辭之。圖出河西，亦屢次圖之也。

"謂留子何。"留子，謂伯春留於漢也。

"帝將自西征之。"將自當作自將。

---

① "祜"當爲"祐"。
② 按：陳校本"萌"下屬，誤。"萌"指"趙萌"，是他薦融爲鉅鹿太守，故而竇融去見他。

《竇固傳》："固、忠至天山，擊呼衍王，斬首千餘級。"固在極西一路，去天山僅千餘里，故有功。

《趙憙傳》："更始笑曰：'繭栗犢豈能負重致遠乎？'"下文更始大悦，謂憙曰："卿名家駒，努力勉之。"按：繭栗犢曰家駒，[1] 俱不似更始口中語，爲其失之過文也。司馬遷之文，古人稱其能質正，謂此等不妄著浮詞耳。

《桓譚傳》："譬猶卜數隻偶之類。"隻偶，猶奇偶也，猶隻雙也。

《郅惲傳》："惲曰：'孟軻以彊其君之所不能爲忠，量其君之所不能爲賊。'"引責難於君謂之恭，吾君不能謂之賊也。注引孟子對齊宣王曰"力足以舉百鈞"云云，又曰"惻隱之心仁之端也"云云。失之。

《孔奮傳》："徒益苦辛耳。"劉攽以爲益當在徒字上。按益字在下爲叶，劉説非也。

《鄭宏傳》：[2] "四遷，建初爲尚書令。"建初下當更有一初字。

《法雄傳》："燒宮寺。"宮寺，疑當作官寺。

《劉般傳》："因值王莽簒位。"值字上不合更有因字。

《趙咨傳》："徵拜議郎，抗疾京師。"抗疾者，累起召而

---

① "曰"，陳校本作"名"。
② "宏"當爲"弘"。

固以疾辭也。

《班固傳》：“詔以譴責競。”詔以，當作詔書。

《第五倫傳》：“亦宜所以安之。”宜字下疑脱去一思字。

“乃召羽具告之，謂曰”告之下不當更有謂字。

《爰延傳》：“臣聞天子尊無爲上。”爲當作二。

《章帝八王傳》：“中常侍鄭颯、中黄門董騰並任俠，通
剽輕，數與悝交通。”① 按：剽輕，剽悍疾躁之人，颯、騰與
之通也。

《种暠傳》：“推達名臣橋玄、皇甫規等爲稱職相。”殿本
攷證曰：“監本無相字，臣會汾按：橋玄於光和元年一爲太
尉，皇甫規歷職邊郡，官止度遼將軍，未嘗爲相也。相字舛
誤無疑。若從監本，則語勢又似不完，疑爲字亦誤，今姑從
宋本。”國藩按：稱職相，謂种暠也。以其推進名臣，故曰稱
職。非謂玄、規爲相也。

《臧洪傳》：“辭行被拘。”觀此語，則洪於請兵之後，復
有隻身赴難之請，爲袁紹所拘留也。上文叙紹竟不聽之下，
少有疏脱。

《左周黄傳論》：“則武宣之軌，豈其遠而。”前書《公孫
宏卜式傳贊》備言武宣兩朝得人之盛，故此言武宣之軌。

《段熲傳》：“思爲永寧之算。”按：前言揚雄疏云：“不

---

① “悝”，底本作“俚”，誤。

暫疲者不永寧。"潁前疏引其語，故曰永寧之算。

《袁紹傳》："是以周公垂涕以斃管、蔡之獄。"斃應作蔽。

三國志

《后妃傳·文昭甄皇后》："明帝愛女淑薨，追封諡爲平原懿公主，爲之立廟，取后亡從孫黃與合葬，追封黃列侯。以夫人郭氏從弟子惪爲之后，承甄氏姓，封惪爲平原侯，襲公主爵。"淑以幼女夭亡，而追封以邑；黃以幼子夭亡，因嫁殤之故而追封以爵；惪以郭氏因后族之故而襲甄姓封爵，重紕貤繆，於斯極矣。

《董卓傳》終叙李傕、郭汜、[1] 張濟、胡才、張樂、韓遂、馬騰、馬超後事，文勢邁遠，有似《史記》。

《夏侯淵傳》。自首至"沔氏反淵引軍還"，所叙十三事，而字數極少，有似《史記·曹參世家》。

《曹仁傳》。將騎兵數數點出，仿《史記·灌嬰傳》。

《諸夏侯曹傳》："援至良才。"謂薦引賢才以輔爽也。

《樂進傳》。自首至"別攻雍奴破之"，叙戰功十五事，極簡明。

---

① "汜"，陳校本誤作"汜"。

《王粲傳》。因粲而兼敘徐、陳、阮、應、劉事，略仿《孟子荀卿列傳》之例。

"亦有文采，而不在此七人之例。"例，當作列。此疑當作六人，合曹植乃爲七人，謂邯鄲淳、繁欽、路粹、丁儀、丁廙、楊修、荀緯七人，不得與王、徐、陳、阮、應、劉六人並列也。

《諸葛誕傳注》："喪王基之功。"喪，疑當作表。

《鄧艾傳》"使居民表"，猶云在民之外也。

《諸葛亮傳》："五年，率諸軍北駐漢中，臨發上疏曰。"古人絕大事業，恒以精心敬慎出之。以區區蜀漢一隅，而欲出師關中，北伐曹魏，其志願之宏大，事勢之艱危，亦古今所罕見。[①] 而此文不言其艱鉅，但言志氣宜恢宏，刑賞宜平允，君宜以親賢納言爲務，臣宜以討賊進諫爲直而已。故知不朽之文，必自襟度遠大思慮精微始也。前漢宮禁，尚參用士人。後漢宮中，如中常侍、小黄門之屬，則悉用閹人，不復雜調他士，與府中有内外之分，大亂朝政。諸葛公鑑於桓、靈之失，痛憾閹官，故力陳宮中府中宜爲一體，蓋恐宦官日親、賢臣日疏、内外隔閡也。公以丞相而兼元帥，凡宮中府中以及營中之事，無不兼綜，舉郭、費、董三人治宮中之事，舉向寵治營中之事，殆皆指留守成都者言之。其府中之事，

---

① "罕"，原本誤作"罜"。

則公所自治，百司庶政，皆公在軍中親爲裁決焉。

《張嶷傳》："又令離姊逆逢妻。"離姊二字疑衍。冬逢之妻，爲狼路之姑，即狼離之姊也。下文"並見其姊"，即見逢妻也。上文當作"令離逆逢妻"明矣。

《費褘傳》：[①]"少孤，依族父伯仁。伯仁姑，益州牧劉璋之母也。"上伯字疑當在父字之上，下伯字疑衍也。

《吕範傳》"初策使範典主財計"云云。《國策》之長者拒之，少者報之，高祖之封雍齒而斬丁公，略與此節旨趣相同。

《周魴傳》譎挑曹休七牋，此等可不必全録於傳。

《胡綜傳》代吳質作降文三條，此等亦可不録入傳中。

《滕胤傳》作未了之勢，猶有《史記》意度。

《孫峻傳》："以後事付綝。"峻雖已死，文亦作未了之勢。

《孫綝傳》："遣侍中左將軍華融、中書丞丁晏告胤取據。"此處應將據自殺叙出，或曰"語在據傳"，或叙於殺滕胤之後亦可。

通　鑑

《漢紀五十七》："權謂瑜曰：'卿能辦之者，誠決。邂逅

---

① "褘"，原本誤作"褘"。褘，皇后的祭衣。從示不從衣。

不如意，便還就孤，孤當與孟德決之。'"決，疑當作快。瑜能辦此，誠爲快事。如不能辦，則權自往決戰。上決因下文決字而誤耳。

《魏紀二》："濟更鑿地作四五道，① 蹴船令聚，豫作土豚。"國藩按：豚、墊、坉一也，亦可作墩。當有水之地而築之，則謂之堤，謂之埝。當無水之地豫築之，則謂之豚，謂之墊、坉，亦可謂之墩，謂之埂。

《魏紀七》："爽得懿奏事，不通；迫窘，不知所爲。"不通，謂不上之帝所也。

"初，吳大帝築東興堤以遏巢湖。其後入寇淮南，敗，以內船，遂廢不復治。"愚按：東興堤成，湖內之船不得出，湖外之船亦不得入，吳寇淮南，自毀其堤，納船以入湖內。敗，毀也。內，讀如出納之納。胡注失之。

《晉紀八》："皇輿東返，俊彥盈朝。"吳中是時尚未知惠帝已崩，故第言皇輿東返。

"榮乃出，與周玘共說甘卓曰：'若江東之事可濟，當共成之。'"大江北流，故謂金陵爲江東，歷陽爲江東。

《晉紀九》："王浚怒，遣燕相胡矩督諸軍，與遼西公段疾陸眷共攻希，殺之，驅略三郡士女而去。"疾六眷，務勿塵之子也。疾六眷即疾陸眷。胡語音同字異者皆同也。

---

① 原本脱"作"字。

《晋紀二十六》："邵保戰死，難、超退屯淮北。玄與何謙、戴逯、①田洛共追之，戰於君川。"盱眙在淮南，玄等已追及於淮北，非盱眙之君山也。胡注失之。

《晋紀三十七》："聞晋兵入峴，自將步騎四萬往就之，使五樓帥騎進據巨蔑水。"巨蔑水，今曰巨瀰河。

"於是眾軍轉集，裕恐循侵軼，用虞丘計，伐樹柵石頭淮口，修治越城，築查浦、藥園、廷尉三壘。"國藩按：添築小城一段，謂之越城，謂越出大城之外也。今運河正閘之外，往往加一越閘。

《宋紀四》："道濟曰：'卿非大丈夫，小敗何苦？'""何苦"，猶云何害，何傷也。

《梁紀三》："魏主聞邢巒屢捷，②命中山王英趣義陽。英以眾少，累表請兵，弗許。英至懸瓠，輒與巒共攻之。"魏命英趣義陽，英自至懸瓠助攻，故曰早輒。輒，專也。

《梁紀八》："今四方多虞，府藏罄竭，冀、定擾攘，常調之絹不復可收，唯仰府庫有出無入。略論鹽稅，一年之中，準絹而言不下三十萬匹。乃是移冀、定二州置於畿甸，今若廢之，事同再失。"既失冀、定常調之絹，又失鹽稅，故同再失。

---

① "逯"，華僑本作"遂"。
② "主"，陳校本誤作"王"。

"念生梟戮，寶寅就擒，費穆破蠻。"三句略有事實。"醜奴請降，絳蜀漸平"二句，則爲誇言以拒爾朱榮耳。

《梁紀九》："顥先以慶之爲徐州刺史，① 因固求之鎮，顥心憚之，不遣。曰：'主上以洛陽之地全相任委，忽聞舍此朝寄。'"主上，梁主也。朝寄，梁朝所委寄也。胡注失之。

《梁紀十四》"侯景等夜解圍去，辛卯，泰帥輕騎追景至河上。景爲陳，北據河橋，南屬邙山，與泰合戰。泰馬中流矢，驚逸，遂失所之。泰墜地，東魏兵追及之，左右皆散。都督李穆下馬，以策抶泰背，罵曰：'籠東軍士，爾曹主何在？而獨留此！'追者不疑其貴人，舍之而過。穆以馬授泰，與之俱逸。魏兵復振，擊東魏兵，大破之"云云。此處當書西魏之敗，下文如獨孤信、李遠、趙貴等之棄卒先歸，宇文泰之燒營而歸，王思政之重創悶絕，蔡祐之發矢枕股，關中之聞敗作亂，王羆之固守河東，高歡之攻破金墉，皆因西魏大敗後事也。至於高敖曹之死，宋顯之見殺，萬俟洛之勒兵，則西魏兵復振、東魏小挫時事也。《通鑑》不先書西魏之敗，故前後節次不清。

《陳紀四》："淳于量軍夏口，直軍魯山，使元定以步騎數千圍郢州，皎軍于白螺。"今岳州下四十里有白螺磯，又下五十里有螺山。

---

① "顥"，陳校本誤作"顯"。

"衛公直亦奔江陵，元定孤軍，進退無路，斫竹開徑，且戰且引，欲趣巴陵。"衛公直在魯山，亦在西岸，惟元定一軍在東岸，故無路可歸也。

《陳紀六》："齊主方與馮淑妃獵於天池，晋州告急自旦至午，驛馬三至。右丞相高阿那肱曰：'大家正爲樂，邊鄙小小交兵，乃是常事，何急奏聞！'"上文云齊主自晋陽趣晋州，是聞急奏時正在途次也，或別有一天池歟？

《陳紀八》："時諸將競勸梁主舉兵，與尉遲迥連謀，[①] 以爲進可以盡節周氏，退可以席卷山南。"胡注："漢沔之地，在中南太華諸山之南。中南，當作終南。"國藩按：自古言山南，皆專指終南山而言，不及太華也。

《陳紀九》："帝深嗟異，皆納用之。遣太僕元暉出伊吾道，詣達頭，賜以狼頭纛。達頭使來，引居沙鉢略使上。以晟爲車騎將軍，出黃龍道，齎幣賜奚、霫、契丹。"元暉之出，所謂通使玷厥，使攝圖備西也。長孫晟之出，所謂遣連奚、霫，使攝圖備東也。

《陳紀十》："命晋王廣、秦王俊、清河公楊素皆爲行軍元帥，廣出六合，俊出襄陽，素出永安。"六合，橫度也。襄陽，漢水之上游也。永安，江水之上游也。廣所出之途，與晋伐吳王渾之任略同。俊所出之途，與賈充略同。素所出之

---

① "迥"，原本作"迴"，應爲"迥"。

途，與王濬略同。①

《隋紀五》："唯衛文昇一軍獨全。初，九軍度遼，凡三十萬五千，及還至遼東城，唯二千七百人也，資儲器械巨萬計，失亡蕩盡。"上文云至薩水軍半濟，今又云衛文昇一軍獨全，觀此則三十萬人中得脫免者，決不止二千七百人也。雖沿途多有逃亡，而史文亦不可盡信。

《隋紀八》："左光祿大夫李孝恭招慰山南，府戶曹張道源招慰山東。"此山東，謂終南山之東，商雒等處耳。

《唐紀五》"先是，汪華據黟、歙，稱王十餘年。雄誕還軍擊之，至會日暮，引還，伏兵已據其洞口，華不得入，窘迫請降"云云。前云甲子遣使來降，拜歙州總管，此云窘迫請降，事在十一月，當有一誤，宜刪一處。②

《唐紀十三》："陛下君臨天下十有七載，以仁恩結庶類，以信義撫戎夷，莫不欣然，負之無力。"國藩按：負，荷也。無力，謂恩重難荷也。庾信謝表所謂："鰲戴三山，深知其重。"亦有難於負荷之義。

《唐紀十五》："既而反譖遺直，遺直自言。"白言，訟訴也。見《漢書》朱博、東方朔、外戚等傳。

《唐紀十七》："當時將帥號令許以勳賞，無所不至。及

---

① "濬"，京華本作"浚"。
② "刪"下，華僑本多一"併"字。

達西岸，惟聞枷鑠推禁，奪賜破勳。""破勳"者，有勳可紀，因坐他事而削除之，猶破國破産之破。

《唐紀三十三》："屯武牢以拒賊。"武牢，即虎牢。唐諱虎，改爲武牢，在今汜水縣西。

"先是清河客李萼，年二十餘，爲郡人乞師於真卿曰：'公首唱大義，河北諸郡恃公以爲長城。今清河，公之西鄰。'"按：德州，平原治也。真卿在德州，去清河二百餘里，故胡注引《九域志》以釋之。

"三郡兵力戰盡日，魏兵大敗。"當云知泰兵大敗。茲云魏兵大敗，不合《通鑑》之例。

《唐紀四十一》："承嗣知范陽寶臣鄉里，心常欲之，因刻石作讖云：'二帝同功勢萬全，將田爲侶入幽燕。'密令瘞寶臣境内。使望氣者言彼有王氣，寶臣掘而得之。"田承嗣之玩侮李正已、李寶臣，與石勒之玩侮王浚、劉崐略同。①

《唐紀四十二》："出則囚服就辯，入則擁笏垂魚，即貶于潮。""即"字《漢書》多用之。此文出於韓退之《曹成王碑》，與《漢書》諸用"即"字者同。胡注訓就也，非是。

"崇義懼，益修武備，流人郭昔告崇義爲變，崇義聞之請

---

① "崐"當爲"琨"。

罪，上爲之杖昔，遠流之。"昔本流人也，因告崇義而更加
罪，流之遠州，故曰遠流之。胡注非是。

《唐紀四十三》："留百騎擊鼓鳴角於營中，仍抱薪持火，
俟諸軍畢發，則止鼓角，匿其旁，俟悅軍畢渡，焚其橋，軍
行十里所，悅聞之，帥淄青、成德步騎四萬，逾橋掩其後，
乘風縱火，鼓譟而進。"留百騎擊鼓鳴角於營中，令賊知我軍
已出趨魏州也。匿其旁，不使賊逾橋時得見之也。焚其橋，
使賊敗無路可歸也。乘風縱火，賊燒附近民居以助勢焰，與
上文百騎持火不相涉。

文獻通考

《序》："至於有侍中、給事中之官，而未嘗司宮禁之事，
是名內而實外也。"唐以來以侍中爲三公官，以處勳臣。又以
給事中爲封駁之官，皆以外庭之臣爲之，並不預宮中之事。

"有太尉、司馬之官，而未嘗司兵戎之事，是名武而實文
也。"太尉，漢承秦以爲三公，猶掌武事也。唐以後亦爲三
公，宋時呂夷簡、王旦、韓琦官皆至太尉，非武臣也。大司
馬，周官掌兵，至漢元、成以後爲三公，亞於司徒，乃後來
執政之任，亦非武臣也。

"尚書令在漢爲司牘小吏，而後世則爲大臣所不敢當之穹
官。校尉在漢爲兵師要職，而後世則爲武弁所不齒之冗秩。"

尚書令，漢初其秩至卑，銅章青綬，主宮禁文書而已，至唐，則爲三省長官，高祖入長安時，太宗以秦王爲之，後郭子儀以勳臣當拜，以太宗曾爲之，辭不敢受，自後至宋，無敢拜此官者。① 漢八校尉，領禁衛諸軍，皆尊顯之官、宰相之罷政者，至爲城門校尉。又司隸校尉，② 皆領重兵，鎮方面，乃大帥之職，至宋時，校尉、副尉爲武職初階，不入品從，至爲冗從。

"則星辰之遲留伏逆往來，其所紀述，豈足憑乎。"按：漢哀帝以日無精光，邪氣連昏之事，問待詔李尋。而尋所對，具言其故。光武以建武五年召嚴光入禁中共臥，而太史奏客星犯帝座。二事見於李尋、嚴光傳。而以漢志考之，終哀帝時，不言日無精光之事。光武建武五年，亦不言客星事，亦可證其疏略也。

《田賦一》："趙過能爲代田，田一畝三甽，歲代處，故曰代田。"注："代，易也。"按：今年之甽在彼，明年之甽在此，播種不在原處也。

《田賦二》："民賦曰調，晉平吳制户調。唐賦人之制曰租，③ 曰庸，曰調。調者，令民輸絹布也。"按：征人曰調

---

① "無敢"，華僑本誤作"无官"，陳校本誤作"元官"。
② "尉"下，華僑本多"督察三輔，彈劾公卿，其權至雄尊，護羌校尉，護烏醒（桓）校尉"句。
③ "人"，原文作"人"，按文意當爲"人"。下"征人"與此同。

斂，散出曰調發、曰調遣。征人曰貢賦，散出曰賦政。於外曰賦工，曰賦鹽，皆分頒於外也。即詩賦之賦，亦敷陳於外也。《趙充國傳》"賦人二十畝"，賦田於人也。

《田賦三》："唐代宗時，察民有粟帛者，籍其所有而中分之，甚者十取八九，謂之白著。"按：白著，猶今俗言白當差也。

"唐大曆中，國用急，苗方青則征之，號青苗錢。"按：宋王安石以苗方青時貸錢與民，至秋收息，亦謂之青苗錢。

"後唐有稾場院，今天下納稈草，每束約一文。"按：《説文》："稾，束稈也。"即今之稻草也。

《田賦四》："五季暴政，食鹽則輸鹽米。"按：每正供米一石，另輸鹽米四斗，官給以鹽一斤。

"五季時供軍需，則有鞋錢。"按：今征調官兵，亦有草鞋錢之名。

"五季時民輸米入倉，則有蘧錢。"按：蘧，篷簅也，所以藉米。今漕米上倉，亦有蘆席錢之名。宋時雜賦，亦納蘆蘧。

"五代周顯德中有逃戶莊田，許人請射承佃，供納租稅。"按：射，猶曰占也，猶曰認耕也。

"宋開寶中輸納錢帛，每貫收七文，每匹收十文，曰頭子錢。"按：耗錢耗米，名目歷代不同，頭子錢亦一名也。近世賭博者，百錢取五文入公，亦曰頭子錢。宋末葉水心疏，言每貫取頭子錢五十六文。

"李椿年言經界不正之弊，七曰倚閣不實。"按：倚閣，猶今欲停閣、耽閣也。

"李椿年措置經界，言已打量者四十縣，未打量者展期一月。"按：打量，猶曰估計也，今世俗有此語。

《田賦五》："人烟田產在此處，而稅在彼處，謂之寫佃。"按：吾鄉有居宅在此，而耕作在彼者，謂之寫作田。

"建炎四年詔：物帛非紕疏濫惡，不許抑退。"按：紕，繒欲壞也，繒疏也。

"官收物而給印信文憑曰鈔，即今鈔關。宋紹興中，凡賦稅必具四鈔。曰戶鈔，則人戶收執。曰縣鈔，則關縣司銷籍。曰監鈔，則納官掌之。曰住鈔，則府庫藏之。"按：今收錢漕者曰串票，征關卡者曰三聯票，皆鈔之類也。

"朱子正經界疏，實佃者或申逃閣，無田者反遭俵寄。"按：俵，分散也，無田者或被他人以其稅分寄名下。

《田賦六》："李冰爲蜀守，壅江水作坍，穿二江成都中，雙過郡下，以通舟船，因以灌溉諸郡。"按：作坍以穿二江，猶云廝爲二渠也。坍，猶水中之潭也。

"江東水鄉，堤河之兩涯而田其中，謂之圩。圩者，圍也。內以圍田，外以圍水。蓋河高而田在水下，故以堤禦水。堤中通斗門，引水入港以溉田。"按：今皖南如寧國、太平，皖北如廬州、穎州、六安州、滁州、和州，皆有圍田，民多築圲以居。

《田賦七》："當屯之內，有軟有硬。"按：當，猶該也。今世曰該府、該州縣，六朝唐宋曰當道、當郡、當州、當縣、當屯，今京師諺亦曰當街、當院。

"順時覛土。"按：覛字，或書作覝，俗作覓，音莫狄切，又音脈。覛土，察土之脈也。

"漢昭帝元年，上睊於鈎盾弄田。"注："帝年九歲，在鈎盾近署試耕爲戲，故曰弄田。"按：鄧通爲弄臣，與此弄田，皆當時偶爾立名。

"稿"，按：吾鄉呼稻草曰菅，草之去皮者曰菅心，草之編爲席曰稿薦。

"取民間田契根磨。"按：唐宋公牘中，考究事實或曰根據，或曰磨勘，或曰根磨。今曰根究，曰磨對，曰勘驗。

《錢幣一》："《周禮·泉府》：'買者，各從其抵。'"先鄭注："抵，故賈也。"後鄭注："抵，本也。"國藩按：抵，如今之借錢有保人也。今販官鹽者，亦須取具的保，乃許領引運鹽。

"大觀元年，改四川交子爲錢引。"按：引，亦鈔券之類也。宋世有茶引，有鹽鈔，近世亦有茶引、鹽引。

《戶口一》："宣王料民於太原。"按：謂料數之也。

"漢景帝二年，令天下男子年二十始傅。"注："傅，著也。言著名籍給公家徭役。"按：今世謂之著役。

《戸口二》："北周破江陵，盡俘士民爲奴，曰官口。"
按：靖康之役，金人虜宋之貴族士庶，盡没爲奴婢，即官口
之類也。諸葛武侯拔西縣，千餘家還蜀。國初收山東直隷降
人爲漢軍，亦官口之類也。其私家奴婢，如卓王孫家僮八百，
程鄭數百。又如晋代王公貴人有佃客，有典計，有衣食客。
國朝王公府各有包衣旗之類，則私屬也。

《職役一》："公人百姓決配。"按：俗稱在官人亦
曰"公人"。

《職役二》："部送綱運。"按：宋時以輸送官物爲綱，有
茶綱，有鹽綱，修艮岳有花石綱，南宋市舶有綱首，見《市
糴一》。今黄河渡船有綱頭。又按：國用亦有米綱、銀綱、錢
綱、絹綿綱。

"蘇轍論復差役之弊，敷錢太重。"按：敷錢，猶今云派
錢也。

《征榷一》："自晋至陳，石頭津置津主，十分税一。"
按：津主，即今水卡卡員，抽釐者也。石頭津，在今龍江
關矣。

"後魏税市入者，人一錢。北齊顔之推奏立關市邸店之
税，後周除市門税。"按：此即今之門釐矣。

"唐崔融議曰：'江津河口置鋪，此津才過，彼津復
止。'"按：此鋪猶今之設局設卡也。今俗曰鋪，則市店之
通稱。

《征榷四》："椿。"① 按：宋世曰月椿庫，曰防椿庫，曰封椿錢。如今之銀錢曰存項，曰某項，又有曰椿發，曰椿辦，曰椿管，則爲活用之字。

《征榷六》："宋時勘合錢，每貫收十文。"按：即今之稅契司尾也。宋時亦名曰鈔旁定帖錢。鈔，即契也。旁帖，即粘尾也。

《市糴二》："謹守重流，而天下不吾洩矣。"注："謂謹守穀價，不使流散。"按："粟有所漯"之"漯"，與此流字爲類。

"《玉篇》：'蠻夷以財贖罪曰賧。'"按：今賨布賧布，概稱蠻夷之財賦。

《國用一》："並不給幹。"按：南齊仕宦，皆給以僮幹，亦禄賜之類，即僕役也。

《刑二》："景四年，師侏儒當鞫繫者，頌繫之。"注："頌，讀曰容，容寬不桎梏。"按：頌繫，即今刑部之保外不收繫也。

"楚王英之獄，每上彭考。"注："彭，即榜也。"按：今刑具俗稱爲上彭字。

"鉆鑽之屬，慘苦無極。"《説文》："鉆，鈕也。"《玉篇》："鈕，拔髮也。"《類篇》："鈕，箝也，與鑷同。"按：

---

① "椿"，陳校本誤作"椿"，椿即桩字。

鈲與鑷同，則鉆者亦有兩股夾取物，如今之夾翦矣。

《刑五》：“枷研楔轂”。《唐書·索元禮傳》：“以銕籠轂囚首加以楔。”《玉篇》：“轂，急束。”按：銕籠，如銕枷然，囚首既入，則以轂束之，以楔轄之也。

《兵九》：“候將來衮同再試。”按：衮，亦或作滚，衮同。今雅語或作彙同，俗語作連同。

《兵十一》：“豪右辜榷。”注：“辜，障也，榷，專也。謂障餘人買賣而自取其利。”按：障塞他人之買賣，而己獨專之。豪右辜榷，猶今奸商把持。

《職官五》：“六部監門條，仍令六部，踏逐奏差序位。”按：踏逐，猶云日逐，蓋隨時奏請更换也。

《職官十》：“《大理卿》篇：左右各五案，如左廳曰詳刑案、詳讞案，右廳曰左推案，右推案之類。”按：宋時諸司治事分案，如中書省五案，吏部尚書十五案，侍郎十五案，户部左曹三案，右曹六案，禮部五案，兵部十案，工部六案，刑部不分案，大理寺分十案，即刑部之職事矣。此外又有分稟者，分房者，與案異名而同實。今六部諸司不分案而分股，而具稿猶曰某司案呈，循古稱也。

《職官十九》：“自一品以下至流外勳品，各給事力，一品至三十人。”按：力者，若今挑水夫之類。《淳化閣帖》有耒力字。

卷五　子

湘鄉曾國藩著　湘潭王啟原編輯

管　子

《牧民第一》：“不璋兩原，則刑乃繁，不明鬼神，則陋民不悟。”璋者，障之假借字。悟疑誤，以與神不韻也。

《形勢第二》。有感斯有應，有往斯有來，有實斯有名，有形斯有勢，故爲政者當盡其在我者，務其遠者大者。

“飛蓬之問。”聲聞之無根者也。

“主功有素，寶幣奚爲，羿之道，非射也。造父之術，非馭也。奚仲之巧，非斲削也。”寶幣非享神之具，羿非射，造父非御，奚仲非斲削，別有尸之者也。

“召遠者使無爲焉，親近者言無事焉。”召之不在於使，親之不在於言，亦別有尸之者也。

“訾食者不肥體。”訾食者，計訾而食，猶云數米而炊。

《立政第四》：“右五事。”此管子經國之大略，即後世保甲之法所自昉。

《宙合第十一》：“進傷爲人君嚴之義，退害爲人臣者之生。”按：此即《揚雄傳》“得時則大行，不得時則龍蛇”之義。

“以爲鳥起於北，意南而至於南。起於南，意北而至於北。苟大意得，不以小缺爲傷。”莊子謂行小變而不失大常，亦此意。

《法禁第十四》：“故曰絕而定。”絕而定，猶董子“皆絕勿進”之地。

《重令第十五》。此篇言令不違，即商鞅之所本。

“虧令者死，益令者死，不行令者死，留令者死，不從令者死，五者死而不赦。”按：五不赦，商鞅之所本也。

“三器者何也？曰號令也，斧鉞也，禄賞也。”按《法禁篇》首三句曰法制，曰刑殺，曰爵禄，三者並重，亦即此三器也。

《法法第十六》：“倨傲、易令、錯儀、畫制、作議者，盡誅。”按：倨傲即私議自貴也，易令即怪嚴也，錯儀即雜俗也，畫制即異禮也，作議即私議也。

《兵法第十七》：“始乎無端者，道也。卒乎無窮者，德也。”按：始乎無端者，陰陽之循環，隨所遇皆可爲端也，故曰道。卒乎無窮者，人心之變化既極，而又以苦思得通也，故曰德。

"因便而教，准利而行，教無常。"按："因便而教，准利而行"者，兵無常形，因勢合變。

《大匡第十八》："士處靖。"按：處靖，謂居止有定也。下"出入無常"是反面。

《小匡第二十》："夫鮑叔之忍，不僇賢人。"《左傳正義》云："夫鮑叔之不忍僇賢人，其智知稱賢以自成也。"王云："應從正義爲是。上忍上應更增一'仁'字，與'智'字相對。"

《霸言第二十三》："兼正之國之謂王。"按：兼正之國，疑當作兼正四國。

"故貴爲天子，富有天下，而伐不謂貪者，其大計存也。""伐不謂貪"，王云伐字當爲我字之訛。國藩按：伐字當爲世字之訛。唐諱世，凡世字皆改作代，代又訛爲伐耳。

《問第二十四》："事先大功，政自小始。"按：以上總提，以下分條考問。

"徒負勿入。"謂不收稅入也。

《君臣上第三十》。此篇言爲君者專重求人，不侵臣下之職。

《君臣下第三十一》："故曰：德侵則君危。"按：侵，過也，猶淫也，溢也，侈也。故下文云審禁淫侵。上溢分則下亦越分，上禁淫侵適如其分，故下無冀幸也。

《小稱第三十一》。此篇多精深語，大約畏民以自修，反己以自責。

"操名從人，無不強也。操名去人，無不弱也。"注："謂君自行善，持名使之延譽，故強也。君既行惡，即是持名去人，無善可稱，故弱也。"按：操名者，民操之也。操名以從我，則我強。操名以去我，則我弱。注失之。

"聖人得利而托焉。"按：聖人行善，宣之於氣，達之於目，是心中之善托於氣與目以出也，故曰得利而托。聖人有善則托可好，我有過則托可惡。

《四稱第三十三》。此篇言有道君、有道君、有道臣、無道臣四者。

《侈靡第三十五》。此篇多不可曉。

《心術上第三十六》："故曰上離其道。"按：此故曰二字涉下文解中而衍。

莊　子

《養生主》。莊子自以爲游方之外，不嬰世網。① 余讀《養生主》《人間世》等篇，其持身涉世，用心亦何苦也！其曰："虛舟不忤，雖有忮心，不怨飄瓦，與齊偕入，與汩俱出。"反復言之，豈誠忘機哉？使誠忘機，則不復言機矣。

---

① "網"，原本誤作"冈"，華僑本誤作"內"。

《越世家》載其不救陶朱公之子，亦機心之爲之也。姚惜抱氏責之，非過也。

《庚桑楚》："吞舟之魚，碭而失水，則蟻能苦之。"按：碭，水中石。水涸而見沙石，不得津潤，失所憑依之象。《通鑑》："客謂靖郭君曰：'君不聞海大魚乎？網不能止，鈎不能牽，蕩而失水，則螻蟻制焉。'"以蕩爲碭，失其義矣。王介甫《和王微之高齋三首》："蕭條中原碭無主，崛強又此憑江淮。"俗本誤作"蕩"，亦爲失之。

淮南子

《俶真訓》："夫大塊載我以形，勞我以生，逸我以老，休我以死。善我生者，乃所以善我死也。"數句襲《莊子·大宗師》篇。

《天文訓》："右背德。"按：背即後也。孫子曰："右背山陵，前左水澤。"亦以背與前爲對。

《覽冥訓》："使俗人不得其君形者。"君形，主宰乎形骸者也。

《本經訓》："句爪居牙。"庾信賦作"鈎爪鋸牙"。

"凡人之性"節。此段雜襲儒家者言，與本篇大旨不合。

《主術訓》："凡此六反者，不可不察也。"六反者：小與大反，方與圓反，多與鮮反。

《繆稱訓》。《要略》云："斷短爲節，以應小具。"故此篇嘉言雨集，妙義云來，皆短章零節，無長言繁稱者也。

《道應訓》。此篇雜徵事實，而證之以老子道德之言。意以已驗之事，皆與昔之言道者相應也。故題曰道應。每節之末皆引《老子》語證之，凡引五十二處。

"太清問於無窮曰"節。此段襲《莊子·知北游》篇。

"齧缺問道於被衣"節。① 此段本《莊子·知北游》篇。"媰乎若新生之犢"，莊作瞳焉。瞳焉者，目灼灼不瞬之兒。此作媰乎，亦近之。

"四累之上也"。注："此上凡四事，皆累於世，而男女莫不歡然爲上也。"按：累，層累也。刺不入，擊不中，一層也。弗敢刺，弗敢擊，二層也。無其意，三層也。歡然愛利，四層也。故曰四累之上，高注失之。

"太王亶父居邠"節。太王事本《莊子·讓王》篇。

"中山公子牟謂詹子曰"節。公子牟事本《莊子·讓王》篇。

"桓公讀書於堂"節。輪扁事本《莊子·天道》篇。

"大司馬捶鈎者年八十矣"節。捶鈎事本《莊子·知北游》篇。

"跖之徒問跖曰：'盜亦有道乎？'"本《莊子·胠

---

① "被"，原本誤作"披"。

篋》篇。

“光耀問於無有曰”。光耀事本《莊子·知北游》篇。

“柴箕子之門。”按：《後漢書·楊震傳》：“柴門謝客。”
《三國志》：“以萬兵柴道。”與此“柴”字義同，即塞也。

《詮言訓》。此篇大指不以功名自章，不以賢智先人，即
《莊子》“無成無虧”之義。

“故通性之情者，不務性之所無，以爲通命之情者，不憂
命之所無，奈何。”四句本《莊子·達生》篇。

“通於道者，物莫不足滑其調。”“莫”字疑誤。

“方船濟乎江。”虛舟事本《莊子·山水》篇。

《兵略訓》：“而勝亡焉。”按：“勝亡焉”猶云勝不係乎
此也，全不係乎此也。

“將者必有三隧、四義、五行、十守”節。三隧、四義、
五行、十守、三隱、八善，皆不足貴，惟獨見、獨知，審量
虛實爲足貴。

《説山訓》：“故玉在山而草木潤，淵生珠而岸不枯。”二
句本《荀子·勸學》篇。

“食草之獸，不疾易藪。水居之蟲，不疾易水。行小變而
不失其常。”數句本《莊子·田子方》篇。

《人間訓》：“單豹倍世離俗”節。本《莊子·達生》篇。

《脩務訓》：“夫事有易成者名小，難成者功大，君子雖
未有利，福將在後至。”言美成在久，後世當有知者，猶揚雄

言後世有子云則知之矣。

《泰族訓》。按：族，聚也，群道衆妙之所聚萃也。泰族者，聚而又聚者也。始之又始，曰泰始。一之又一，曰泰一。伯之前有伯，曰泰伯。極之上有極，曰泰極。以及泰山、泰廟、泰壇、泰折，皆尊之之辭。

卷六　集一

湘鄉曾國藩著　湘潭王啟原編輯

楚　辭

《惜誦》："欲遭回以干傺兮。"傺，當作"際"，謂際遇、際會。《莊子》："仁義之士貴際。"

《涉江》。《文選》獨選此篇，無"亂曰：鸞鳥鳳皇，日以遠兮"以下一節。

《惜往日》。自吳才老疑《古文尚書》爲贗作，《朱子語類》亦數數疑之，明宣城梅氏、昆山歸氏復申其說，我朝自閻百詩後辨僞古文者無慮數十百家，姚姬傳氏獨以神氣辨之，曰不類。柳子厚辨《鶡冠子》之僞，亦曰不類。余讀屈原《九章·惜往日》亦疑其贗作。何以辨之？曰不類。

《懷沙》。《史記·屈原傳》於"予何畏懼兮"之下多四句。

陳思王集

《箜篌引》。此篇言盛時難恃，樂不可極。其末，歸於知命而無憂也。

《鰕𩸉》篇。按：解題云：“謂長歌行者，以芳華不久，當努力行樂，無至老大乃傷悲也。”此則有遠志而思立功於世者，殊與長歌行不類。

《豫章行》。言賢才得知己而用之，則達則福；無知己而棄之，則窮則禍。

《蒲生行浮萍》篇。《塘上行》或以爲魏武帝所作，或以爲文帝妻甄后所作，嘆以讒訴見棄。此篇之意亦同。

《門有萬里客》。《門有車馬客》，其客多叙市朝遷變、朋舊凋落之事。此《門有萬里客》，其客自叙行役之苦。

《怨歌行》。子建蓋以周公自喻。

《美女》篇美女如此容華，而安於義命，不輕於求遇合，以喻士不求苟達也。

《白馬》篇此亦《求自試表》中之意。

《盤石》篇詩意大抵言生於帝王之家，處於風波之地，常有性命之憂。

“磐石山巔石。”上“石”字有誤。當用連綿字與飄颻字對。

《驅車》篇此亦輕舉遠游之意。

《種葛》篇："恩紀曠不接。"謂已見疏於文帝，猶婦見棄於其夫也。

《棄婦》篇子建見疏於文帝，屢遷國邑，有才而不見用，自嗟屏逐之臣，故以棄婦自喻。

《公讌詩》此在鄴宮與兄丕讌飲。[1] 時武帝在，故稱丕爲公子。

《贈徐幹》和氏，植自喻。謂己有獻寶之責，而已遭刖也。知己，植自指。謂徐幹俟已，而己之冠亦被敝棄也。

《贈丁儀》首四句，賦景物。"朝雲"四句，喻用才則民被其澤，棄才則國無所獲。"在貴"四句，譏時之貴臣不以薦賢下士爲意。末四句，自矢不棄良友。

《贈王粲》鴛鴦，喻粲。"我願"二句，喻己思引粲而無良會。"重陰"句，喻太祖，王粲最爲太祖所重，故末四句云爾。

《贈丁儀王粲》從軍，謂建安三十年曹公西征張魯。皇佐，指魏太祖。權家，謂兵法之權謀家也。君子，謂丁、王也。丁時爲太子掾，位卑，故曰怨在朝。王時免官在家，故曰歡自營。歡怨皆有所不平，故勗之以中和。

《贈丁廙》："君子義休偫，小人德無儲。"偫，待也，一曰具也。儲，謂蓄積之以待無也。休偫，謂美而有餘也。

---

① "公讌詩"，陳校本、京華本、足本均作"公燕詩"。"讌"同"宴"。

《贈白馬王彪》第五首。同生,指任城王彰。桑榆,以日之將落喻人之將老,影響雖捷,尚不如將逝之年光其去更速也。

第七首。言有司逼迫太甚,時虞不測之禍,變生斯須間事耳,誰能保百年哉!

《游仙詩》。此亦《升天行》《五游篇》《遠游篇》《仙人篇》等作之旨。

《雜詩》第一首。之子、遠人,當有所專指之人,若徐幹之類。《易・小過》:"飛鳥遺之音。"謂欲托之寄音信於故鄉也,轉瞬而雁之形影已不見矣。

第二首。轉蓬、游子,似皆子建以自喻者。本根,指京師也。

第三首。良友,我君。皆喻思君之意。

第四首。此首自惜有才而不得及時見用也。

第五首。此即《求自試表》"願身分蜀境,首懸吳闕"之意。

第六首。此亦《求自試表》之意。

《閨情》。此亦與《棄婦》篇相近。

《七哀詩》。按:《樂府詩集》所載又有一首,音樂所奏凡二十八句,較本辭多十二句。

《情詩》。此代述久役不歸之情。"游魚"二句,言得所也。"眇眇"二句,言不如魚鳥也。

阮步兵集

《咏懷》第六首。此首阮公以邵平自比。"膏火"二句，亦譏趨附權勢者。

第九首。首四句阮公以伯夷自況。鵾鳩似亦刺趨時附勢之小人。①

第七首。魏甘露五年六月甲寅，司馬昭立常道鄉公，在月之三日，陳沆謂此詩即指此事。"三旬將欲移"云者，②謂過三旬即移秋節也。"願覩卒歡好"云者，③恐其復爲齊王芳、高貴鄉公之續也。第八首。陳沆以馨折忘歸爲譏黨附司馬氏者，未知然否。至謂末四句爲阮公自命之詞，鑒黃鵠之失路，寧燕雀以卑棲，則深得本指矣。

第十首。陳沆謂此章譏黨附司馬氏者。愚謂前六句似譏鄧颺、何晏之徒，後四句則自況之語，言雖不能避世高舉，猶可全生遠害耳。

第十三首。求仁得仁，猶求禍得禍，蘇李之誅，死自取之耳。

第十五首。此首自述其抗志自修，遯世無悶。"千秋"

---

① "鳩"，京華本、足本、陳校本均誤作"鴆"。鵾鳩，即杜鵑鳥。
② "旬"，華僑本誤作"日"。
③ "覩"，陳校本誤作"者"。

二句，言榮名不足稱。"羨門"二句，言長生不足慕，但求有自修之實耳。

第十八首。首四句，言魏祚將傾。"朝爲"二句，指前此被魏之恩澤者。"豈知"六句，言夏侯之屬云亡，殉國之人未見。景山松，似有所指之人，可信其勁節不改者。

第二十首。陳沆以此首與"二妃游江濱""昔日繁華子"二章同類並觀，皆以妾婦譏司馬氏也。國藩按：歧路染絲，言變遷不定，翻覆無常，不特燕婉之情如此。即國之存亡，亦不過一反覆間耳。

第二十一首。阮公自況之詩。

第二十八首。首四句，謂日往月來，月往日來，互有屈伸，不相仇怨。人生有達即有窮，有得即有失，又何怨哉？"豈效"二句，言不學世上小兒營營乾求。朱鱉，阮公以之自況，亦遠游遺世之意。

第三十二首。此亦汲汲自修之意。

第三十四首。《揚雄傳》云："君子得時則大行，不得時則龍蛇。"龍蛇者，一曲一直，一伸一屈。如危行，伸也。言孫，即屈也。此詩畏高行之見傷，必言孫以自屈，龍蛇之道也。

第三十五首。"願攬"二句，有魯陽揮戈駐景之意。"白日不移光"云者，欲使魏祚不遷移於晋也。"天階"二句，言手無斧柯，無路可以迴天也。

第三十六首。無形，言無生之始也。《莊子》："溯其始而本無形。"非徒無形也，而本無生。翳華樹，日中時也，至冥則夕矣。

第三十七首。天之道，陰求陽，陽求陰，氣也；人之道，男求女，女求男，情也。古人以不遇爲不偶。《詩》《騷》之稱美人，皆求君求友也。此詩之望所思，亦求友之意，似有所指。言天時既嘉，道路無塵，而美人不來，能無感慨？

第三十八首。此首有屈原遠游之志，高舉出世之想。

第三十九首。此首似指王淩、諸葛誕、毌丘儉之徒。①

第四十一首。首四句，謂晉氏網羅人才，庸庸者皆見録用。"生命無期度"以下，阮公自喻其游於世網之外。

第四十二首。首四句，言魏三祖時多良輔賢士。"陰陽"四句，指齊王芳以後之事。"園綺"八句，阮公以自喻也。上世士，即園綺伯陽之倫。

第四十三首。此首亦遠游遺世之念。

第四十四首。"焉敢"二句，當有誤字。淩風樹，亦阮公以自況者。有托根霄漢，終古不凋之意。

第四十五首。"幽蘭"四句，喻當世之賢士。"葛藟"二句，喻當世之在勢者。

第四十六首。此首《藝文類聚》所載與今本不同，而義意

---

① "毌"，原本作"母"，陳校本、足本、京華本均作"毌"。按：當爲"毌"。《辭源》："毌丘：(一)古地名。在今山東曹縣南。(二)複姓。漢有毌丘長，三國時魏有毌丘儉。"

近優。觀李善《文選》注,江文通《擬咏懷詩》所引與《藝文》同,亦一證也。今從《藝文》定正。國藩按:此首似以鷽鳩自比,以明不慕高位,不貪遠圖之意。

第四十八首。按,《上林賦》注:"焦明,似鳳,西方之鳥也。"此與鳴鳩並舉,殊覺不倫。末二句與前四句尤爲不倫,疑後人所附益也。

第四十九首。喬松,冀有國楨扶魏祚於將傾者。高鳥,自喻其遺世外也。末二句,謂有伯夷之心,而不學伯夷之迹也。

第五十首。明達,似指一死生、齊彭殤者言之。

第五十一首。首四句,言曹氏施厚澤於司馬,而遭其反噬。末二句,言司馬氏機智可怖。

第五十三首。"大要不易方"云者,謂貧富貴賤死生禍福,皆有自然之理,雖智巧萬端,不能逃出範圍之外。末二句,言花有榮必有落,人有盛必有衰也。

第五十四首。前八句,有遠游遺世之志。末二句,言己雖生於濁世,豈其玉石不分,隨衆人混混而昧於時代之變遷邪?

第五十五首。按"日夕將見欺"似用季平子"日入愿作事"。

第五十六首。鶺鴒且飛且鳴,《詩·小雅》及東方朔《答客難》皆以喻汲汲自修之士,此則似譏附勢之人。

第五十七首。首四句,有時移勢異、舉目山河之感。"翩翩"二句,言時移勢殊,我亦遺世遠舉,不效世之聾瞶、貪戀祿位、茫然不知,玉步之已改也。

第五十八首。此首亦有高舉遺世之意。末二句,似譏拘守禮法之士。

第五十九首。二三者,似亦刺魏臣而二心於晋、旋盛旋敗者。

第六十一首。少年欲從軍立功而晚節悔恨者,念仇敵不在吳蜀,而在堂廉之間也。

第六十二首。此首或指孫登、嵇康之流。

第六十三首。此首自述其韜精匿志、觀物自怡之素。

第六十四首。首二句與第九首相似,而基字不如岑字之穩。末句思妖姬,語尤不倫。疑非阮公詩,後人附益之耳。

第六十五首。以王子晋比曹芳,以浮丘比司馬懿。

第六十七首。此首似譏司馬懿厚貌深情,善自矯飾。

第六十九首。明珠句,似用鄒陽明珠暗投之意。干,即投也。並一餐,即並日而食也。將損彼之有餘益我之不足,而愁毒已生,公道不可持也。

第七十一首。此首有冉冉將老,修名不立之感。

第七十二首。首四句刺馳騖於名利之途者,勢路有所由,謂趙孟能賤之也。“更希”句,即毀方瓦合,儉德避難之意,末句疑有誤字。

第七十三首。前六句似刺賈充、鍾會之徒。

第七十四首。“寧子”二句,謂寧戚非全不知道者,而飯牛之歌果爲何事？而肯以身殉之也！薄寧戚而慕巢由，阮公之志事著矣。咄嗟，猶須臾也。言榮來辱去，辱來榮去，不過須臾間事，吾但味吾道真而已。

第七十六首："秋駕安可學，東野窮路旁。"秋駕，作"税駕"者誤。《莊子·逸》篇："尹儒學御，三年而無所得。夜夢受秋駕，明日往朝師。師曰：'今將教子以秋駕。'"注曰："秋駕，法駕也。"國藩按："秋駕"二句，言有才終至蹉跌。東野稷馬力已竭事見《莊子》。

第七十七首。此首謂死不足憂，但恐有平生親好迫之死於非命。"同始異支流"，謂少年相好之人，中道異趣也。雛怨非他人，乃平生親昵朝夕聞見之人。一旦異趣，談笑之際，睇睞之間，已成胡越。此有憂生之嘆矣，末句疑有誤字。

第七十八首。終身履冰，下學上達，皆嗣宗吃緊爲人處。

第七十九首。鳳皇，阮公自況也。"處非立"三字疑有誤。

第八十首。望佳人而不見，招松喬而不來，將抱孤芳而長逝耳。

第八十二首。此與四十四首、七十一首語意重複，別無精義。疑亦後人附益之也。

陶淵明集

《神釋》。"日醉"二句，辨形贈影之言。"立善"二句，辨影答形之言。

《九日閒居》"時運傾",指易代之事。"淹留無成",騷人語也。今反之謂事業則無所成,於道德豈無成耶?

《游斜川詩序》《淮南子》:"昆侖山有層城九重。"陶公因目中所見之層城,而遥想昆侖之層城。觀上文"臨長流,望曾城"句,當時斜川有山名曾城,故愛其佳名與昆侖同耳。駱庭芝云:"曾城,落星寺也。"然云"獨秀中皋",則是指山,非指寺矣。

"中觴縱遥情。"中觴,猶大謝詩之"中飲",即酒半也。

《示周續之祖企謝景夷三郎,時三人皆講禮校書》:"相去不尋常。"言不近也。

"祖謝響然臻。"《薦禰表》:"群士響臻。"

《怨詩楚調示龐主簿鄧治中》《古今樂録》載怨詩始於卞和,繼以班婕妤,蓋傷不見知之意。此篇之末,亦傷世無知己也。

《答龐參軍詩序》:"本既不豐。"謂素癃瘠也。

《五月旦作和戴主簿》:"回復遂無窮。"去復來,來復去也。

"晨色奏景風。"《史記·律書》:"景風者,居南方。"

《移居》:"相思則披衣。"言起往相訪也。"此理"二句,言此樂不可勝,無爲舍而去之也。

《於王撫軍座送客》。王弘爲撫軍將軍、江州刺史,庾登之爲西陽太守,時被徵還京。謝瞻爲豫章太守,時將赴郡。王撫軍於溢浦餞之,或邀陶公預宴。

"懸車斂餘暉。"《淮南子》:"日至悲泉,是謂懸車。"

《與殷晋安別》。"良才"句,指殷;"江湖"句,陶公自指。

《贈羊長史》。劉裕破秦以後,霸業已盛,玉步將更。故前有思游中都而九域未一,今者九域已一而世代將改,但當從綺甪游耳。① 駟馬不貰憂患,② 貧賤或多歡娛,亦公之素志也。

《始作鎮軍參軍經曲阿》。謂無心遇之也。觀一苟字,明其爲適然相值,非有意就此參軍也。

《庚子歲五月中從都還阻陰風于規林》第二首:③ "巽坎難與期。"巽,順也。坎,險也。或曰巽,風也;坎,水也。

《癸卯歲十二月中作與從弟敬遠》。"平津"二句,言苟不慕公孫宏之丞相封侯,則棲遲山林,亦未爲拙也。不由,謂不由其道也。

《責子》舒儼、宣俟、雍份、端佚、通佟凡五人。舒、宣、雍、端、通皆小名。

《飲酒》第二首。榮啓期事見《列子》。至於九十,猶不免行而帶索,則自少壯至老,當年之飢寒不可勝述矣。

第七首。此首《文選》録入《雜詩》中。

---

① "甪",陳校本誤作"角",足本誤作"用"。"綺"指綺里季,"甪"指甪里,用"綺甪"代指商山四皓。

② "不"當作"無"。"貰",華僑本、足本均誤作"貫"。不貰憂患,不能避憂患。

③ "還",原本誤作"邊"。華僑本脱"還"字。

　　第十一首："顏生稱爲仁，榮公歸有道。"歸，猶稱也。《論語》："天下歸仁焉。"稱其仁也。曹植詩："衆工歸我妍。"稱其妍也。此歸字與上句稱字對舉互見。

　　第十三首。晉宋間以同居爲同止。兩人同居，一醉一醒，淵明以醒者規規爲愚，而醉者傲兀差穎耳。

　　第十六首："孟公不在茲。"孟公，陳遵也。

　　第十八首。末句用柳下惠事。蓋以揚雄、柳下自比。陶公與親舊亦好縱言罔論，但不言禪代事耳。

　　第十九首。彭澤之歸在義熙元年，此云復一紀，則賦此《飲酒》當是義熙十二三年間。①

　　《止酒》首六句止字俱不貼酒說，末二句止字亦不貼酒。

　　《述酒》按：湯文清公漢注《述酒》詩，定爲廋詞隱語，蓋恭帝哀詩。

　　"重離照南陸。"司馬氏出重黎之後，以"離"爲"黎"，故爲錯亂也。

　　"素礫晶修渚，南岳無餘雲。""修渚"指長江，即江左也。此二句言氣數衰謝已，上言晉室南渡，國雖未亡，而勢已分裂矣。

　　"豫章抗高門，重華固靈墳。"劉裕初封豫章王。重華，謂恭帝禪宋也。

_____

　　①　"間"，原本誤作"聞"。

"流淚抱中嘆，傾耳聽司晨。"因恭帝之弑，故流淚長嘆而達曙。

"神州獻佳粟，西靈爲我馴。"義熙十四年，鞏縣人獻嘉禾。西靈，當作四靈。裕《受禪文》有"四靈效徵"之語。

"諸梁董師旅，芈勝喪其身。"① 葉公殺白公勝，喻裕翦宗室之有才望者。

"山陽歸下國，成名猶不勤。"《諡法》：不勤成名曰靈。二句以魏降漢獻爲山陽公而卒弑之，喻裕廢帝爲零陵王而卒弑之也。

"安樂不爲君。"安樂公蓋以劉禪比恭帝。

"平生去舊京。""卜生"句、"平生"八句，不甚可解，湯公之説亦不可通。

"峨峨西嶺內，偃息常所親。天容自永固，彭殤非等論。"西嶺，當指恭帝所葬之地。謂偃息丘山，天容自固，豈與尋常之壽夭並論哉！

《擬古》第二首："聞有田子泰，節義爲士雄。"田疇，字子泰，事劉虞。虞爲公孫瓚所害，誓爲報仇，不遂。陶公蓋以疇自比。

第六首："稷下多談士，指彼決吾疑。"稷下決疑，亦詹

---

① 各本均誤作"芊"，當爲"芈"。芈，楚國國姓，芈勝是已故楚平王太子建的兒子。《史記·楚世家》："惠王二年，子西召故平王太子建之子勝於吳，以爲巢大夫，號曰白公。"

尹問卜之類。淵明不仕之志久定，姑托爲訪卜稷下之辭耳。

第七首。前六句，公自咏。後四句，嘆趨時附勢之人。

第八首。首陽、易水、伯牙、莊周，陶公之志事可見矣。

第九首。兩晋立國本無苞桑之固，干寶論之詳矣。末二句，似追咎謀國者之不臧。

《雜詩》第一首："落地爲兄弟。"言隨處相逢皆兄弟也。

第三首。此篇亦感興亡之意。

第四首。"不知老"句貫下六句。謂自少至老，祇在一邱一壑之中，與親戚子孫相聚。正與"四海"句相反。末四句，謂死後縱有空名，而生前冰炭滿懷，已不勝其苦矣。

第七首："素標插人頭，前途漸就窄。"素髮在頭，若標識然。前途漸窄，猶云來日漸短也。

第八首。代耕，祿也。既失其方，則寒餒乃其理也。

第九首。淵明未嘗有游行之役，似因故國已亡，譬若遠行在外，無家可歸，托爲之辭。後二首，亦有行役之感，不甚可解。

《咏貧士》第一首。雲見而隨滅，鳥出而復歸，皆喻己之甘守故轍，早賦歸來也。

謝康樂集

《述祖德詩》："弦高犒蟜師。"蟜，舊作晋。《呂氏春秋》

載秦三帥對弦高之言曰："螓之道也，迷惑陷入大國之道。"高誘注曰："螓，國名也。"

"明哲垂經綸。"明哲，指祖玄也。

第二首。河外，謂洛陽。西晉一失，不復反正也。江介，謂金陵。東晉疆宇日蹙也。賢相，謂祖玄也。舜分十二州，東晉時有其七，故曰七州。

《九日從宋公戲馬臺集送孔令》。① 時哲、歸客，皆指孔令也。《毛詩序》曰："《鹿鳴》廢，則和樂缺矣。"此云"隆所缺"，謂尚有鹿鳴之意。孔以養素爲榮，而己以戀位爲辱，故云"愧將別"。

《從游京口北固應詔》玉璽、黃屋二事，皆因辨名教而立之等威也，若道則有超乎二事外者矣。

《永初三年七月十六日之郡初發都》："始得傍歸路。"靈運之永嘉，必途經始寧。故宅及祖父丘墓皆在始寧，故曰傍歸路。

《鄰里相送至方山》。資寡欲之理，爲幽棲之道，豈止年歲之別，將有終焉之志。

《富春渚》："外物徒龍蠖。"徒龍蠖云者，聽其或屈或伸，於己心了若無與也。

《七里瀨》："遭物悼遷斥，存期得要妙。"物，外物也。期，襟期也。

---

① 原本脫"集"字。

《晚出西射堂》："含情尚勞愛，如何離賞心。"言鳥含情尚知勞愛，況乎人而離於賞心也。

《登池上樓》。虯以深潛而葆真，鴻以高飛而遠害，今以嬰俗網，故有愧虯鴻也。

"新陽改故陰。"《神農本草》曰："春夏爲陽，秋冬爲陰。"

《游赤石進帆海》。永寧、安固二縣中路東南便是赤石，又枕海。"仲連"句，明海上之可悅。"子牟"句，言雖悅海上，仍不忘朝廷。

《游嶺門山》詩："威摧三山峭，濿汨兩江駛。"威摧、濿汨，皆疊韻連綿字。

《田南樹園激流植楥》：①"樵隱俱在山，繇來事不同。不同非一事，養痾亦園中。"樵者在山，隱者亦在山。老圃在園，吾之養痾亦在園。所以在園者亦不同，故曰"不同非一事"。

《於南山往北山經湖中瞻眺》："解作竟何感，升長皆豐容。""解作""升長"，用二卦名。

《還舊園作見顏范二中書》。"聖靈"句，謂宋高祖。"微尚"句，謂歸隱之志未遽宣陳也。"事躓"句，言媿不似史

---

① "楥"，原誤作"援"。楥，柜柳的別稱。

魚兩如矢之直也。① "心惬" 句，言慕孫叔敖三去相之賢也。兩如、三避，歇後語，究未稱惬。"盛明" 二句，指宋武帝。"殊方" 二句，謂己昔蒙召用。

《酬從弟惠連》。首章喜惠連之來會。次章喜其聚而慮其離。三章叙別後得其來詩。

《初發石首城》。"日月" 句，指宋太祖也。"成貸" 句，貸施也。既貸其性命，又予以官職，故曰兼茲。"晨裝搏曾颸"，曾颸，猶層飆也。搏字用《莊子》"搏扶搖羊角" 字。"再與" 句，前之永嘉，今適臨川，故曰 "再與朋知辭"。

《道路憶山中》越客，靈運自謂。楚人，指屈原。"存鄉" 句，亦指屈原。

"自已爲誰纂。" 已，止也。纂，繼也。《莊子》曰："夫吹萬不同，而使之自已也。" 言情已止矣，不解因何復纂也。

《擬魏太子鄴中集詩》第二首王粲。"秣馬赴楚壤"，粲至荆州也。上宰，指魏武帝。"云騎" 二句，謂平劉表也。

第三首陳琳。相公，指魏武帝。明德，指魏文也。

第四首徐幹："中飲顧昔心。"《説苑》："晉靈公欲殺趙宣孟，而飲之酒，宣孟知之，中飲而出。" 國藩按：中飲，猶曰酒半也。鄭注《天官・小宰》"中字別之"，《三國志・周瑜傳》"中江舉帆"，兩中字與中飲略同。

---

① "兩"字疑衍。

　　第五首劉楨“朝游牛羊下，暮坐塒揭鳴。”塒揭鳴，疑當作塒揭鳴。“揭”與“桀”音義同。塒揭鳴，即鷄鳴，[①]謂晨也。朝游則至於夕暮，坐則達於晨也。

鮑參軍集

　　《采桑》。《陌上桑》本秦羅敷拒絕挑者之辭。《樂府解題》謂《采桑》亦出於《陌上桑》。國藩按：《陌上桑》謂夫不在而拒人，此則似與夫同處者。

　　《代放歌行》。《放歌行》一曰《孤兒行》，一曰《孤子生行》。言孤兒爲兄嫂所苦，難與久居也。鮑照此詩則言榮利之場不宜輕入也。此詩首四句，以蓼蟲之習苦，喻世之習於榮利臙仕，沉溺而不反者。“鷄鳴”八句，極言榮利之場，衆所共趨。“夷世”十句，蓋反言以見意，向使君非愛才嫌猜不斷，則不能不臨路遲回矣。

　　《代陳思王京洛》篇第一首。“春吹回白日”四句，言時移事異，盛極必衰。

　　《代門有車馬客行》。《門有車馬客》皆言問訊，其客備叙市朝遷變親友凋落之意也。鮑詩則並叙此客旋又別去。篤行李，猶云珍重道途。

《代東武吟》。《東武吟》傷時移事異，榮華徂謝也。此專言苦戰老將，傷時事之移易。"始隨張校尉"，張騫也。"後逐李輕車"，李蔡也。"密途"二句，密，近也。"近途猶萬里"，則遠者可知。"寧歲猶七奔"，則多事時可知。

《代出自薊北門行》。《出自薊北門行》大致與《從軍行》同，而兼言燕薊風物，此則並及忠節矣。

《代陳思王白馬》篇："埋身守漢境，沈命對胡封。"埋身沈命，皆堅志赴敵之意。

《代昇天行》《昇天行》本求仙之意，而此詩"窮途"二句，似亦譏學仙者。

《松柏》篇："行女游歸途。"行女，已嫁之女。

《代苦熱行》。前言苦熱瘴毒，末言從軍死地，勞多而賞薄。

"菵露夜沾衣。"菵，草名，有毒，其上露，觸之肉即潰爛。

《代結客少年場行》《結客少年場行》本言輕生重義，慷慨以立功名者。此則兼言晚節坎壈之狀。

《答客》對客自陳素抱而終問之，[①] 亦屈原《卜居》之旨。

《從臨海王上荆初發新渚》。首二句襲王粲《從軍

---

① "抱"，原本誤作"炮"，從文意應作"抱"。

行》調。

《咏史》："寒暑在一時。"所好生毛羽，所惡成瘡痏。勢利所在，變態須臾，故曰"寒暑在一時"。

《擬古》第一首。自傷不遇，不如魯客之宦成名遂。

第二首。前十句，以舌端筆鋒，跌宕自喜。"晚節"四句，僅以和戎見長，悼本志之變化。末二句，言今之事已異於昔之志，則後之遇當又異於今之事矣。

第三首。志在立功邊郡。

《紹古辭》第七首："憂來無行伍，歷亂如覃葛。"《詩》："女子善懷，亦各有行。"似爲明遠此句之所本。

《學劉公幹體》第三首。① 以朔雪自比其歲寒皎潔之性，以桃李比側媚之子希世取寵者。茲晨，冬也。艷陽天，春也。

《白雲》此亦輕舉遠游之意。

《行藥至城東橋》。② 此詩亦感春之屬。前十四句，言衆人爭名爭利，擾擾不休。末四句，言容華銷歇，不勝感嘆。

"開芳及稊節，含采吝驚春。"二句以草喻人也。吝，惜也。草始而開芳，既而含采，草極茂則有驚春之象，盛極則必衰，故可惜也。

---

① "幹"，原本誤作"幹"。
② "藥"，華僑本誤作"樂"。魏晉南北朝士大夫服用五石散後，漫步以散發藥性，謂之"行藥"。

謝宣城集

《暫使下都夜發新林至京邑贈西府同僚》:"驅車鼎門外,思見昭邱陽。"成王定鼎於郟鄏,其南門名定鼎門。此借用以指建康之南門,昭邱指荆州。

《郡內高齋閑望答吕法曹》:"若遺金門步。"若字有倘能之意。

《新亭渚別范零陵》:"洞庭張樂地,瀟湘帝子游。雲去蒼梧野,水還江漢流。"洞庭、瀟湘,皆范赴零陵經過之道。蒼梧則更在零陵之南,故曰雲去。零陵之水必須由江漢、金陵以東入於海,故曰水還。

"廣平"二句。言范同廣平而聲聽方向籍,己當居茂陵之下,將於彼而求見。

《忝役湘州與宣城吏民別》:"下車遽暄席。"暄席,即暖席也。後世譏蚍户銑溪,亦此類耳。

《晚登三山還望京邑》:"灞涘望長安,河陽視京縣。"以灞陵、河陽比三山,以長安、洛陽比石頭城。

《始出尚書省》。朓兼尚書殿中郎,高宗輔政,以朓爲諮議領記室,故出尚書省也。逢休明,謂齊武帝時也。"宸景"句,謂武帝崩也。"繼體"句,指鬱林王昭業也。"英袞"二句,謂明帝廢鬱林王、海陵王而即位也。明帝即高宗也。輕生，似朓自稱之辭，猶自稱微生、小生也。辭宫闕，出尚書省也。陪旌榮，爲諮議領記室也。

《和王著作融八公山》："西距孟諸陸。"《周禮》曰："正東曰青州，其藪曰孟諸，亦在八公山之東。"而云西者，避上文耳。

"素景淪伊穀，阽危賴宗袞。微管寄明牧，長蛇固能翦。"素景，晋也。伊穀，洛陽也。淪者，謂懷愍陷於賊庭。宗袞，指謝安。明牧，指謝玄。

"春秀良已凋，秋場庶能築。""春秀"句謂年華已逝。"秋場"句謂終當歸田。

《和伏武昌登孫權故城》。"北拒"句，謂周瑜破曹操於赤壁。"西龕"句，謂陸遜破劉備於西陵。"卜揆崇離殿"，卜揆有《詩》"卜云其吉，揆之以日"，指吴相宅於武昌也。茂宰，指伏勞容。幽客，朓自謂也。

卷七　集二

湘鄉曾國藩著　湘潭王啟原編輯

李太白集

《古風》第二首。"蟾蜍"句，暗指楊妃。"螮蝀"句，指祿山陷京師。兩耀，謂玄宗在蜀，肅宗在靈武。

第六首："蟣虱生虎鶡。"按：《上林賦》："蒙鶡蘇、絝白虎。"蓋畫鶡蘇以爲冠，畫白虎以爲袴也。此云蟣虱生虎鶡，蓋蟣虱生於衣袴之上也。

第十二首。君平、騶虞、鷟鸑皆太白以自比。

第二十首。此首亦志在學仙。

第二十一首。此首言曲高寡和。

第二十二首。此首有倦游思歸，落葉糞根之意。

第二十三首。此首悲年光之迅駛。

第二十六首。美女求偶，皆喻賢才求主。不獨此首爲然，亦不獨公詩爲然。

第二十七首。此首亦悲時光之易逝。

第二十八首。此首亦欲高舉出世。

第二十九首。"大儒"二句，有《莊子》儒以詩禮發冢事。

第三十一首。此首亦感時節之早謝。

第三十二首。此首自況，即賦大鵬之意也。

第三十三首。此首似天寶末徵兵討閣羅鳳，即白太傅《新豐折臂翁》之詩意。

第三十四首。此首刺當時文士之以雕飾奪天真者，即第一首"綺麗不足珍"之意。

第三十五首。此首戒懷材者不宜自炫，宜以老子、魯連爲法也。

第三十六首。前六句，言積誠可以回天。後六句，言眾口可以鑠金。理有定而事無定，反復感嘆。

第三十七首。此首喻賢才處幽谷，須有汲引之者。

第三十八首。此首言萬事反復，波瀾千變。

第三十九首。① 此首亦自況之辭。

第四十首。此首即屈子《遠游》之意。

第四十二首。此即郭景純所譏"燕昭無靈氣，漢武非仙才"之意。

———————

① 華僑本無此條目。

第四十三首。此嘆華士不能久榮。

第四十四首。此首志在高舉出世，亦自況之詩。

第四十五首。此嘆承平時權門之盛，今已衰歇。

第四十六首。末二句自況，即陶公“凝霜殄異類，卓然見高枝”之意。

第五十一首。此首亦歲不我與之意。

第五十八首。此首即翟公署門之意。老杜《貧交行》亦同此慨。

《古朗月行》。按：“蟾蜍蝕影”“陰精淪惑”等句，似亦諷讒陷蔽明之意。

《上之回》。渭川老，文王訪賢也。襄野童，黃帝問道也。瑤池宴，穆王佚游也。末四句，似有所諷。

《門有車馬客行》“北風”二句，言兩京俱陷，借古題以傷時事。

《東海有勇婦》《魏鼙舞五曲》中一曰《關中有賢女》，太白作此代之。

《白馬篇》言人當立功立事，盡力爲國，不可念私也。鮑照、沈約之作，則言邊塞征戰之事。

《秦女休行》。左延年辭言秦女休爲燕王婦，爲宗報讐，①

---

① 原文作“讐”，但應爲“仇”。

殺人都市，遇赦得免。傅玄詞言龐娥爲報仇殺人，[①] 以烈義稱。太白此辭擬左延年。但左、傅俱用長短句，太白但用五言，爲小異耳。

《東武吟》傷時移事異，榮華徂謝也。

《短歌行》。魏武帝《短歌行》有身世多憂、汲汲求賢之意，各家多及時行樂之意。

《空城雀》。按：《空城雀》自鮑照以下，皆有含辛茹苦、守分安命之意。

《紫騮馬》。郭集以《紫騮馬》爲從軍久戍懷歸而作。此詩末二句反之，語愈沈痛。

《豫章行》。按：《豫章行》，陸機、謝靈運之作言壽短景馳，容華不久。傅玄之作言盡力於人，終以華落見棄。太白此作，則似從軍之辭。

《對酒》。按：魏武帝賦對酒，其旨言王者德澤廣被，政理民和，萬物咸遂。范云以下則言但當及時行樂。

《去婦辭》。按：自從二字疑衍。通首皆五言，不應著此一七字句。按此顧況《棄婦辭》也，後人竄入太白集中。

《長歌行》。按：《長歌行》言人當努力爲樂，無至老大乃傷悲也。

《贈徐安宜》"浮人若云歸"，浮人，猶流人也。"游子滯

---

① "玄"，原本因避諱作"元"，今改作"玄"。下同。

安邑"，游子，太白自謂也。

《贈任城盧主簿潛》："海鳥知天風。"海鳥，太白自喻也。

《早秋贈裴十八坦》"撫琴發長嗟"以上十句，太白自咏也。

《贈范金鄉二首》前一首自述，次首頌范。觀"枉清昕""相招攜"等句，似范有書邀太白東游也。"桃李"二句，謂縱無書信人，猶願攀附而來。"那能"二句，言況復有書相招也。

《玉真公主別館苦雨贈衛尉張卿》第二首。前路備陳苦雨愁寂之狀，末八句自露英雄振奮之概。

《贈韋秘書子春》首八句，論賢者宜濟世，不宜高隱。"惟君"八句，言韋門第甚盛，不宜久於秘書。"且復"八句，叙韋暫歸山中。末八句，叙兩人交誼。"卻顧女兒峰"句，女兒山河南府宜陽縣，韋秘書此時當暫歸山中，行將復出也。

《贈何七判官浩》五字句中跌宕乃爾。

《讀諸葛武侯傳書懷贈長安崔少府叔封昆季》用崔州平影入少府，針綫痕迹宛爾可尋。

《贈崔侍御》楊齊賢本無末二句，似以無之為是。如有此二句，"赤草使"必有誤字。①

---

① 陳校本引王琦《李太白全集》注："繆本下多'何當赤草使，再往召相如'二句。"

《贈新平少年》："搏擊申所能。"亦有李廣斬霸陵尉之意。太白千古英豪，度量亦殊不廣。

《書情贈蔡舍人雄》首八句，自敘夙有用世之志。"遭逢"十句，敘被讒去國。"皇穹"十句，敘讒謗得雪，再被恩寵。"夫子"四句，頌蔡將得志乘時。"我縱"句至末，自述邈然高蹈之志。

《贈別從甥高五》三朝，謂歲朝、月朝、日朝，即正月元旦也。見《漢書·谷永傳》。觀"貧家羞好客"六句，蓋高五至公家辭別，而公愧款接不能豐腆耳。

《贈裴司馬》通首皆用比體。"愁苦不窺鄰"，於人無怨也。"泣上流黃機"，反身修德也。"天寒"四句，動心忍性也。"容華世中稀"，增益其所不能也。

《贈從孫義興宰銘》元惡，謂安史之亂。疲人，即疲民也，因避諱而作人。應桑林，用《莊子》庖丁解牛合於桑林之舞事，謂李銘與亞相投契，如響斯應也。

《贈溧陽宋少府陟》首四句，以李、宋二姓引入。"當聞"四句，① 喜相見而披豁情愫也。"威蕤"四句，指宋由京而至江南。"早懷"四句，自敘遭讒失志。末四句，敘投分之意。

《贈張相鎬》第一首。"昔爲管將鮑"以下皆自述也。

---

① "當聞"，原本作"嘗聞"，華僑本作"嘗"。

第二首。首二句，自叙家世本出李廣。“想像”六句，借晋事以喻明皇幸蜀。

《獄中上崔相涣》。太白坐永王璘事，繫尋陽獄，宣撫大使崔涣與御史中丞宋若思驗治，以爲罪薄宜貰。

《繫尋陽上崔相涣》：“毛遂不墮井，曾參寧殺人。”毛遂、曾參皆有兩人同名，事見《西京雜記》。太白引此以自比其遭讒之枉。

《贈劉都使》。此向劉都使借貸之詩，下語極有斟酌。

《贈常侍御》：“周秦保宗社。”周秦，謂東京。西京時尚未收復也。

《經離亂後天恩流夜郎憶舊游書懷贈江夏韋太守良宰》自首至“白日落昆明”三十句，自叙少時以謫仙之才，講匡時之略，曾承韋太守餞別於長安。自“十月到幽州”至“榮枯異炎涼”三十四句，自叙薄流燕齊，知禄山之必反而未敢信，又與韋相見於昌樂，親見韋秩滿歸朝之事。自“炎涼幾度改”至“兩京遂丘墟”，叙安史之亂。自“帝子許專征”至“何由訴蒼昊”二十六句，叙永王璘東巡，已因迫脅賜金而獲罪。自“良牧稱神明”至“天然去雕飾”三十句，叙至江夏後韋太守顧遇之厚，並贊其詩句之工。自“逸興橫素襟”至末三十四句，叙與韋綢繆日久，得聞赦書，仍思見用於世，破賊立功。

《贈宣城宇文太守兼呈崔侍御》首十二句，太白自叙高潔之性。"昔攀"十二句，自敘平生有滅胡之壯志。"蹉跎"十六句，自敘功名不遂，薄游江南，流連宣城之狀。"君從"二十句，頌宇文太守之賢。"光禄"至末二十句，敘太白與宇文交誼，兼及崔侍御。

《贈宣城趙太守悦》首十二句，敘趙世胄之盛。"憶在南陽"十二句，敘昔相見之早，並頌太守之賢。"遷人"十六句，謝趙款接之厚，仍冀其汲引也。

《自梁園至敬亭山見會公談陵陽山水兼期同游因有此贈》："黄鶴久不來，子安在蒼茫。"子明、子安俱於陵陽得仙，黄鶴棲於園，① 即子安之仙迹也。

《獻從叔當途宰陽冰》首六句，以蕭、曹、耿、賈引起陽冰，不甚精切。"浮雲"三句，言邑中艱難痛苦。

《安陸白兆山桃花巖寄劉侍御綰》。此等詩似謝宣城。

《聞丹丘子於城北山營石門幽居中有高鳳遺迹僕離群遠懷亦有棲遁之志因叙舊以寄之》叙嵩陽一會，旋别向雁門。洛陽一會，旋别向故園。脈絡分明，而行間一種跌宕飄逸之氣，獨邁群賢。

《淮陰書懷寄王宗成》前十二句，言昔在梁苑與王相會。"聚後"十二句，叙近至淮陰民懷。②

---

① "棲"，華僑本誤作"樓"。
② "民"，原本因避諱改作"心"。

《禪房懷友人岑倫南游羅浮兼泛桂海自春徂秋不返僕旅外書情寄之》自首至"白日凋華髮"，叙岑在嶺南。自"春氣變楚關"至"出望黃雲蔽"，叙已在尋陽。末八句，叙懷想之殷。

《自金陵溯流過白璧山翫月達天門寄句容王主簿》："故人在咫尺，新賞成胡越。"謂雖有新賞，而隔絕不得與同。咫尺萬里，如胡越也。

《留別西河劉少府》："聞傾魯壺酒，笑對劉公榮。"阮籍與王戎飲酒，不與劉公榮，謂其相知甚深，無所疑忌也。

《感時留別從兄徐王延年從弟延陵》首十句，叙李氏本老子貴胄，至唐而宗支蕃衍。自"哲兄"以下二十八句，叙徐王事。自"兄弟八九人"以下二十二句，叙延陵與己交契之厚。自"鳴蟬"至末十四句，述留別之意，時方枯旱也。

《竄夜郎於烏江留別宗十六璟》疑烏江及宗字誤。

《送王屋山人魏萬還王屋》首十六句，[1] 叙魏萬邈然獨往，高臥王屋。"入剡尋王許"句，王許，謂王羲之、許邁也。大江自三峽以下直至濡須口皆楚境也，故稱曰楚江。

《送溫處士歸黃山白鵝峰舊居》首八句，自叙曾游黃山。"亦聞"六句，叙溫歸白鵝峰。"鳳吹"八句，送溫去而又約

---

[1] 魏萬，嘗居王屋山，號王屋山人，後改名魏顥，是盛唐詩人李頎的晚輩朋友。

相訪也。

《送楊少府赴選》首十句，言吏部選政之平。"山苗"二句，有左思"鬱鬱澗底松，離離山上苗"之詩，而反其意。"夫子"四句，送其赴選之正文也。"衣工"句以下，太白亦有用世之志，冀時有山公者甄拔及之耳。

《送族弟凝至晏堌單父三十里》金鄉、單縣等處，村莊多名堌者，如今日定陶之冉堌、巨野之龍堌，皆巨鎮也。其字亦作固。《通鑑》有"薄旬固"。淶水，在單縣西南。

《送裴十八圖南歸嵩山》第一首。"風吹"句，謂賢人遭讒毀。"日没"句，謂小人鳴得意。

《江西送友人之羅浮》"君王從疏散，去墅借巢夷"二句，太白自謂供奉翰林，不合詔賜金還山也。

《宣城送劉副使入秦》："已過秋風吹。"言事過之後，略無形迹，猶云如浮雲之過太盛，如東風之射馬耳也。

《五松山送殷淑》：①"仲文了不還。"猶云仲文去已久也。

《登黃山淩敲台送族弟溧陽尉濟充泛舟赴華陽》"靜者伏草間"，②公自謂也。"空手"二句，極言處貧約者不得自伸。

《酬王補闕惠翼莊廟宋丞泚贈別》荒溪波、浩然津，皆太白所命之名。猶莊子稱建德之國、無何有之鄉耳。

---

① "殷"，原本誤作"般"。殷淑，道士李含光門人，道號中林子。
② "敲"，當作"歊"。嘉靖《太平府志》："黃山在府城北石城鄉……淩歊台在山頂，東南有石如案，高可五尺，頂平而圓，徑丈許，世傳劉裕避暑處。"

《答裴侍御先行至石頭驛以書見招期月滿泛尚庭》石頭驛，在嘉魚之上，白螺磯之下，去岳州百五十里。公時在江夏，裴以月之初三、四至石頭驛，約公速行，將以十五同泛洞庭。公答此詩，時當已過十五矣。原注稱石頭驛在金陵，失之矣。

《尋魯城北范居士失道落蒼耳中見范置酒摘蒼耳作》自詠。

《猛虎辭》古來《猛虎行》多言不以艱險變節，太白之《猛虎行》則自傷不遇耳。

《金陵鳳凰台置酒》："天老坐三台。"天老，力牧，黃帝之相。

《登金陵冶城西北謝安墩》首十句，叙元帝中興都金陵。"西秦"八句，叙謝安破秦兵事。"冶城"句以下，述登覽之懷。"胡馬風漢草"，馬牛其風，謂奔逸也。胡馬奔至漢地，因曰風漢草。

《九日登巴陵置酒望洞庭水軍》："齷齪東籬下，淵明不足群。"按：杜公譏四皓爲局促，太白譏淵明爲齷齪，自是詩人一時豪語，非定論也。東坡極稱"局促商山芝"爲杜公傑句，過矣。若謂其辭雖譏之，其意實欽之，乃爲窺見古人深處耳。

《自廣平乘醉走馬六十里至邯鄲登城樓覽古書懷》相如、廉頗，程嬰、杵臼，平原、毛穎三端，乃趙事之最大者。

《效古》第一首。此太白因晚節窮困，回憶昔年遇主寵榮之時。末二句反言之，凡寓言類多迷離其辭。

第二首。此哂妒己謠諑者，都無才望，皆碌碌庸流耳。

《擬古》第一首。此托爲思婦望征夫之辭。

第二首。此托爲貞婦不二心之辭，《陌上桑》羅敷作以自明其心者。

第三首。此托爲痛飲者及時行樂之意。

第四首。此香草以詒美人之意。

第五首。此卷舒自由、坦懷行樂之意。

第六首。此首指安史之亂。“六龍頹西荒”，喻明皇幸蜀也。“鴛鴦”二句，太白自喻，而在江南爲永王所污也。“維昔”二句，謂諸將不過鷹犬之材，忽躋侯王之尊也。

第七首。此首言仕途險巇，非己所可干，當立名於身後耳。

第八首。此首欲飲酒學仙，以遣愁思。

第九首。此與十九首中之“回車駕言邁”“去者日以疏”二首同意。

第十一首。此亦采芳以詒美人之辭。

第十二首。此亦托爲貞婦思夫之辭。

《寄遠》第一首：“寫水落井中，同泉豈殊波。秦心與楚恨，皎皎爲誰多。”寫水，即瀉水也。本鮑明遠“瀉水置平地”。“寫水”四句，謂彼此兩地，同一相思，未知情恨孰多耳。

第十二首："朝共琅玕之綺食。"琅玕，玉也，謂玉食也。

《蜀道難》。按：《樂府題解》曰："《蜀道難》備言銅梁、玉壘之阻，與《蜀國弦》頗同。"《尚書談錄》曰："李白作《蜀道難》以罪嚴武。後陸暢作《蜀道易》以頌韋皋。"而公所自注則曰諷章仇兼瓊，或故亂其辭邪？

《梁甫吟》。按：李勉《琴說》言曾子思其父母，撰《梁甫吟》。郭茂倩謂《梁甫吟》者，言人死葬此山，亦葬歌也。諸葛武侯之《梁甫吟》似吊賢士之冤死，太白此詩則抱才而專俟際會之時。

《烏夜啼》。按：郭集所引《唐書·樂志》《教坊記》皆云，宋彭城王義康聞烏夜啼，被赦，而作此曲。今郭集所錄諸詩，殊無及赦事者。

《春日行》。鮑照《春日行》，言春日泛舟飲酒。張籍《春日行》，言春日入園賞花。太白此詩，言泛舟而不願學仙。

《前有樽酒行》此題郭集錄者七家，大抵及時行樂之意。

《北風行》。鮑照、太白皆言北風雨雪，而行人不歸。

《鞠歌行》。按：《鞠歌行》言知己難逢之意。郭集《古今樂錄》曰："王僧虔《技錄》平調，又有《鞠歌行》，今無歌者。"陸機序曰："按漢宮閣有含章鞠室，靈芝鞠室，後漢馬防第宅卜臨道，連閣通池，鞠城彌於街路，鞠歌將謂此

也。"又東阿王詩"連騎擊壤",或謂蹵鞠乎?三言七言,雖
奇寶名器,不遇知己,終不見重;願逢知己以托意焉。

《中山孺子妾歌》郭集《漢書》曰:"詔賜中山靖王子噲
及孺子妾冰未央才人歌詩四篇。"① 如淳曰:"孺子,幼少稱
孺子。妾,宫人也。"顔師古曰:"孺子,王妾之有品號者。
妾,王之衆妾也。冰,其名。才人,天子内官,按此謂以歌
詩賜中山王及孺子妾、未央才人等爾。累言之,故云及也。
而陸厥作歌,乃謂之《中山孺子妾》,失之遠矣。"《藝文志》
又曰:"臨江王及愁思節士歌詩四篇、李夫人及幸貴人歌詩三
篇,亦皆累辭也。"國藩按:如郭之説,則靖王子噲也,孺子
妾冰也,未央才人也,三者平列。陸厥及太白辭皆失之。然
則古辭之郢書燕説者亦多矣。

《設辟邪伎鼓吹稚子斑曲辭》《鼓吹曲》皆軍中之樂。②
"耿介死不求"四句,亦烈士報國之志也。

《白頭吟》。郭集《古今樂録》曰:"王僧虔《技録》曰
《白頭吟行》,歌古《皚如山上雪》篇。"《西京雜記》曰:
"司馬相如將聘茂陵人女爲妾,卓文君作《白頭吟》以自絶,
相如乃止。"《樂府解題》曰:"古辭云:皚如山上雪,皎若
雲間月。又云:願得一心人,白頭不相離。"始言良人有兩

---

① "子噲",原本脱"子"字。
② 原本"仗"應爲"伎"之誤。原本脱"斑"字。

意，故來與之相決絕。次言別於溝水之上，叙其本情。終言男兒重意氣，何用錢刀爲。若宋鮑照“直如朱絲繩”、陳張正見“平生懷直道”、唐虞世南“氣如幽徑蘭”，皆自傷清直芬馥，而遭鑠金玷玉之謗，君恩以薄，與古文近焉。一說云，《白頭吟》疾人相知，以新間舊，① 不能至於白首，故以爲名。唐元稹又有《決絕詞》亦出於此。

《臨江王節士歌》《漢書·藝文志》云：“臨江王及愁思節士歌詩四篇。”是臨江王也、愁思節士也，二者平列。陸厥及太白之辭皆失之。庾信賦云：“臨江王有愁思之歌。”亦失之矣。

《司馬將軍歌》。按：劉曜之將平先破陳安於隴上，安部下爲《隴上歌》。太白作此擬之，而無悲傷壯士戰死之意，未詳何說。

《結襪子》。按：《漢書》：“王生使張釋之結襪，而釋之名愈重。”太白此辭大抵言感恩之重，而以命相許也。

《來日大難》。郭集所録諸家題皆曰《善哉行》，太白題曰《來日大難》。古辭云：“來日大難，口燥唇乾。”言人命不可保，當見親友，且永長年術，與王喬、八公游焉。

《猛虎行》。按：《猛虎行》多言不以艱險改節，太白此

---

① “間”，原誤作“閒”，華僑本誤作“簡”，應爲“間”。

詩則自傷不遇耳。"旖旌"以下八句,① 叙述安史之亂。"頗
似楚漢"以下十句,借張韓以自喻。"有策不敢犯龍鱗"以
下,則自叙其落魄不偶。宣城、溧陽,皆其所經之地也。

《玉壺吟》"鳳凰"以下八句,皆自贊之辭。"西施"四
句,傷不遇也。

《笑歌行》此首與《悲歌行》二首,皆非太白詩也。郭
茂倩樂府以《悲歌行》録入雜曲歌辭,以《笑歌行》録入新
樂府辭,不知有何區別?殆亦強作解事,不辨其爲贋作耳。

《扶風豪士歌》"洛陽三月"四句,言安禄山破東京。
"我亦東奔"四句,自叙避亂來吴,因至扶風豪士之家。扶
風豪士當亦秦人,而同時避亂於吴者。"扶風豪士天下騎"
以下十句,專贊其豪俠奇偉。"扶長劍"以下九句,自述其
高懷逸志。

《梁園吟》玩詩指,蓋公溯黄河而西赴長安過梁園時懷
古而作也。不知定在何時?或禄山未亂以前耳。

《鳴皋歌奉餞從翁清歸五崖山居》鳴皋山在河南府陸渾
縣,② 故曰伊陽。公此時與從翁俱在梁園,故從翁歸鳴皋,
應由嵩少經過也。

《勞勞亭歌》既以康樂自比,又以袁宏自比,但恨無邇

---

① "旖旌"當爲"旌旗"。
② "餞",陳校本、京華本均誤作"錢"。

逅相知如謝尚者，致寂寂獨宿空簾耳。

《東山吟》："浩浩洪流之咏何必奇。""浩浩洪流，帶我邦畿"，嵇康詩也。太白之意謂不戀戀於王畿耳。

《峨嵋山月歌送蜀僧晏入中京》觀"黃鶴樓前"二句，太白時在江夏見僧晏也。"我滯吳越"句，當指前事言之耳。

《和盧侍御通塘曲》結句似與起句相應，言會稽雖有邪溪，尚不如尋陽之通塘；會稽之梁孟，尚不如尋陽之盧侍御也。

《江夏贈韋南陵冰》"苦心不得申"一句以上，喜遷謫後相遇。繡衣，當即指潘侍御。南平，指從弟之遙也。頭陀寺在鄂州，宋大明五年建。

《憶舊游寄譙郡元參軍》"君留洛北"以上，洛陽相會，旋即相別。"我醉橫眠"以上，漢陽相會，[①] 旋又相別。"歌曲自繞"以上，晉州相會，旋又相別。"酂台之北"以上，關中相遇，旋又相別。四會四別，統名曰憶舊游。

《魯郡堯祠送竇明府薄華還西京》自"蛟龍盤"以上，均叙堯祠風景。自"君不見"以下，詼詭跌宕，變化離合，不可方物矣。

"高陽小飲真瑣瑣、山公酩酊何如我。竹林七子去道賒，蘭亭雄筆安足誇。"賒，遠也。謂竹林諸子去道甚遠也。四句

---

① "漢陽"，據李白原詩應爲"漢東"。

評貶古人之豪飲嘉宴不足尚也。

《單父東樓秋夜送族弟況之秦時凝弟在席》自“長安宮闕九天上”至末，①皆太白自傷曾爲近臣，有流落天涯之感。

《答杜秀才五松山見贈》：“銅井炎爐敲九天。”② 秋浦有銅有銀，南陵有銅官冶，即梅根冶也。

杜少陵集

《送高三十五書記》。國藩按：“王師”句、“窮荒”句、“慎儀”二句，皆不滿於哥舒之辭。

《苦雨奉寄隴西公兼呈王徵士》：“奮飛既胡越。”按：“奮飛”句言爲雨所阻，咫尺千里，不能奮飛，若胡越之相隔也。

《同諸公登慈恩寺塔》。按：昔賢謂以王母比楊妃，瑤池日晏比淫樂忘返。在杜公之意或有之，至謂虞舜蒼梧以二妃不從比楊妃之從游，又謂黃鵠比賢人遠引，陽雁比小人懷禄，則失之鑿矣。黃鵠蓋公以自喻，謂己有大志而卒無所遇，不如碌碌者多得溫飽耳。

《奉同郭給事湯東靈湫作》。按：首十四句，叙玄宗常以

---

① “況”，應爲“沈”。
② “爐”，陳校本誤作“鈩”。“敲”應爲“歊”。歊，《説文》曰：“氣上出也。”

十月幸驪山湯泉。"初聞"以下十六句，叙龍移湫之事。"陂陀"以下六句，[①] 錢箋以爲指安禄山入朝之事，似未必然。末四句，言郭給事有詩也。

《夜聽許十損誦詩愛而有作》："陶謝不枝梧。"枝梧，謂格格不入，互相撑拄，不相投契也。《漢書·朱雲傳》："連拄五鹿君。"拄，即枝梧不相讓之意。不枝梧，則相契合矣。

《自京赴奉先縣咏懷五百字》。按：自首至"顚愁絶"，自述生平大志勁節。自"歲暮"至"難再述"，因過驪山而嘆君臣歡娱，憂其荒淫兆亂。自"北轅"至末，叙涇渭改道至奉先，及到家情事。此詩作於天寶十四載十一月，而安禄山即於是月叛亂，詩中極究君臣歡娱，岌岌有亂離之憂，或禄山反叛已略有所聞邪？

《白水縣崔少府十九翁高齋三十韻》。按：是時安禄山已陷東都，而關中無恙，故因見華岳而言林巒皆有兵氣，川光亦雜鋒鏑也。相公軍，謂哥舒翰守潼關之師也。

《晦日尋崔戢李封》。按：阮籍等，即公自指，並指崔、李等也。"熟醉"句，"高其翔"句，皆謂只謀一身之樂，不恤天下之憂也。"長鯨"三句，指今天下之亂。

《送率府程録事還鄉》："義動修蟄蛇。"修蟄蛇，不知

所謂。

《塞蘆子》。按："扼兩寇"者，謂東扼高、①史等窺太原之寇，西則扼昆戎之寇。塞者，所以遮塞而扼守之也。錢氏謂塞蘆關而入，直搗長安，殊非塞字之義，亦非詩旨。杜公以書生談兵，未必有當於事理。然公之意，以延州爲秦之北戶，在長安之臂，扼此兩寇，則長安或可收復耳。末言胡行速如鬼，言我不疾驅塞之，胡將連行而入，則長安之守益固，援益厚，不復可克矣。

《北征》"憂虞何時畢"以上，將歸而戀闕，不忍遽去。"殘害爲異物"以上，叙述途次所見景物。"生理焉得説"以上，叙到家後情形。"皇綱未宜絶"以上，回憶至尊在鳳翔而憂回紇不可恃。末節追頌戡亂之功，而極抒望治之懷。

《遣興》第三首。按："時來"二句，謂天下多事，但展材力，早晚皆可致富貴也。"鹿皮"二句，公以自況，謂不思乘時自奮於功名，但忘機觀物耳。

《幽人》。按：此游仙詩之類。"洪濤"以下八句，自思一旦飄然長往，造此境界，以自適其適。"知名"二句，謂不欲學四皓留名於世也。"五湖"二句，自嘆束縛塵中，不能出世也。

《佳人》按：此詩不可解。當有一賢者曾居高位，後遭

---

① "高"當爲"安"。

屏棄，公敬慕而傷悼之，故作詩以嘆美之耳。"關中昔喪敗"
四句，當是實賦其事，前後皆以美人喻賢者。迷離其辭，使
人驟難尋求，與阮公《咏懷詩》相近。"在山"句，謂賢人
隱居未仕者。"出山"句，謂賢人已仕而因事爲時所棄，則
愛憐之者少矣。如李陵、房琯，雖爲史遷與杜公所重，而終
不爲時論所許，亦出山泉濁之類也。

《前出塞》。按：錢箋謂《前出塞》爲徵秦隴之兵赴交河
而作，刺主上窮兵開邊。其説近是。謂《後出塞》爲徵東都
之兵赴薊門而作，譏禄山逆節已萌而人主不悟，其説尚有未
當。兩詩皆公在秦州追憶前事而作，《前出塞》追咎天寶間
徵兵開邊，《後出塞》追咎至德間徵兵赴薊以討安史。觀
"坐見幽州騎"二句，則所憶者乃安史已破兩京以後之事，
非憶未亂以前之事也。

《兩當縣吳十侍御江上宅》。吳君因論賊諜，分別真僞，
酌予原宥而見黜。叙事雅潔，極不易學。

《青陽峽》末八句，謂登隴阪時氣象寥廓，眼界已爲之
一曠矣。不意兹山又突兀趁人，信造物之冥寞難測也。

《鹿頭山》。登鹿頭山，則成都沃野千里，如在目前，故
云"始喜原野闊，俯見千里豁"。

《贈蜀僧閭丘師兄》。按："嗚呼先博士"以下十六句，
均咏閭丘。"均晚看作者"二句，指僧也。"不獨卿相尊"
者，謂主上亦重之也。

《將適吳楚，留別章使君留後，兼幕府諸公，得柳字》自首至"扁舟落吾手"，自叙居蜀已久，將赴吳楚。"眷眷"八句，叙飲餞。末十二句，叙別意。

《寄題江外草堂》自首至"數能同釣船"，謂至成都經營草堂，數年乃成。自"干戈未偃息"以下，謂因亂至梓州，違離草堂，思憶之也。

《南池》自首至"富喬木"，叙南池景物。自"獨嘆"至"一川瀆"，叙漢主淫祀。末六句，唱嘆作收。

《草堂》。按：自"請陳喪亂初"至"自及梟獍徒"，叙寶應元年嚴武入朝，徐知道反，旋爲其下李忠厚所殺也。自"義士皆痛憤"至"此又足驚呼"，叙徐逆雖誅，而成都無主，紀綱大亂，誅殺無辜，但所謂"一國三公"者，不知指何人耳。自"賤子且奔走"以下，叙廣德二年嚴武再來鎮蜀，公自梓州復還成都。

《營屋》："不顧翦伐殘。"按：不顧，疑當作不願。謂前此甚好此竹，愛惜六載，不願伐之，茲晨將營屋，乃伐去千竿耳。

《太子張舍人遺織成褥段》叙事得雄直之氣，韓公五古多學此等。

《杜鵑》黃鶴本載舊本題注云"上皇幸蜀還，肅宗用李輔國謀，遷之西內，上皇悒悒而崩。此詩感是而作"。錢箋以是説爲然。國藩按：望帝禪位於開明，而自隱於西山，與明皇幸蜀而内禪於肅宗，其事略同。此詩及《杜鵑行》皆爲上皇而作，殆近之矣。

《鄭典設自施州歸》"列郡"句以上，敘鄭自施州歸。"北風"句以下，敘公亦思南行也。

《七月三日亭午以後較熱，退晚加小涼，穩睡有詩，因論壯年樂事，戲呈元二十一曹長》按："歘思"以下八句，蓋公回思少年時清秋射獵之樂。公他日有詩，所謂"放蕩齊趙間，裘馬頗清狂。春歌叢臺上，冬獵青丘旁"者也。

《牽牛織女》末句不可解。

《毒熱寄簡崔評事十六弟》"空床難暗投"云者，謂蝮蛇出於床間，不敢於暮暗時投身寢臥也。而執燭入室，又惡其炎熱，種種可憎，況乃心懷故鄉乎。公詩拙處往往如此，不可學也。

《贈李十五丈別》："玄成美價存，子山舊業傳。"李十五之父當有名位於時，故以韋賢、庾肩吾比之。

《暇日小園散病，將種秋菜，督勒耕牛，兼書觸目》自"采擷接青春"以上，敘散病種秋菜之事。自"飛來兩白鶴"以下，書觸目也。

《八哀詩贈左僕射鄭國公嚴武》："受辭劍閣道，謁帝蕭關城。"武自劍閣受玄宗之命，謁肅宗於靈武，亦與房琯、張鎬相同。

《八哀詩贈秘書監江夏李公邕》自"學貫天人際"以上，

渾贊其才與學。自"干謁走其門"以下，敘其多作碑版，鬻文獲財。自"往者武后朝"以下，敘其風骨崚嶒，勁直獲罪。自"伊昔臨淄亭"以下，公自敘獲交於李公，而記錄其論文之語。[①] 論文以下，述李公評論諸家之文。"是非張相國"，謂李於張之文有褒有貶，因此兩賢相厄，李爲張所排擠。鍵，猶機也。謂李之機鋒警捷，一發不能自閉也。"例及吾家詩"四句，謂李評論杜審言之詩。賞其嗣真之作，比之玉山之桂也。"鐘律"句，贊李論文法律之細。"鯤鯨"句，贊李才力之大。以上皆就論文言之。"陂陀"以下十句，則哀之耳。

《八哀詩故秘書少監武功蘇源明》蔡夢弼以肅宗復兩京辨別逆順，諸署僞官者皆伏誅，故有"范曄李斯"之句。獨源明以臨難不變其節，得知制誥，故有"茂松之況"云云。國藩按：肅宗收京之後，汙僞職者以六等定罪，殊不類范曄、李斯之事。不知公詩竟何指也？又"虜庭悲所遣"句，似蘇公曾奉命出使虜中，諭賊使反正而不效者。"胡爲投乳贊"句，似蘇公曾攖奸權之怒，摧折以死者。其事均不可考，詩旨亦難盡明。

《八哀詩故著作郎貶台州司户榮陽鄭公虔》"春深泰山秀"六句，追憶昔在長安與虔宴游之樂，所謂懷曩也。原注：

---

① "記"，京華本誤作"托"。

"著作與今秘書監鄭君審篇翰齊價，① 謫江陵，故有阮咸江樓"之句。

《八哀詩故右僕射相公張公九齡》自"寂寞想玉階"至"諷咏"句，叙張公仕宦出處，雖一生翶翔雲路，而不忘江湖之思也。"碣石"句，指安禄山。"天池"句，指李林甫。二人者乃張公之榛梗也。自"詩罷地有餘"至"未缺"句，叙張公詩文之美。

《往在》自首至"私泣百歲翁"，叙述禄山陷京師，焚毀宗廟之事。自"車駕既云還"至"罘罳行角弓"，述肅宗收京重修廟祀。而以末四句叙吐蕃再毀宗廟之事。自"安得自西極"至末，懸想中興致治之盛，而以結二句自抒不得還鄉之悲。豪邁蒼涼之氣，跌宕變幻之節，皆臻絕詣。

《昔游》自"是時倉廩實"至"起黃埃"，指禄山釀亂之由。"思滅胡"，謂禄山討奚、契丹也。"望三台"，謂禄山領范陽節度使求平章事也。"隔河"云者，杜公時游單父，在黃河之南；禄山領范陽，在黃河之北。當日見禄山之煩費驕貴，隔河長眺，不勝感歎，至今猶憶之也。

《壯游》"俗物都茫茫"以上，述少年意氣之盛。"忽如攜葛强"以上，叙歷游吳、越、齊、趙。"引古惜興亡"以上，叙至京師，豪氣漸衰，時事漸變。"鼻酸朝未央"以上，

① 原本脱"今"字。

叙祿山亂後，肅宗至鳳翔，公以拾遺諫爭獲罪，末節述暮年客蜀。

《敬寄族弟唐十八使君》唐十八流配施州，在夷陵舍舟登陸時，有書與公，公寄此詩酬之。

《送重表侄王砅評事使南海》自"盛事垂不朽"以上，述祖姑國初識英雄事。自"鳳雛無凡毛"以下，叙砅昔日避亂之情，今茲送別之感。

《咏懷》第一首。按：督有司以供軍儲，取民多財，多有不堪問者。"高賢"二句，如今日釐金局之類，雖賢者亦知其病民而不能遽去。"疲荼"二句，杜公自嘆有策而不得施也。

第二首。按：公蓋有意爲嶺表交廣之游，既而不果。

《送顧八分文學適洪吉州》自首至"鈎深法更秘"句，贊其八分之工。自"文學與我游"至"時危話顛躓"句，叙前後交誼之厚。"我甘多病老"至末，送別也。

《宿花石戍》："罷人不在村。"罷人，即疲民也。罷與疲同，民字避諱故作人。《周禮》曰："以嘉石平疲民。"《西征賦》："收疲民於西夏。"《文選》亦因避諱作疲人。

《奉贈李八丈判官》"泛愛惜衰朽"句，言李待己之厚。以下即自嘆其窮老也。

《入衡州》首十二句，言唐自安史之亂，紀綱一失，兵端遂多。自"嗟彼苦節士"至"明徵天莽茫"句，叙潭州刺史崔瓘清謹守法，將吏多不便之。兵馬使臧玠爲亂，瓘遂遇害。自"銷魂避鋒鋙"至"通郭"句,叙避亂入衡州。自"華表雲鳥埤"至"蚊蚋"句,叙衡州刺史楊濟及其客蘇渙討賊必勝。自"橘井舊地宅"至末,言將往郴州,依其舅崔偉及其掾張勸。

《白絲行》首六句,言白絲之美,自喻其材質。"美人"六句,言制衣之精,自喻其技能。末四句,言污壞棄置,自喻其不見珍於時。

《哀江頭》。按:《哀江頭》,弔楊妃也。"憶昔"八句,極言昔年貴寵奢麗。"明眸"四句,叙貴妃縊死,明皇入蜀,生死去住,彼此心傷。末四句,言其悲感。

《洗兵馬》。按:錢箋謂此詩刺肅宗而作,句句指摘。雖未必盡然,然"成王"六句,系指收京者乃二三豪傑,非靈武之從臣也。"鶴禁"二句,譏肅宗之有虧子道。"攀龍"四句,譏靈武諸臣之驟貴。皆詩旨之顯而易見者。

《石笋行》《石犀行》。按:兩詩皆前六句立案,後半乃譏議之。《石笋》則議其不實也,《石犀》則議其無益也。趙氏以爲《石笋》譏李輔國,恐未必然。

《杜鵑行》。按:此詩錢箋以爲哀上皇遷居西内。幽鬱孤寂之狀,似爲得之。

《投簡成華兩縣諸子》韓公學杜,與此等最相似。

《短歌行》璮瑋頓挫,跌宕票姚,可謂空前絕後。

《丹青引》首八句,贊其書畫。"開元"八句,叙其畫凌煙功臣。"先帝"十六句，叙其畫馬。末八句，叙其寫真。

《寄韓諫議》。按：《鄴侯外傳》："平生多遇異人，頗修真仙之術。"此詩"至京"以下六句，蓋隱約指其事。"似聞"四句，指鄴侯於玄肅間有定社稷之功。①"國家"二句，言己雖位卑而不忍不言。"周南"句，杜公自指。"南極"句，仍指鄴侯耳。

《釋悶》。按：湖城，在今閿鄉，即漢之湖縣，後魏之湖城縣也。代宗由長安幸陝，必過湖城。錢箋引晉元帝至湖陰事，失之矣。

《荊南兵馬使太常卿趙公大食刀歌》"如篗水""英雄弭"，俱不可解。

《王兵馬使二角鷹》："將軍玉帳軒翠氣。"《甘泉賦》："颺翠氣之宛延。"李善注曰："言宮觀之高，故翠氣宛延在其側。""昆侖虞泉入馬蹄。"虞泉，即虞淵，唐諱淵字也。

《白鳧行》。按：黃鵠，自喻其少年之遠志。白鳧，自喻其老年之貞節。中四句，自喻其窮困蹭蹬。末二句，言志士仁人蹭蹬者多，非僅我也。

《朱鳳行》。按：此詩與《鳳凰台》一首用意略同，均以鳳自況而思有濟於世。彼言鳳之心在致君，此言鳳之心在澤民耳。螻蟻、黃雀，皆民也。鴟梟，虐民之吏也。

---

① "玄"，原本因避諱改作"元"。

《清明》："金鐙下山紅粉晚，牙檣涗栧青樓遠。"二句謂舍馬登舟也。

《暮秋枉裴道州手札，率爾遣興，寄近呈蘇涣侍御》按：自首至"費鐙燭"，極寫得書歡忭之情。自"憶子初尉"句至"吹青春"，叙遷官甚速，冀其大用。末四句，憶其聚會燕語之時。"宴筵"二句，因裴公曾語及蘇，因叙與蘇交情之密。"茅齋"四句，與蘇往還親密也。"無數"三句，言群小得志。"蛟龍"句，言蘇不見用也。

《陪鄭廣文游何將軍山林》第三首："萬里戎王子。"《本草》："《日華子》云，獨活，一名戎王使者。"此花當是其類。

第四首："碾渦深沒馬。"按：碾渦，當是舊時水磨，今碾礎未必尚存，而其渦漩之水猶深可沒馬也。

第七首："棘樹寒雲色。"吳若本注："刊作楝。"①《爾雅》云："楝，赤楝白者。楝，山厄切。注云：赤楝好叢生山中，白楝圓葉而岐，爲大木。"國藩按：本句云"寒雲色"，下云"陰益食單涼"，自當作楝樹，非棘樹也。

《元日寄韋氏妹》此至德二載元日作。妹嫁韋氏，即《同谷七歌》所云"有妹有妹在鍾離"者也。鍾離，即今之鳳陽府，戰國時屬楚地。詩中"郢樹"句，指妹在楚境也。

① 《説文新附》："楝，楗也，從木，策省聲。所厄切。"

婦人稱其夫曰郎、曰伯。《詩》："自伯之東。"

《留別賈嚴二閣老兩院遺補諸公》二閣老，賈至、嚴武也。杜公家寓鄜州，① 彌年艱窘，詔許自往。視此將北征之時所作。

《至德二載，甫自京金光門出間道歸鳳翔；乾元初，從左拾遺移華州掾，與親故別，因出此門，有悲往事》按：公以至德二載疏救房琯獲咎，賴張鎬救全之。至次年，出爲華州司功。或爲當事者所排擠，非肅宗意也，故曰"移官豈至尊"。

《獨立》。按：草露，喻讒謗污染也。蛛絲，喻網羅冒罥也。天機雖自淡泊，無奈與人事日日相近，動輒得咎，故因有所見而感嘆。

《觀兵》。按：末二句，言不宜老師於鄴下，當直取燕薊賊巢也。

《秦州雜詩》第三首："州圖領同谷。"同谷，今在甘肅階州之成縣境，去秦州約二百里。

《懷錦水居止》："柴門豈重過。"謂此生不復能經過成都草堂也。

《將曉》第一首。"巴人"二句，應作一氣讀，謂巴人之

① "鄜州"，原本及各本均誤作"鄜州"。鄜州在今陝西省洛川縣，鄏州在今南陽。

往成都者常被梗阻，不得還歸也。

《奉寄李十五秘書文嶷》第一首："竹枝歌未好。"竹枝歌，巴渝之遺音，惟峽人善唱。

《洞房》八首。按：此八首當爲一時所作，可作一章讀。洞房、夙昔、能畫、鬥雞四首，追憶開元盛時時宮中淫樂之事歷歷。一首自嘆今日在夔淒涼之狀。洛陽、驪山二首，弔明皇之不終。提封一首，懲前而思所以慾後也。

《不離西閣》第一首："肯別定留人。"言不知西閣之意，肯別我乎？抑定留人乎？

《東屯北崦》浮生，杜公自言平生爲盜賊所困。異俗，謂居巴蠻異俗之地，亦多貧民也。

《朝》第一首："病身終不動。"終不動者，謂鵑與烏皆以晨而動，萬物皆靜極而動，惟己因病終不動也。

《宴王使君宅》第一首。首二句，謂韓信被追之際，謝安未起之日，皆泥蟠而未大展其才之時也。若吾徒，則自漂泊耳，自逆旅耳，自朽質耳，豈復泥蟠者比，尚有飛騰變化之時乎？

《贈田九判官梁丘》使節、將軍，指哥舒翰也。阮瑀、田郎，始及梁丘。

《和裴迪登蜀州東亭送客，逢早梅相憶見寄》按：末二句，因裴蜀州東亭之梅而言己之成都草堂亦有江梅垂發也。

《秋興八首》。按：此八首皆居夔州而懷長安。前三首，對夔州景物而增悲秋之感。後五首，雜憶長安今昔之事。第四首，懷達官第宅。第五首，懷宮殿。第六首，懷曲江。第七首，懷昆明池。第八首，懷渼陂也。

《咏懷古迹》第一首：羯胡，以侯景比安禄山；庾信，杜公以自比也。

《季夏送鄉弟韶陪黃門從叔朝謁》按：詩中莫出者，猶云無出其右也。相國，指杜鴻漸，以大曆二年六月入朝，鴻漸本以黃門侍郎同平章事鎮蜀，故稱曰黃門從叔。

《解悶十二首》後四首，專咏荔支，不知何以與前八首同爲解悶之詩。

陸宣公集

駢體文爲大雅所羞稱。以其不能發揮精義，並恐以蕪累而傷氣也。陸公文則無一句不對，無一字不諧平仄，無一聯不調馬蹄。而義理之精，足以比隆濂、洛，氣勢之盛，亦堪方駕韓、蘇。退之本爲陸公所取士，子瞻奏議終身效法陸公，而公之剖晰事理精當，則非韓、蘇所能及。

《奉天請罷瓊林大盈二庫狀》："右臣聞作法於凉，其弊猶貪。作法於貧，弊將安救?"四句見《左傳·昭七年》。

"示人以義，其患猶私。示人以私，患必難弭。"以上四句，不知有所本否。

"生之長之，而不恃其爲。成之收之，而不私其有。付物以道，混然忘情。取之不爲貪，散之不爲費。以言乎體，則博大。以言乎道，則精微。"數句言天子理財之道，極大極精。

"而諸方曲獻。"曲獻，猶云私獻。

"天衢尚梗。"言世亂也。猶皇路清夷言世治也。

"試詢候館之吏。"公時奉使出外，故詢候館之吏。今之馳驛者，州縣皆至公館迎候。

"果如所虞。"即果如所慮也。不作慮者，調平仄馬蹄耳。

"積憾已甚或忿形謗讟"節。叙軍士怨讟之興，款款入情，婉婉動聽，此等處最不易及。

"奉三無私，以壹有衆。"壹對三，有衆對無私，開後世借對之法，究不宜學。

卷八　集三

韓昌黎集

《復志賦》：“甘潛伏以老死兮。”將跌入佐汴，先出一潛伏一層。筆勢跳躍，而志之所以復，亦必先有此志爲張本。

《南山詩》“西南”十句，賦太白山。“昆明”八句，賦昆明池。清湦爲微瀾所破碎，故猱狖躁而驚呼呀而不仆，此述昆明池所見。“前尋”下二十二句，言從杜陵入山，因群峰之擁塞，不得登絶頂而窮覽也。①　惡群峰之擁塞，思得如巨靈、夸娥者，擘開而析裂之，以雷電不爲先驅，終不能擘，遂有攀緣蹭蹬之困。“困緣”以下十二句，因觀龍湫而書所見。“前年”以下十二句，謂謫陽山時曾經此山，不暇窮探極覽也。“昨來”以下至“蠢蠢駭不懋”，謂此次始得窮觀變

---

① “窮”，陳校本及華僑本均作“究”。

態。前此游太白、游昆明湖、游杜陵、游龍湫，本非一次，即謫貶時亦嘗經過南山，俱不如此次之暢心悦目耳。

《謝自然》“灼灼信可傳”以上，叙謝自然白晝輕舉事。以下論神仙事不足信。

《秋懷》第一首。此首因聞脱葉秋聲而生感。

第二首。此首言四時運行，百物雖有早晚長短貴賤之不同，要皆禀氣自然，不足異也。

第三首。此首言己之所嗜，與時異趣，雖舉世不好而無怨也。

第五首。此首即陶公今是昨非之意。若新有所悟者，以浮名爲恥，以薄味爲幸，知道之言也。

第六首。此首本思遺世高舉，不復願伺候於塵埃之中，而爲生事所累，尚須黽勉以從王事也。

第七首。此首言本不能逐時趨，因石甐謀生之故，① 難遽舍去。與上首之指略同。

第八首。此首因落葉而感觸生平之志事，甚遠且大。

第九首。此首因葉落而疑爲月實，志士固有非常之感觸也。

第十首。此首因仕途嶮巇，動觸陷穽，思委蛇以逐時趨，

---

① 甐，通“儋”。《漢書·蒯通傳》：“守儋石之禄。”顔注引應劭曰：“受二斛。”

而此心終以爲恥，不敢自違其本志也。强懷，本志也。弱念，時趨也。詰曲，時趨也。冥茫，本志也。

第十一首。此首有安貧知命，致死不變，確乎不拔之意。

《赴江陵途中寄贈王二十補闕李十一拾遺李二十六員外翰林三學士》"行行詣連州"以上，因上疏而貶連州。"對案輒懷愁"以上，叙道途入連州之苦。"旅泊尚夷猶"以上，叙順宗即位大赦，公量移江陵法曹。末節，憲宗即位，朝政清明，有望於三賢之借籌援引。

《江漢一首答孟郊》王褒云："有其具者易其備。"舟馬裘燭，皆禦物之具也。忠信，履險之具也。韓公與其徒黨固常常以自立相勖矣。

《此日足可惜一首贈張籍》"諒知有所成"以上，籍與公相見於汴州，籍中進士。"決若驚鳧翔"以上，公送董晉之喪至洛中，途聞汴州亂，至洛東還，將赴徐州，中間一謁李元於河陽。由洛赴徐本應行黄河之南，是時或因汴州之亂，避行河北歟？"窗户忽已涼"以上，由河陽經氾水陳、① 許而至徐州。"子豈知我情"句，謂望其來而籍竟來矣。末叙籍來月餘而又別。

《歸彭城》："見待頗異禮，未能去皮毛。"謂不能披肝瀝

---

① "氾"，原本誤作"汜"。氾水在今河南滎陽，汜水位於江蘇省揚州市寶應縣西南部。

膽，豁露天真，猶今諺云客氣也。

《送惠師》自"遂登天台"以下十八句，叙天台觀日出。"禹穴"以下十二句，叙會稽觀禹穴、浙江觀潮。"廬岳"以下十二句，叙江州觀廬山、南海觀羅浮。"自來"八句，叙惠至連州，遍游諸勝。"昨日"以下十八句，惠別韓公之辭。"吾言子當去"以下十句，韓公送惠之辭。

《送靈師》首八句，論佛法爲世大害。"靈師"八句，叙其少時事。"軒騰"句，謂其棄俗而爲僧矣。"圍棋"十二句，叙其博奕詩酒之能。"尋勝"以下二十二句，叙其游黔蜀及在瞿塘落水得生事。"昨者"以下十句，叙游林邑。"十月"以下十六句，叙其在連州久聚。"韶陽"以下十四句，叙其由連至韶。

《縣齋有懷》首十六句，叙少年中進士試宏博時事。"人情"以下二十句，叙出都從董晋、張建封幕事。"求官"以下十四句，叙爲御史上疏被謫事。"湖波"以下十四句，叙道途及陽山之苦。"嗣皇"以下十六句，思得赦宥而歸故土。

《合江亭》邦君，指齊映，初建此亭者也。老郎，繼齊而樹蘭栽竹者也。庸懦，指元澄，被楊憑劾去者也。君侯，指鄒君，款接韓公者也。鄒君逸其名，老郎並逸其姓。

《陪杜侍御游湘西兩寺獨宿有題一首，因獻楊常侍》"陪賞"句以上，叙陪杜侍御同游。"幸逢"以下十六句，叙獨宿。"珥貂"以下，頌楊常侍。

《岳陽樓別竇司直》"軒然大波"以下十四句，狀其洪濤壯觀。"朝過宜春"以下二十二句，狀其風息波恬。自"主人孩童舊"至末，公於竇氏兄弟最爲契好，故於歡宴之餘，追憶前事，言之沈痛。

《送文暢師北游》"自言本吳人"以下十八句，皆述文暢在四門館之言。"出其囊中文"以下十二句，叙前作《送文暢序》贈別之事。"三年竄荒嶺"以下十四句，叙貶陽山及回京再見文暢。自"當今聖政初"至末，送文暢北游，而自擬歸耕。

《答張徹》自"肝膽一古劍"至"懼沖城畫扃"，皆叙貞元十五年，"睢岸連居"，與張徹相從之樂。自"及去事戎彎"至"淚眦還雙熒"十六句，叙公以徐州從事朝正京師，與徹同行之事。"塵祛"二句，① 公先出京，徹後出京，又與途中相見而再別也。"洛邑得休告"以下十二句，叙登華山事。"峨豸忝備列"以下二十四句，叙爲御史上疏貶陽山事。"赦行五百里"以下至末，叙入爲國子博士，因答徹詩。

《苦寒》："裹旐去耳纊。"旐垂目，纊塞耳。裹旐去纊，謂明目達聰也。

《崔十六少府攝伊陽以詩及書見投因酬三十韻》："又言致豬鹿，此語乃善幻。三年國子師，腸肚習藜莧。況住洛之

---

① "祛"，陳校本誤作"祛"。

涯，魴鱒可罩汕。"國藩按：崔詩必言將以豬鹿野鮮餉公，公詩辭之。善幻，猶云善戲。《漢書・西域傳》有"善眩"之語。顔注云："眩，讀與幻同。""況住洛之涯"，公時以國子博士分教東都。謂但食藜苋魴鱒，不勞致豬鹿異味也。

《招揚之罘》："柏移就平地，馬羈入廐中。"國藩按：柏移平地，謂去荒陋之邦而漸染雅化。馬入廐中，謂去覂駕之習而範我馳驅，皆裁成之罘之意。

《雙鳥詩》朱子以雙鳥指己與孟郊而作。落城市者，己也。集巖幽者，孟也。《韻語陽秋》已有此説。

《題炭谷湫祠堂》："吁無吹毛刃，血此牛蹄殷。"國藩按：退之剛正傲岸，不信神道。如《衡山詩》則曰："神縱欲福難爲功。"《記夢詩》則曰："乃知神人未賢聖。"此詩則曰："血此牛蹄殷。"皆凜凜有生氣。

《送陸暢歸江南》："悲啼車上女，骨肉不可分。"國藩按：董晉家洛陽，觀"悲啼上車女"句，[①] 陸自董府攜婦歸吳，而公在洛時送之也。

《嘲魯連子》國藩按：此當有與公爭名者，而公甘以名讓之。禪，讓也。鴻聲，大名也。

《贈張籍》"此是黃金産"，黃，當作萬。至"文章紹編刬"十一句，皆張籍之辭。"我身"疑當作"君身"，蓋籍稱

---

① "上車"，陳校本改爲"車上"。

公不應我之也。

《寄崔二十六立之》自"往歲戰詞賦"至"無人角雄雌"三十二句，叙崔技能之高，科名之震，自"由來人間事"至"那用分高卑"二十四句，叙崔登科後仕宦不遂，所如不偶。彀鳥子、駒馬子、麛鹿子，皆喻新進少年，不得自由，處處爲世法所束縛。自"憐我還好古"至"譬彼鳥黏黐"四十八句，叙與崔交誼之厚。諸毛，方氏以爲筆也，朱子以爲必是爲《毛穎傳》而發。國藩按：韓公《毛穎傳》，柳州曾贊嘆之，崔之來書及詩當亦贊《毛穎傳》之奇偉、"蛟螭雷電"等或即來詩中語邪？"敦敦憑書案"，[①] 敦敦，即敦彼獨宿之敦，謂癡坐不動也。《賈捐之傳》中有所謂顓顓者，義亦略同。自"且吾聞之師"至"相待安眾箅"三十四句，[②] 言名位不足戀，當以文章傳後，約崔同歸偕隱。自"我有雙飲盞"至末二十四句，叙公以雙盞之一遺崔，亦所以報百尺彩也。鯨月草、花芙蓉，皆盞上所畫者。

《示爽》"汝來江南近"二句，不可解。韓公本貫在河內之修武，又曾遷居洛陽，爽自江南赴長安，二處皆其經過之地，或謂其過河內、洛陽，與里閭相近，二句作一句讀邪？不然，則上句有訛誤邪？公作《女挐銘》云："歸骨於河南

---

① 敦敦，孜孜不倦貌。蘇舜欽《對酒》："余年已壯志未行，案上敦敦考文字。"

② "眾箅"，陳校本及京華本均誤作"夐箅"。眾箅，竹筷子。

之河陽韓氏墓。"是河陽亦可以河南稱之,洛陽則自古久稱河南,妄意此意當作河南近。俟質之博聞君子。

《贈別元十八協律六首》元十八,蓋將裴行立之命,以書及藥物勞公於途次者。

第一首:"何人識章甫,而知駿蹄踠。"章甫適越,不爲時用。駿蹄歷險,或致蹉跌。二端皆公以自喻者。識知二字,則謂元能知之亮之也。

《南内朝賀歸呈同官》:"尠不調鹽醯。"調鹽醯,似寓韓彭葅醢之意。

《鳴雁》此在幕府不得志之時,欲遠舉而他適也。

《條山蒼》"波浪"句,喻世人隨俗波靡。"松柏"句,喻君子歲寒後凋,亦自況之詩。

《八月十五夜贈張功曹署》自"洞庭連天"至"難追攀"句,皆張署之歌辭。末五句,韓公之歌辭。

《憶昨行》自首至"淚落"句,叙張與裴帥賽社之宴,酒後臥病。自"念昔從君"至"眉方開"句,叙與張同貶南荒而俱幸北歸。自"今君從署"至末,祝張病體康復,將耦耕於嵩山之下。"上公禮罷"句,上公,方以爲當作社公,叙荆帥裴均罷社而享客也。朱子云:"上公即社神也,不必改作社公。""今君從署"二句,張在江陵雖經邕管經略使路恕奏署爲判官,而可以辭謝不往,故勸其投檄北去。投檄,猶投綬、投劾之投。

《劉生詩》劉在廣南當有名妓，聲價甚高而遇劉獨厚者。
“美酒”二句，劉之冶游也。“倒心”句，傾情於名妓也。
“千金”句，聲價高也。“綢繆”句，待劉厚也。

《陸渾山火和皇甫湜用其韻》自首至“埶飛奔”，渾寫野
火之盛。① 自“祝融告休”以下至“頳目暖”，設爲祝融宴客
儀衛之盛，賓從之豪，笑語之歡。告休，猶休暇也。卑尊，
即客也。《周禮·小司徒》云：“使各登其鄉之眾寡。”《鄉大
夫》云：“率其吏與其眾寡。”此云卑尊，猶彼云眾寡耳。自
“顓冥收威”至末，皆水火相克相濟之說。“拳肩跟”者，謂
肩與足跟拳踞相連，極言顓頊玄冥君臣失勢之狀。洪曰：
“丁，火也。壬，水也。火，女也。水，男也。”丁女而爲婦
於壬，故曰“女丁婦壬”。自“火行於冬”至“囚之昆侖”九
句，皆上帝勸慰水神之辭，言不必與火結仇，時至行將勝
之也。

《和虞部盧四汀酬翰林錢七徽赤藤杖歌》：“空堂晝眠倚
牖户，飛電著壁搜蛟螭。”東坡《以鐵柱杖壽樂全詩》有句
云“欹壁蛟龍護晝眠”，融化此兩句而爲之也。

《石鼓歌》自“周綱陵遲”以下十二句，叙周宣蒐狩，
鐫功勒石。自“公從何處”以下十四句，叙拓本之精、文字
之古。自“嗟餘好古”以下二十句，議請移鼓於太學。自

---

① “火”，原作“燒”，據京華本改。

“中朝大官”至末十六句，慨移鼓之議不遽施行，恐其無人收拾。

《盧郎中雲夫寄示送盤谷子詩兩章，歌以和之》首十四句，叙昔至盤谷訪李愿事。天井關之水被風吹灑洛陽，語則誕而情則奇。“歸來辛苦”以下十句，叙盧寄示詩篇，知李已入山矣。末六句，叙已將歸耕。

《射訓狐》：“斗柄行拄西南隅。”謂天將明也。“意欲唐突羲和烏”，謂侵陵主上也。

《城南聯句》自首至“靽妖藤索絣”六十四句，雜叙城南所見景物。迴平，按平者，地之平處也，如華山有青柯平、種藥平之類。卷㩓，不舒放也。見《莊子》。自“荒學五六卷”至“幽蠹落書棚”二十四句，叙荒郊壁域凄涼之狀。自“惟昔集嘉咏”至“風期誰復賡”三十八句，言城南乃昔日文人詞客游咏宴集之地，今無復往時雲霞之興、風期之盛矣。餘晶，日光也。凝，猶遏也。謂其聲能遏日光，使不動也。自“皋區扶帝壤”至“鴣鶒攢瑰橙”五十八句，歷叙土壤之美，因及人才之俊、物産之富、冶游之盛。自“鷟廣雜良牧”至“抑橫免官評”二十八句，叙簪纓世族之豪橫。自“殺候肆陵窮”至“惡嚼噂腥鯖”二十二句，叙射獵之樂。自“歲律及郊至”至“恩熙完刖剕”十六句，叙郊祀之禮。自“宅土盡華族”至“眼劂强盯睚”三十句，叙民居寺宇之麗，因及游寺之人。“虁繩覘娥婺”，蓋美女爲秋千戲者，亦游寺所見也。

《會合聯句》“念難須勤追”二句，憶往時之艱難，悔出言之輕易也。自“念難須勤追”至“謫夢意猶恟”十八句，叙韓公以言事謫貶陽山，還朝爲國子博士。郊、籍、徹三人皆在弟子之列，詩意仍以韓公爲主。

《納涼聯句》自“長箋倦還捉”以上，皆叙煩熱之狀。“幸兹得佳朋”以下，乃叙納涼之事。

《秋雨聯句》醨，薄也。“氛醨”句，謂雲氣稍薄。“霯亂”句，謂旋又擁塞也。陰旌，謂雲氣如旌旆。摎流，猶周流也。帝鼓，謂雷。魯儒，二公以魯兩生自比也。以秦人好言利，故魯儒無可丐貸。①

《征蜀聯句》砤與礮同。②《廣韻》：“軍戰石也。”磈礐者，爇石之聲。爇堞，燒其城也。抉門，啓其門也。熇歊，焚城之聲，疊韻字。呀㧞，門闢之狀，雙聲字。遏雄虓，令將帥無多殺也。“漢棧罷囂闐”者，謂自秦至蜀，征人漸少，不甚囂闐也。

《晚秋郾城夜會聯句》自“再入更顯嚴”至“達志無隙獲”句，皆叙裴相破賊還京後遷官宴客之事，似非事前所作之詩。“雪下收新息”亦非事前語。豈在郾城時作此詩，而

---

① “丐”，原本誤作“丏”。

② “礮”，陳校本、京華本均誤作“炮”。礮，古代拋石機。

還朝後更潤色之邪？"酖顏傾鑿落"。鑿落，飲器。白樂天詩："銀杯傾鑿落。""生堂合馨鏞。"《爾雅》："大磬謂之馨，大鐘謂之鏞。"注："亦名鏞。"

《原性》此實與孔子性相近二章相合。程、朱又分出義理之性，氣質之性，以明孟子性善之説之無失，亦自言各有當。要之，韓公之言固無失耳。

《原毀》言在上者，須明斯世所以多忌多毀之由，而後可以知人。篇末説明作意。"聞古之人有周公者"節，通篇德藝平列，周公原不僅有藝。就藝中引一尤不可幾者，故舉周公。

《行難》以行難命題，所以表陸先生之賢也。爲文之意，則欲存此理，使有用人之責者知之耳。句法瘦煉，王荆國多師此種。

《雜説》一。此段未經人道。舜武得五臣十亂而益彰其神聖，所謂得雲益靈者也。名師賢相亦能廣植徒黨，旁求俊彥，亦有所謂雲者，其義甚大。

《雜説》四。謂千里馬不常有，便是不祥之言。何地無才，惟在善使之耳。

《讀荀》。此與《讀鶡冠子》《讀儀禮》《讀墨子》四首，矜慎之至，一字不苟，文氣類史公各年表序。

《讀鶡冠子》："正三十有五字，乙者三，滅者二十有二，注十有二字云。"正者，正訛也。乙者，上下倒置也。滅者，墊去也。注者，添綴於旁也。

《師説》傳道，謂修己治人之道。授業，謂古文六藝之業。解惑，謂解此二者之惑。韓公一生學道好文，二者兼營，故往往並言之。末幅云“聞道有先後，術業有專攻”，仍作雙收。

《進學解》仿東方《客難》，揚雄《解嘲》，氣味之淵懿不及，而論道論文二段，精實處過之。“春秋謹嚴，左氏浮夸，易奇而法，詩正而葩，下逮莊騷，太史所録，子雲相如，同工異曲。”韓公於文用力絶勤，故言之切當有味如此。

《諱辨》此種文爲世所好，然太快利，非韓公上乘文字。

《伯夷頌》舉世非之而不惑，乃退之生平制行作文宗指。此自況之文也。

《釋言》才高被謗，爲文自解，仍不减其峻嶒之氣。

《汴州東西水門記》：“誕置聯鎖於河，宵浮晝湛，舟不潛通，然其襟抱虧疏，風氣宣泄。”誕寘，猶云大寘也。宵則使鎖浮於水面，不使通舟楫也。汴州之有河水，猶襟抱然。無門以闌之，故虧疏宣泄也。

《燕喜亭記》柳公山水記以峭削見奇，固非韓公所能比並。

《徐泗濠三州節度掌書記廳壁記》此等文雖公爲之，不能奇也。

《畫記》桐城方先生以爲此學周人之文。

《藍田縣丞廳壁記》崔斯立爲人，必有奇崛之才，而又天趣橫溢。與公相見，必彼此善謔，而又相敦以古誼者。如"西城員外丞"一詩，前路謔且爲虐矣，而後半絕沈痛。"刖足獻玉"一書，絕沈痛，亦帶謔聲。"藍田十月雪塞關"一詩亦然。此文則純用戲謔，而憐才共命之意、沈痛處自在言外。

《新修滕王閣記》反復以不得至彼爲恨。此等蹊徑自公辟之，亦無害。後人踵之以千萬，乃遂可厭矣。故知造意之無關義理者，皆不足陳也。

《科斗書後記》叙述無一閒字。

《鄆州溪堂詩序》"于時沂密始分而殘其帥"：生此波瀾。"然而皆曰鄆爲虜巢且六十年"節：著此一段議論，便爾壯闊，蹊徑獨辟。若先陳新立之難，又陳不扇而變之難，便無此奇警。"公私掃地赤立"：能造難狀之語。"於是天子以公爲尚書右僕射"：接法本史公。

"貓相乳"叙事絕善，而所以爲文之意，固不免人之見者存，故收處過諜。"夫貓，人畜也"：謂畜於人。

《爭臣論》逐節根據經義，故盡言而無客氣。"夫天授人以賢聖才能"節：此段陳義甚高。

《太學生何蕃傳》善用縮筆，紆餘頓宕，如將不盡。

《重答張籍書》觀此書，則韓公當日之於二氏，亦未敢昌言排之。二氏盛行中土六七百年，公以數篇文字斥之，遂爾炳如日星。識力之大，令千世人蕭然起敬。"非我其誰哉"，自任處絕沈著。

《與孟東野書》真氣足以動千歲下之人。韓公書札不甚矜意者，其文尤至。

《答尉遲生書》傲兀自喜。

《答楊子書》："尚須驗又言。"公已深知楊子，恐楊不之信也，故須驗以言。

《上襄陽于相公書》諛辭累牘，固不能工。

《上留守鄭相公啟》："愈無適時才，漸不喜爲吏。"凡爲文，必視乎其行，能棄官如屣，而後氣壯，而文無沮詞。

《上宰相書》連用三"抑又聞"，義層出不窮。然究是少年，才思橫溢，欠裁煉處，故文氣不遒也。若刪去"《洪範》曰"至"廉於自進也"，則格老而氣遒矣。

《後十九日復上宰相書》後二書皆可不上，宰相能知我，前書足矣；其不知，十上何益？公少年時蓋閱世尚未深，而自守未定也。

《後二十九日復上宰相書》："以其於周不可，則去之魯。於魯不可，則去之齊。於齊不可，則去之宋、之鄭、之秦、之楚也。"魯，同姓，禮義之邦，故次周後。齊，大國，次之。宋、鄭，小國，次之。秦、楚，戎蠻，又次之。非率爾泛指也。

《答侯繼書》："含意連辭，將發復已。"含意，辭不能申其意也。連辭，欲陳此説，復牽彼義，裁度不能遽當也。凡文家經營爲文時有此二難。"然古之人未有不通此，而能爲大賢君子者"：所陳數事，皆專家之學，鹵莽者多棄置不講。觀韓公此書，然後知儒者須通曉各門，乃可語道。孔氏所謂博學於文，亦此義也。"將試學焉，力不足而後止"：凡人於右數事，皆未試而先稱力不足，所謂畫也。

《答崔立之書》。韓公命世之英，自位不在文中所稱五子下，其試於禮部吏部，蓋深用爲恥。立之乃以"獻玉再進"相勖，所謂鷾鸚已翔乎寥廓，而羅者猶倚夫藪澤也。篇中前半述己隱忍就試之由。① "夫所謂博學者"一段，鳴其悲憤。後幅"方今天下"一段，寫其懷抱，視世絶卑，自負絶大，極用意之作。"君子小人之所憫笑"：君子小人，猶言人人。《周禮·鄉大夫》："帥其吏與其衆寡。"衆寡者，言鄉人或衆寡無定也。此言人人憫笑，無分君子小人也。"夫所謂博學者"節：博學宏辭，美稱也。惟公足以當之。而顧不能中選，甚羞與今世之中選者比倫，而又不能不隱忍與之同試；甚願與屈孟五子同志，而又不能效其不與斗筲者同試。心所恥，而行不能從。己所恥，而人不能諒。層層感憤，迸露紙上。"必知其懷慚，乃不自進而已耳"：謂懷慚之極，至於自甘終不進取乃已。"作唐之一經，垂之於無窮"：極自負語。公蓋

---

① "己"，原作"已"。

奴視一世人。

《重答李翊書》。韓公文如主人坐於堂上，而與堂下奴子言是非。然不善學之，恐長客氣。

《代張籍與李浙東書》筆端大峻嶒。若出他手代盲人干有位者，氣必不能自振矣。

《答李秀才書》義深而文淡永。

《答陳生書》："孰信哉，信乎己而已矣！"陳生必求俯仰趨時之術，故告之以此，所謂對症下藥也。不然，專信己則足以長傲。王介甫云："時然而然，眾人也。己然而然，君子也。"語弊亦似此。

《與李翺書》："今而思之，如痛定之人思當痛之時。"能達難白之情。

《答胡生書》："不知者乃用是爲謗"節。言不惜稱疲乏揄揚之愛惜也。彼輩自有可合之人，吾不因其可以干澤而思與之苟合。若能如此，則可孤行而不恤眾謗，而生又不能。生離鄉遠出，本爲求仕，非徒求韓公之知也。是者指上文相知稱道云也。

《與崔群書》："風土不並以北。"不與江北比並也。"自古賢者少不肖者多"節：悲感交集。王荊公《與段縫書》中段爲曾子固代鳴不平，文氣脫胎於此。"人固有薄卿相之官"節：憤激出奇想，沈痛至矣。"僕無以自全活者"一節：後路絕深痛。

《與陳給事書》："衣食於奔走。"造句奇。

《與馮宿論文書》："以此而言"節。自負語，絶沈著。

《與祠部陸員外書》："文章之尤者有侯喜者"節。稱人之長，造句俱極跌宕。

《應科目時與人書》其意態詼詭瑰瑋，蓋本諸《滑稽傳》。干澤文字如是乃爲軒昂，他篇皆不能自振。

《與孟尚書書》。此爲韓公第一等文字，當與《原道》並讀。

《答吕毉山人書》絶傲兀自負。

《答渝州李使君書》。李蓋有所干於要路，求韓公爲之道地，故答之如此。"傳曰：君子俟命"節：既以安命竢命之説進，又言李君亦爛熟安命竢命之説，如常御之飲食，屢飫久矣，無益於事，故增愧。

《答元侍御書》："斥其餘，以救人之急。"斥，遠也。揮而遠之，謂散去也。

《與鄂州柳中丞書》文氣絶勁。

《與鄂州柳中丞第二書》："就令如是"節。壽然入人之肺腑，故足以作忠孝之氣。"夫遠徵軍士"節：論事之文，不遜賈、晁。

《送陸歙州詩序》："我衣之華兮"節。灑然而來。

《送孟東野序》。天擇物之善者，而假之鳴。其爲鳴盛與鳴不幸，惟天之所命耳。文之立意止此，徵引太繁，頗傷冗蔓。"維天之於時也亦然"：通首按住"天"字。

《送許郢州序》："而能與卑鄙庸陋相應答如影響。"四字並用，措語過重。"情已至而事不從，小人之所不爲也"：轉換處痕迹未化，便可直接本事，不須爲二語紐合也。"故其贈也，不以頌而以規"：收句俗筆。

《上巳日燕太學聽彈琴詩序》和雅淵懿，東京遺調。

《送齊皥下第序》入題連用三"乎"字，俗調。篇末一一回繳前文，俗調。

《送陳密序》閒淡有體。

《送李願歸盤谷序》別出奇徑，跌宕自喜。

《送董邵南序》沈鬱往復，去膚存液。

《贈張童子序》前半志選擧，疏健。後半勖童子，簡宕。

《送浮屠文暢師序》辟佛者從治心與之辨毫芒，是抱薪救火矣。韓公言若無中國之聖人，則彼佛者亦如禽獸。爲物所害，莫能自脫。如此立説，彼教更從何處置喙？立言有本，故真氣充溢，歷久常新。

《送何堅序》前半磊落而含游戲之聲，收復奇情幻出，合讀之，但覺狡獪不測。

《送廖道士序》磊落而迷離，收處絕詭變。

《送王秀才序》淡折夷猶，風神絕遠。

《送孟秀才序》叙述絜訓詞當。

《送陳秀才序》："如是而又問焉，以質其學。"只此一意，再作往復，亦復傲兀自喜。

《送王秀才序》。讀古人書，而能辨其正僞醇疵，是謂知言。孟子以下，程朱以前，無人有此識量。

《送幽州李端公序》骨峻上而詞瑰瑋，極用意之作。

《送區冊序》送區宏南歸詩傲兀跌宕，此文當是一時作，故蹊徑與句之廉悍，並與詩相類。

《送張道士序》立言絶善。"詩寧當不竢報"：述上書不報事，立言飄灑，不著痕迹。

《送高間上人序》事之機括，與心相應。事不如志，則氣挫。所向如意，則不挫於氣。榮辱得失，不糾纏於心，此序所謂機應於心不挫於物者，姚氏以爲韓公自道作文之旨。余謂機應於心，熟極之候也。《莊子·養生主》之説也。不挫於物，自慊之候也。《孟子·養氣》章之説也。不挫於物者，體也，道也，本也。機應於心者，用也，技也，末也。韓公之於文，技也進乎道矣。

《送殷員外序》字字峭立，倜儻軒偉。

《送楊少尹序》唱嘆抑揚，與《送王秀才序》略相類。歐公多似此種。

《送權秀才序》酬應之作，亦自不俗。

《送湖南李正字序》："往時侍御有無，盡費於朋友。"有無，猶多寡也。《檀弓》："稱家之有無。"言盡家之財，無問或多或寡，罄用之也。此言侍御盡家之財，皆費於朋友也。

《送石處士序》唐時處士聲勢，足以傾一世。韓公頗不滿於石、溫二生，觀寄盧仝詩可見。此文前含譏諷，後寓箴規，皆不著痕迹，極狡獪之能。

《送溫處士赴河陽軍序》此種起法，創自韓公，然不善爲之，譬若唐人爲官韻賦。往往起四句峭健壁立，施之於文家，則於立言之體大乖。漢文無起筆峭立者。按之固自有序也，不可不察。

《送鄭尚書序》氣體似《漢書·匈奴傳》。

《送水陸運使韓侍御歸所治序》此即條議時事之文，鋪叙處絕警聳。"吾以爲邊軍皆不知耕作"：接筆絕遒緊。

《石鼎聯句詩序》傲兀自喜，此等情事亦適與公筆勢相發也。

《歐陽生哀辭》前半叙述矜當，後半就"父母老矣"反復低回，絕耐紬誦。"詹閩，越人也"：油然入情。

《祭穆員外文》瘦折奧峭。

《祭郴州李使君文》亦不出六朝軌範。不使一穠麗字，不著一閒冗句，遂爾風骨遒上。通首不轉韻，古無此體。宋人爲長短句祭文，則皆一韻到底。

《祭河南張員外文》以奇崛鳴其悲鬱，鏖戰神鬼，層疊可愕。

《祭薛中丞文》無俊健之骨，不似韓公手筆。當是同僚所爲，而薛氏托公名爲重耳。

《潮州祭神文》第二首。別出才調，岸然入古。

《祭柳子厚文》峻潔直上，語經百鍊。公文如此等，乃不復可攀躋矣。

《吊武侍御所畫佛文》置身千仞之上，下視昧昧者，但覺可憐憫也。公詩如謝自然誰氏子，文如孟尚書書，及此等，當觀其卓然不惑處。此篇吊辭亦絕古勁。

《李元賓墓志銘》志中不稱元賓之長，而銘詞著“才高乎當世，行出乎古人”二語，故爾可貴。若通道贊頌不休，不足取信矣。

《崔評事墓銘》：“外盡賓客於其所止，其來如歸。”盡，禮也。凡崔君棲止之處，族賓皆來歸也。“雖不肖收之如賢”：王介甫叙人之長，皆學此等。

《施先生墓銘》或先叙世系，而後銘功德。或先表其能，而後及世系。或有志無詩，或有詩無志。皆韓公創法。後來文家踵之，遂援爲金石定例。究之深於文者，乃可與言例。精於例者，仍未必知文也。

《考功員外盧君墓銘》：“大曆初，御史大夫李棲筠由工部侍郎，爲浙西觀察使。”起筆逆，此處接筆逆，以下得勢矣。“以老故，自任者以千百數”：老故，猶稱老成、故舊。

《施州房使君鄭夫人殯表》：“此非其丘。”狐死正丘者，不忘本也。權殯於此，終當反葬，故曰“非其丘”。

《監察御史元君妻京兆韋氏夫人墓志銘》：“率所事所言

皆從儀法。"家世可詳則詳之，行誼無可詳則只二語。

《登封縣尉盧殷墓志》樸老。

《興元少尹房君墓志》"謹飭畏慎"稱其賢只四字。"子與吾兒次卿游"：古者兄弟之子亦稱子，故曰吾兒。稱侄，俗也。

《河南少尹李公墓志銘》"京兆尹符縣割畀之"：下符於萬年，割田與之也。"以崇文幕府，爭鹽府因革，便不便，命公使崇文"：或因以鹽井與之，或遂革之，二者孰便，命使者往治也。"遷蘇州，李錡前反，權將之戍諸州者"：公未遷蘇，李錡已先反於鎮海。公至蘇十二日，賊始至蘇也。"皆斂兵立不逼"：新書言賊釘公於舷，志爲飾詞。"錡命械致公軍"：致於鎮海軍也。"錡適敗縛"：錡敗爲其屬所縛，故曰敗縛。"民抱扶迎盡出"：抱幼扶老皆出迎。"奈何乎公"：奇句。

《集賢院校理石君墓志銘》。石處士之名，殆能傾一世人，而韓公不甚許之，觀銘詩可見。寄盧仝詩亦寓諷刺。卒之籍、湜、郊、島輩，皆有以自表見於後世，而溫、石二公，僅見於韓公之文而已，盛名足據乎？

《江西觀察使韋公墓志銘》。他文提振處絕聳矯，此稍遜之。"不足張職"：觀察使位高祿厚，則所職宜鉅。三州職事無幾，故云不足張職。"人去渫污，氣益蘇"：既爲南北市，又爲長衢，故人去卑濕而氣蘇也。"馬以不連死"：馬多無經年不一死者，不連死謂不相繼以死。"前走七州刺史"：謂七州刺史奔走於前也。

《河南府王屋縣尉畢君墓志銘》"尚書生埛家破時，埛生始四歲"：此處入主位不清，後並混淆。謹以公他文之法準之，妄易數字云：君之父也，君諱埛，字某，家破時，君生始四歲。"聞君篤行能官，請相見"：上文不易，則此處"君"字無胎。

《襄陽盧丞墓志銘》："常最其列。"於同列中居最也。"今年實元和六年"：奇句。

《唐朝散大夫贈司勛員外郎孔君墓志銘》："昭義節度盧從史，有賢佐，曰孔君。"此等起法，維韓公筆力警聳矯變，無所不可。若他手為之，恐僨張而長客氣。故不如樸拙按部之猶為近古也。

《唐銀青光禄大夫守左散騎常侍致仕上柱國襄陽郡王平陽路公神道碑銘》"割餘雩都，作縣安遠"：割雩都縣之餘里，析置安遠縣。"陶甓而城罷，人屢築"：土城易崩，故屢築甓城，一勞永逸也。"人不歲苦"：以草覆屋，每歲易之，故曰歲苦。有陶瓦，故不歲苦。"至則出倉米，下其估半，以廩餓人"：句酷煉。"坐牢江東心"：坐鎮以堅江東士卒之心。

《烏氏廟碑銘》最善取勢。左領君、中郎君、尚書君，三世同廟。不叙左領、中郎事迹，專叙尚書，大家之文。所以道簡也。低手三世各鋪叙幾句，便無此勁潔。

《唐故河東節度觀察使榮陽鄭公神道碑文》“削四鄰之交賄，省媱嬉之大燕”：偶句傷氣。“施罷不竣日”：或行或罷。

《魏博節度使沂國公先廟碑銘》起最得勢，樸茂典重，近追漢京，遠法《尚書》。序文疏簡，著意在銘詩，而終不稱其先世功德一字，可謂有體。

《劉統軍碑銘》“公由游寄”：因游浮寄於蜀也。“蓋古有云：人取其憂，無事于職，而與固謀”：四言詩中有此收束瘦勁之筆。“蔡卒幸喪”：幸許有新喪。“新師不牢”：士卒心不固。“劻勷將逋”：幕府諸人也。“聲駕元侯”：駕其上。“脫權下威”：不攬權也，下弛也。

《衢州徐偃王廟碑》衢州有徐偃王廟，其事本支離漫誕，文亦以恢詭出之。命意甚遠，其神在若有若無之間，想亦營度既久而後得之。“藩拔級夷”：藩籬撤，階級平也。

《袁氏先廟碑》：“莫不官稱。”能稱其位。

《曹成王碑》貶潮與降良事小振，平李希烈事大振。凡敘事皆分大小，爲主賓，驟看乃似直敘漫鋪。韓文志傳中有兩篇相對偶者，如曹成王、韓宏兩篇爲偶，柳子厚、鄭群兩篇爲偶，張署、張徹兩篇爲偶。推此而全篇可以爲偶者甚多，惜不能一一而稱量而配合之耳。

《試大理評事王君墓志銘》以蔡伯喈碑文律之，此等文已失古意。然能者游戲，無所不可。末流效之，乃墮惡趣矣。“妻上谷侯氏，處士高女。高固奇士，自方阿衡太師，世莫能用吾言，再試吏，再怒去"：通首寫奇崛疏狂之態，皆因此事而引伸之。

《扶風郡夫人墓志銘》："克受成福，母有多子。"金石文，造句正軌。

《殿中侍御史李君墓志銘》："愈追占其夢曰"節。叙占夢事，與前叙推算事首尾兩相映發，餘俱不甚著意。

《秘書少監贈絳州刺史獨孤府君墓志銘》："戴美世令，而年再不贏。"上戴前人之美，世有令德，父子俱不永年。

《虞部員外郎張府君墓志銘》："而獨以其死累余，可傷也已。"淡宕遽收。

《檢校尚書左僕射右龍武軍統軍劉公墓志銘》："殊不敢以不見舍望公。"舍，謂開城次舍之也。望，怨望也。

《監察御史衛府君墓志銘》集中有《與衛中行書》，交誼絕厚。而銘其兄墓，專叙其合藥一事，極愚可憫。若中行存世俗之見，只肯稱美而不稱惡，公或俛從之，而夾叙其善事一二，則文不能如此之奇警矣。自歐、王已不能行此直道於人，後世更無論已。"趾美進士，續聞成宗"：趾美，猶踵美，續令聞成大宗也。"君雖益厭，然不能無萬一冀"：二句襲《封禪書》。

《河南令張君墓志銘》"無敢闌入"：闌，猶防也。張君有防範，諸曹不敢參入一語也。凡稱闌入，皆越入定防之內。《漢書》"戶殿門失闌"，亦失防守之義。"棘棘不阿"：促促棘棘，他書不經見，所謂已出。"君獨疏言，治迫嶺下"：他手摘録疏言，必數句乃了。此僅一句，故邁。"尚書有經數"：經，常也，經費字出《平準書》。"留噤不敢從"：留，留牒不下民間也。噤，不應觀察之求，亦未聲言與之爭也。"其兄將作少監，昔請銘於右庶子韓愈"：觀集中《祭張十一文》，張與公往還情事最密，而此僅一句，故知文各有裁。

《鳳翔隴州節度使李公墓志銘》"守卒出"：天子蒙塵，故守卒弛而放出罪人也。"隨走所幸"：走德宗所至之地。"不宜規小利，起事盜恩"：起事，起邊釁也。盜恩，每有小獲，報捷朝廷，輒予以恩，是盜竊也。"販者負入褒斜，船循渭而下"：褒斜不通舟車，肩負以入西上也。船循渭東下也。"首尾相繼不絶"：此句兼承上二句。

《中散大夫少府監胡良公墓神道碑》"使人自京師南走八千里，至閩南兩越之界上，請爲公銘，刻之墓碑於潮州，刺史韓愈曰"：三十四字爲句，岸然自喜。"遭讒府介"：介，紹，皆佐人者也。魏公開府鄭滑，以胡爲佐，故曰"府介"。"不配其有"：言官不稱其能。

《故相權公墓碑》矜愼簡鍊，一字不苟，金石文字之正軌也。"公在相位三年"節：叙事先其尤大者，簡當。"其所設張舉措"節：叙權公相業，專述用人一節。大抵嘉善而矜不能，和而不失其正，二句該之，而文特矜鍊。只此是叙名臣之法。若一一叙列事迹，則累牘不能盡矣。"以幾教化"：

冀以教化遷人於善。"多所助與，維匡調娛"：不能者助之，能者與之。維持匡救，正也。調停娛樂，和也。"不爲聲章"：不爲嚴劾之條教。"其在山南河南，勤於選付"：選付，選擇事之要務即與分付，不繁瑣，無留滯也。"鳳鳥不至"：奇句。"半途以稅"：稅，止也。用稅駕字。"出入屏毗"：出爲藩屏，入爲天子所毗也。

《平淮西碑》"大慝適去"：謂安史也。"又況一二臣同"節：叙諸將皆述皇帝詔言，故文氣振拔異常，通首得勢在此。

《南海神廟碑》筆力足以追相如作賦之才，而鋪叙少傷平直，故王氏謂骨力差減也。然古來文士，並以賦物爲難。蓋藻繪三才，刻畫萬態，而不可剿襲一字，故其難也。後人雖綴前人字句爲文，又不究事物之情狀，淺矣。

《處州孔子廟碑》。太史公《孔子世家》贊數十語，文外有無限遠神遙韻。此文前半贊嘆孔子，無復不盡之味，不無遺恨也。"自天子至郡邑守長，通得祀而遍天下者，唯社稷與孔子爲然"：切定祀事，不泛作孔子頌，是文家定法。

《羅池廟碑》此文情韻不匱，聲調鏗鏘，乃文章第一妙境。情以生文，文亦足以生情。文以引聲，聲亦足以引文。循環互發，油然不能自已，庶可漸入佳境。"光顯矣，已而擯不用"：不叙一事，文各有裁。"荔子丹兮蕉黃"：九歌嗣響。

《黃陵廟碑》此等題以高簡爲要，百數十言足矣。若與剖晰考證，必且闊疏不當。"故《九歌》辭謂娥皇爲君，謂女英帝子”：此等故無確據，如此説，亦自可從。“其下言方乃死者，所以釋陟爲死也”：既以陟代死字，則下文死字爲複，而方乃二字不可解説矣。“如言舜南巡而死，宜言下方，不得言陟方也”：帝王之死，皆可稱陟，則生時所至之處皆稱陟，如後世之稱幸者，亦無不可。必謂南去不得言陟，亦未然也。且自大別至零陵，皆溯江水湘水而上，溯逆流二千餘里，亦不得稱下方。“二妃之力，宜常爲神，食民之祭”：謂二妃有功於舜，遂宜爲神受祭。其説亦疏。且何以立專祠祀於湖北，亦宜有説。

《江南西道觀察使中大夫洪州刺史兼御史中丞上柱國賜紫金魚袋贈左散騎常侍太原王公神道碑銘》：“軍息之不已，掌吏壞産，猶不釋囚之。”貸錢於軍，而取其息。息日增加，取之無有已時。既破産，則囚追。

《司徒兼侍中中書令贈太尉許國公神道碑》。桐城姚郎中云：“觀宏本傳及《李光顔傳》，載宏以女子間撓光顔事，與志正相反，退之諛墓，亦已甚矣。而文則雄偉，首尾無一字懈，精神奕然。”“指付必堪其事”：指，意指也。付，委以事也。“又首變兩河事”：河東、河内。“若兵北過河，我即東兵以取曹”：由鄆至河東，故北過河。汴在鄆西，故東兵。“歸財與糧以濟諸軍”：歸，輸也。“師道之誅”：若他手爲之，則曰“誅李師道”也，與上文對舉矣。退之則隨手變換，無所不可。“承五亂之後，掠賞之餘”：掠，亂兵掠去也。賞，亂時重賞購募也。"贊元經體"：經野體國也。"汴之南則蔡，北則鄆"節：叙次既畢，復摘其尤大者著議，以最其功。筆端大廉悍，亦其位置裁布有以顯之也。"察其噸呻，與其睕眴"：其所苦也，其所伺也。"三年而墟"：謂三年之內，蔡鄆並爲墟也。"天施不留，其討不遍"：天之所施愁留，謂魏博也。天之所討不稽遍，謂蔡鄆也。

《柳子厚墓志銘》："今夫平居里巷相慕悦"節。此段爲俗子剽襲爛矣，然光氣終自不滅。

《昭武校尉守左金吾衛將軍李公墓志銘》"以先朝時，嘗信妄人柳泌能燒水銀爲不死藥"：妄人，韓公於事後貶之之名也。當薦時固不以爲妄矣。"大支於今，其尚有封"：言太宗之支，久不當有封矣。賴成王特起，故尚有封也。"誰黜不復"：誰，猶云誰謂也。

《朝散大夫越州刺史薛公墓志銘》："皆家歸之。"歸之，如自歸其家也。

《楚國夫人墓志銘》"又太尉劉公甥内外尊顯"：夫人於韓氏爲内家，於翟氏爲外家。韓宏稱母之族劉氏又外家也。"司徒公曰"節：兩屋意相配，而詞不對。王荆國於此等則皆置對停勻矣。"高陵相漢，義以家酬"：翟方進封高陵侯，其子翟義傾家以酬國恩。"孰盛與夷"：等，夷也。①

---

① 陳校本注：據上文，應作"夷，等也"。

　　《國子司業竇公墓志銘》“比四代仍襲爵名”：謂同昌以上四代，皆封西河公。“佐六府五公”節：五府六公，[①] 而僅叙崔縱、鄭餘慶，餘皆不叙，文所以簡貴正在此。而叙事簡直有法，故文氣遒而不冗。“公始佐崔大夫縱留守東都”：兩層意對立而詞亦漸相耦，已開王荆公志文法。“銘”：酷鍊，然傷雕琢，足以開苗軏之習矣。“聖愕旋河犢引比”：謂孔子聞竇鳴犢死，臨河而返。“相嬰撥漢納孔軏”：謂竇嬰撥漢亂，納之於正大之軏也。

　　《正議大夫尚書左丞孔公墓志銘》通首得勢在前半，叙去官事。前半得勢又在首句。筆愈提，則氣愈振。“臣與孔戣同在南省”節：疏文絕似《漢書》諸雜奏記。“如戣輩在朝，不過三數人”：他手爲之，必有“足以致治”四字。“自海抵京師”節：叙事絕狡獪。“絕海之商，有死於吾地者”：海外諸國商人中有海隔絕也。“盡没有之”：没入官而據爲己有也。“厚守宰俸而嚴其法”：不許守宰没海商之貨，故嚴立法令也。“觀吏厚薄緩急，或叛或從”：待之厚而緩其禁，則從；待之薄而操之急，則叛。“以破諸黄爲類，向意助之”：謂與淮西河南北等類也。“嶺南囂然”：叙諸黄事住此，不申言孔公料事之明，最爲簡裁。銘：謂吾不得見孔子而見其孫云云，其或尚與孔子類也。銘詞絕奇。

----

　　① 陳校本注：據上文，應爲“六府五公”。

《江南西道觀察使贈左散騎常侍太原王公墓志銘》以江南西道觀察使，特敘一段於中以爲主峰，餘則叙官階於前，敘政績於後，章法變化。爲王公作神道碑，又作墓志銘，二文無一字同。觀此知叙事之文，狡獪變化，無所不可。神道碑於叙官階逐段叙其政績，此篇首先將官階叙畢，然後申叙居某官爲某事。"徵命拜中書舍人"：拜中書舍人，與除江西南道觀察使事迹，即叙於官階之下，與神道碑同一位置，有變有不變也。"丞相聞問語語驗"：聞其言而問之也。"以其誑匄漁利，①奪編人之產"：誑，欺也。匄，求也。以二者漁利。編人，謂户口編列版籍。《相如傳》云："非編列之民。""錢餘於庫，米餘於廩"：二句同神道碑。"公之爲拾遺"：篇首已叙官階，此下再申叙事迹。此等蹊徑於文體爲已卑，王介甫多學之。"旬歲皆稱其便"：旬，遍也。周，一歲也。旬月，周一月。旬日，周天干之十日也。"銘"：用韻法創見。"我最其迹"：考"成有殿最"，"最"字本此。《韓宏碑》"最功定次"亦如之。

《殿中少監馬君墓志》情韻不匱。凡志墓之文，懼千百年後谷遷陵改，見者不知誰氏之墓，故刻石以文告之也。語氣須是對不知誰何之人説話，此文少乖，似哀誄文序。

---

① "匄"當作"丐"。

《南陽樊紹述墓誌銘》。道路所遇及器物門里雜銘二百二十句：謂山水泉石諸古迹皆可爲銘。"然而必出於已" 節：退之言屬文，皆親切有味。"於辭於聲天得也"：若叙知聲如叙其於辭，則冗長不警拔矣。前半叙其文辭，銘辭亦專贊其辭，而此言其於聲云云。警絶。"後皆指前公相襲"：公心之所安，而昭彰無疑者。《詩》"公然來思"、《左傳》"賄賂公行"，意皆如此。

《中大夫陝府左司馬李公墓志銘》。"王孫道明唐初以屬封淮陽王"：天潢族屬。"景融親益疏不王"：於親屬益疏遠也。"魯公真卿"：不稱姓，古法。"尹慚其廷中人曰"：言對廷中人有慚色。"拾掇三年，無所得"：言摭拾其罪過不得。"是與其故，故得用"：言與宰相爲親故。"詞愈下而微，既極復飛"：言王封后累世式微也，言窮極無家。

《故幽州刺史判官贈給事中清河張君墓志銘》"奏君名迹中御史選"：謂聲名行迹也。"發半道"：謂張君行至中途。"轙蹙我事，無庸殺"：戒張御史戒其徒。"君出門罵衆曰"：著語極精神。"其友侯云長佐郪使"：郪於范陽相去不千里。"世慕顧以行"：東有所慕，西有所顧，猶瞻徇也。噎喑，猶囁嚅不敢出聲也。

《河南府法曹參軍盧府君夫人苗氏墓志銘》"其族世所謂甲乙者"：崔、盧，唐世所稱巨族。甲、乙猶云第一、第二也。"有攜有嬰"：攜，牽以行也。嬰，在抱也。

《故貝州司法參軍李君墓志銘》李翱善爲文，故公此首
尤矜慎。稍變其豪橫之氣，而出以瘦勁。"壙於丁巳"：掘坎
也。"墳於九月丁酉"：四周圓卑，中隆起也。"窆於丁卯"：
下棺也。"翱其孫也，有道而甚文，固於是乎在"：收處絶疏
古，化去筆墨痕迹。

《處士盧君墓志銘》："貴兮富兮，如其材得何數兮。"材
應得之，貴富不足數也。

《虢州司户韓府君墓志銘》凡墓志之文以告後世，不知
誰何之人。其先人有可稱則稱之，其身無可稱則不著一語可
也。此文合法。

《女挐壙銘》"愈之爲少秋官"：替代語，破文體。"言佛
夷鬼"：自然沈痛。

《乳母墓志銘》。銘者，自名也。自述先祖之德善行義，
刻之金石，長垂令名，故字從金從名，不必有韻之文而後爲
銘也。觀《孔悝銘》可見亦有先叙事迹，後更爲銘詩者。欲
使後世歌頌功德，故詩之也。別有銘相警戒者，如《金人
銘》《十七銘》之類，爲數語便於記誦，亦昭著使垂不朽，
既自警，亦警人也。又六朝人遇山水古迹，多爲銘，亦刻石，
使衆著於耳目之義。總之，銘也者，垂後著名之通稱，不分
詞之有韻無韻，亦不分文之類頌爲箴也。

《瘞硯銘》"復其質，非生死類"：歸於土，故曰復質。
"全斯用，毀不忍棄"：謂全時則用之。

《毛穎傳》。東坡詩云："退之仙人也，游戲於斯文。"凡韓文無不狡獪變化，具大神通。此尤作劇耳。

《送窮文》"傲數與名"：名數皆學之粗迹。"文窮不專一，能怪怪奇奇，不可時施，只以自嬉"：四語足盡韓文之妙。"不可時施"：言不可施於時。"企足以待，實我讐冤"：言我企足以待彼，而彼實我於冤讐也。"子知我名，凡我所爲，驅我令去，小黠大癡"：四句錯雜成文，"驅我令去"句，當在"凡我所爲"之下。"惟乖于時，乃與天通"：精語驚人。"攜持琬琰，易一羊皮。飫於肥甘，慕彼糠糜"：琬琰、肥甘，謂百世不磨之名。羊皮、糠糜，謂遇時之浮榮也。

《鱷魚文》文氣似《諭巴蜀檄》。彼以雄深，此則矯健。"出貢賦以供開天地宗廟百神之祀之壤者哉"：長句聳拔。

《故金紫光禄大夫檢校尚書左僕射同中書門下平章事兼汴州刺史充宣武軍節度副大使知節度事管内支度營田汴宋亳穎等州觀察處置等使上柱國隴西郡開國公贈太傅董公行狀》著意在諭回紇、諭李懷光，及入汴州三事，餘皆不甚措意。惟有所略，故詳者震聳異常。"爾之馬歲至"節：微有描摹《左傳》痕迹。

《論今年權停選舉狀》此首與下《御史臺上論天旱人飢狀》《請復國子監生徒狀》，當時奏議文字如此，雖以韓公爲之，氣體仍自不古。

《復讐狀》。柳子厚此議最爲允當。①

《錢重物輕狀》頗似賈生《博禍七福疏》。

《爲韋相公讓官表》韓公爲四六文，亦不厠一俗字，歐王效之，遂開宋代清真之風。

《論捕賊行賞表》"昔秦孝公用商鞅爲相"節。引用太爛漫，蘇長公文多似此。

《潮州刺史謝上表》"苟非陛下哀而念之"節：求哀君父，不乞援奧竈，有節概人固應如此。"臣於當時之文，亦未有過人者"：如奏議文字及試禮部、吏部之文。"東巡泰山"：此則阿世取悦。韓公於此等處，多信道不篤。

《論孔戣致仕狀》。孔公墓志銘中節録此狀數語，絶古茂。而此文亦平平耳。所謂於當世之文，亦未有以過人也。

《論淮西事宜狀》"難處使先"：凡有艱難之處，使先冒其鋒也。"悉令卻牒，歸本道"：以客軍各歸本道，而以其兵器給召募人。"臨城小縣可收百姓於便地，作行縣以主領之，使免散失"：從前各處堡栅皆置兵馬，則百姓倚以無恐。今兵馬聚爲四道，則各處無聲援，不免散失。故無兵馬屯聚之處，則作行縣以主領之。

《論變鹽法事宜狀》"積數雖多，不可遽算"：每斤失利七八文，積至百千億斤，則失利無算也。"及至院鹽請受"：

---

① "讐"，應爲"仇"。

車牛到官，請受而用之。"不用門户，皆被停留"：不用之車牛，皆暫停住。"輸納之時，人事又别"：猶今俗稱交卸。"凡是和雇，無不皆然"：載鹽時須輪次，交納時又有規條，不得自由。

昌黎外集

《芍藥歌》太爛漫，不似韓公詩。

《海水》層折不窮。

《與少室李拾遺書》敦諭隱士之文，以六朝駢文爲雅，若散文，則三四行已足，如兩漢中諸小簡可也。

《答劉秀才論史書》"且傳聞不同"節。退之實見史不易爲，爲之者皆不免草草，率爾言及此，則雖遷、固，亦不免自心慚愧也。假令遷、固同傳一人，同叙一事，其傳聞愛憎，仍各不同也。欲不謂之草草得乎？退之不爲史，正識力大過人處。

《鄂人對》"然或陷於危難，能固其忠孝"："然或"二字接法不古。"矧非是希免輸者乎"："矧"字不法。

《題李生壁》低回唱嘆，深遠不盡，無韻之詩也。"昔時無度量之心"：度量，謂爲之限制，如布帛之有幅也。無度量，謂不爲限制，爛漫而無所不可也。

《祭董相公文》："雨水于雲，瀆水于坤。蕃昌生物，有假有因。天睠唐邦，錫之元臣。"雨、瀆比元臣，雲、坤比唐邦。

《順宗實録》爲張薦、令狐峘立傳，俱不宜闌入《實録》中。若張萬福、陸贄、陽城，爲一時偉人；王叔文、王伾、韋執誼，爲一時奸回，自宜詳敘顛末。然張、陸、陽皆德宗朝人，尚不宜闌入《順宗實録》，獨二奸爲與順宗相終始耳。

柳河東集

《零陵三亭記》昌黎志東野則仿東野，志樊宗師則仿宗師，其作《羅池碑》似亦仿此等文爲之。然如"禈諶宓子"等句，實未脱唐時駢文畦徑，昌黎不屑爲也。

《對夕月》柳子厚《對夕月》開洪容齋、王伯厚及近世顧亭林、錢辛楣、王懷祖之先，故知古人讀書非鹵莽者。

264

卷九　集四

湘鄉曾國藩著　湘潭王啟原編輯

白氏長慶集

《醉後走筆酬劉五主簿長句之贈，兼簡張大賈二十四先輩昆季》自首至“月夜”句，[1] 叙昔年與劉及張、賈兄弟同居符離。自“我年漸長”至“駭人”句，叙公與張、賈先後登科，而劉未得科第。自“元和運啓”至“才微”句，公自叙遭際明時，得官禁近。自“晚松寒竹”句至末，叙重與劉君相聚，劉有贈詩而公酬之。

《霓裳羽衣舞和微之》自首至“長引聲”句，叙元和時，曾於內宴時見霓裳舞。自“當時”至“各星散”句，叙在杭州時，曾教妓學霓裳舞。自“今年五月”至“圖寫出”句，叙在蘇州以書問元，元以霓裳譜答之。自“我愛”至末，言

---

① “大”，原本誤作“太”，應爲“大”。

將取蘇妓教之。

《池上作》。西池、南潭，皆池中勝處也。

李義山集

《重過聖女祠》。聖女祠，集中凡三見。程氏以爲皆刺當時女道士者。萼綠華降羊權家，杜蘭香數詣張碩，皆以仙女而與男子交際，所以深譏之也。

《題僧壁》集中有《贈田叟》詩，第六句云："交親得路昧平生。"程氏謂此篇亦是彼詩之意。窮途以求故人，傾身納交而棄我如遺，猶之舍生求佛，而卒無所得。"琥珀初成憶舊松"：按舊松，似指令狐楚。謂己少時，賴以獎借成名。

《潭州》。大中元年，鄭亞廉察桂州，義山爲從事，是年李德裕貶潮州。程氏以爲義山經過潭州時，聞德裕之貶而作是詩。

《贈司户劉蕡》。程氏以爲義山爲桂州判官時，當自桂林奉使江南，又使南郡，蕡貶柳州司户當在此時，或道途舟次相遇，而贈此詩。

《飲席戲贈同舍》。同舍，蓋妓席惜別者。

《令狐八拾遺綯見招送裴十四歸華州》"二十中郎"，用謝萬事。郗方回爲王羲之妻舅。謝道韞爲王凝之妻。裴十四當是攜家同行，但不知與令狐氏是何等姻親耳。

《寄令狐學士綯》。唐書史綯夜對禁中，燭盡，帝以金蓮華炬送還。[①]"夜吟"句，美其恩遇之隆也。

《少年》此刺當時勛戚子弟。

《藥轉》。程注云："此篇淫媟之辭。"朱竹垞以爲藥轉字出道書，如廁之義也。

《隋宮》。唐人諱淵，紫泉即紫淵。謂長安也。蕪城，揚州也。刺隋鎖長安之宮殿，而欲家於揚州。

《杜工部蜀中離席》。朱鶴齡以爲擬杜工部之詩，雪嶺、松州等俱切老杜肅、代朝事。程夢星以爲柳仲郢鎮東蜀，辟義山爲判官檢校工部郎中，詩作於是事。題當爲辟工部。國藩按：工部郎中，京朝之官，非幕府之官也。檢校工部則可，辟工部則不可。朱説近之。

《梓州罷吟寄同舍》："五年從事霍嫖姚。"霍嫖姚，喻柳仲郢。

《無題二首》二詩言世莫己知，己亦誓不復求知於世。托辭於貞女，以自明其波瀾不起之志。

《昨日》此冶游惜別之詩。

《子初郊墅》集中又有"子初全溪作"。朱氏程氏未著子初何人。

《井絡》第七句，是作意預警奸雄輩，無恃蜀中之險而

---

① 事見《新唐書·令狐綯傳》。

圖割據也。

《宋玉》此詩吊宋玉所以自傷也。當係自桂林奉使江陵時作。

《奉和太原公送前楊秀才戴兼招楊正字戎》。楊敬之，兼太常少卿。二子戎。戴同日登科。朱注："太原公，王茂元也。"第三句，送戴。四句，招戎。

《臨發崇讓宅》《西溪叢語》：①"洛陽崇讓坊有河陽節度使王茂元宅。"臨發者，將由洛陽王宅赴京也。

《野菊》朱氏云："此詩又見《孫逖集》，題作《咏樓前海石榴》。"程氏云："此詩與九日詩詞旨同。《野菊》命題，即君子在野之嘆。"國藩按：程氏説是也。義山以官不挂朝籍爲恨，故以未嘗移栽御筵，不能不致怨於令狐氏耳。

《過僕射舊宅》。伊慎，兗州人，大曆間以軍功封南兗郡王，歷官檢校尚書右僕射，兼右衛大將軍。末二句，朱氏以爲義山時自桂林奉使江陵，故有此語。程氏以爲伊慎立功初在嶺南，後在湖襄。愚意當從朱説。

《聞歌》。程氏以此詩爲宮妓流落在人間者而作。考唐德宗嘗命陸贄草詔，使渾瑊訪求奉天所失裏頭內人，其事可證。觀"細腰"句，似在江陵時所作。

《贈華陽宋真人兼寄清都劉先生》此詩朱氏以宋真人爲

① 據原詩"宅"下當有"紫薇"二字。

女道士。程氏謂義山以劉比周史，而自比於徐甲，推復至矣。義山文集有云"志在玄門"，宋真人必道侶也。

《重有感》。文宗太和九年十一月二十一日甘露之變，宦官既殺宰相王涯、賈餗、舒元輿等。時鄭注爲鳳翔節度使，爲監軍所殺，王茂元在涇原，蕭弘在鄜坊，勒兵以備非常。昭義節度使劉從諫三上疏問王涯等罪名。義山欲茂元入清君側之奸，故有此詩。

《春雨》。此借春雨懷人，而寓君門萬里之感。朱云："玉璫緘札，猶今所云侑緘。"

《楚宮》。宋申錫爲宦官所誣，貶開州司馬，卒於貶所。開州屬山南道，本楚地。程氏以爲此詩吊宋申錫而作。

《宿晉昌亭聞驚禽》《長安圖經》："自京城啓夏門北入東街第二坊曰晉昌坊。"國藩按：末四句，言失群之胡馬、掛木之楚猿，與此驚禽之心相同，即與義山之羈緒亦同也。

《安定城樓》。涇州保定郡本安定郡。此義山在王茂元涇原幕中時作。

《利州江潭作》。武后自册爲金輪皇帝。父士護爲利州都督，生后。此詩在利州咏武后也。三四句，即潭中之景寓懷古之意。五六七句，均以龍比武后。

《淚》前六句，淚凡六種，固已可傷。末二句，以青袍寒士而送玉珂貴客，其淚尤可悲也。

《流鶯》末句亦自恨官不挂朝籍之意。

《七月二十九日崇讓宅燕作》程云："集中有《七月二十八日夜與王鄭二秀才聽雨夢後作》七古一首。叙見知於王茂元而歸結悼亡之意。"此詩僅後一日，所言亦復悽婉。疑七月二十八九爲義山悼亡之日。

《贈從兄閬之》魚標鹿迹，言處處有機事機心也。

《九成宫》送荔支者，而被天書恩幸。亦"一騎紅塵妃子笑"之意。

《咏史》此篇朱氏以爲因文宗而發。今按三四句，咏文宗之儉，如史所稱"衣必三澣"是也。五句，以馬喻賢才。傷時無良臣也。六句，以蛇喻宦官盤結而不能去也。末句，言己爲文宗開成二年進士，曾與衆仙同咏霓裳也。

《無題》此篇程注以爲出秘書省調宏農尉時所作。三四句，出爲外吏而不忘禁省也。五六句，言省垣朋游之樂。末句蘭臺，朱氏以爲義山爲王茂元所辟得侍御史事。

《赴職梓潼留别畏之員外同年》。畏之名瞻，韓偓之父，開成二年與義山同年進士。觀前四句，似韓與義山同時娶妻，同年登第，而義山旋即悼亡。朱云："義山與畏之爲僚婿。"意或然與？時韓留京師。

《曲池》此似冶游惜别之詩。

《留贈畏之》程云："此必將赴梓潼，往謁畏之，值其朝回而不一見，故有慨乎言之耳。"朱云："左川即東川。"國藩按：此必自東川奉使入京一次。故自稱曰"歸客"。與前

《留別畏之》詩非一時也。

《玉山》。程注："此詩亦望恩干進之意。"國藩按：此人蓋居勢要而有才望者，三四句，皆就山取譬，山能回日馭，謂其能回天眷也。山有上天梯，謂其接引甚易也。神仙，言其居要地。才子，言其負時望也。

《牡丹》。程云："此艷詩也。"以其人為國色，故以牡丹喻之。首句原注："《典略》云：'夫子見南子在錦幃之中。'"

《一片》。程氏以此為幽期密約之詩。國藩按：此當致書友人，求為京朝一官，如陳咸致書於陳湯，得入帝城死不恨也。前四句，言帝城風景可望而不可即。後四句，言春去秋來，日月易逝，時事變遷，無使我更失望也。

《促漏》此詩高棅以為擬深宮怨女而作。程氏以為托於閨情，亦怨令狐綯之不見答耳。

《可嘆》此詩程氏以為嘆彼姝所遭非耦。起句結句蓋曾與義山目成而不及亂也。愚謂此亦刺戚里之為女道士者。

《富平少侯》此亦譏勛戚子弟。

《贈趙協律晳》。吏部相公，令狐楚也。時為當路所軋，置之散地，故曰賓館徒在。安平公，崔戎也。以太和八年六月卒，故曰"妓樓已空"。第四句原注："愚與趙俱出今吏部相公門下，又同為故尚書安平公所知，復皆是安平公表侄。"

《曲江》太和九年正月，鄭注言秦中有災，宜興土工厭之，乃興曲江之役。是年十一月，因甘露之變，遂罷曲江亭館。此詩所以慨也。天荒地變，王室之公憂也。傷春，義山之私感也。當別有感耳。

《回中牡丹爲雨所敗》。回中，在安定高平，其中有宫。程云："此二首乃嘆長安故妓流落回中者，牡丹特借喻耳。"

杜樊川集

《長安雜題長句》第二首。"韓嫣"四句，言勛戚豪家之盛。末二句，言不游權貴之門也。

第三首。此首言方春景物之麗，士女冶游之盛，而己甘陋巷寂寞也。

第四首。"期嚴"四句，自言疏慵，不宜於從公，有嵇康七不堪之意。①

《李給事中敏》。太和六年大旱，中敏以司門員外郎上言，請斬鄭注以快忠臣之魂。帝不省。中敏以病告歸。注誅，中敏被召，累遷給事中。又論仇士良不應蔭子，爲士良所怒，由是復棄官去。

《奉和白相公聖德和平致茲休運歲終功就合咏盛明呈上三相公長句四韻》。宣宗大中二年收復河湟，② 白敏中進詩，同

---

① "嵇"，原本誤作"稽"。
② 原本脱"奉"字。

時馬植、魏扶、崔鉉皆進詩。三相公，謂馬、魏、崔也。"聖德和平"四句，蓋白公題中語。

《送國棋王逢》："浮生七十更萬日。"牧之是時年四十二三，若得至七十，猶有萬日。

《西江懷古》。注家謂楚人指蜀江爲西江，謂從西而下也。國藩按：詩中魏帝苻堅等語，[①]殊不似指蜀中者。六朝隋唐皆以金陵爲江東，歷陽爲江西，厥後豫章郡奪江西之名，而歷陽等處不甚稱江西矣。此西江或指歷陽烏江言之。

《池州李使君没後十一日處州新命始到後見歸妓感而成詩》"巨卿"句，用《後漢書·范式傳》。"阿鶩"句，用《魏志·朱建平傳》。"生子"句，用《任延傳》。

《八月十三日得替後移居霅溪館因題長句四韻》。據馮注，[②]牧之於大中四月至湖州，五年八月得替，恰及一年，故曰"一年人住豈無情"。

《早雁》。雁爲虞弦所驚而來，落想奇警，辭亦足以達人。

《湖南正初招李郢秀才》。李郢，字楚望，大中進士，長安人，唐末避亂嶺表。馮注云："李郢有《和湖州杜員外冬至日白蘋洲見憶》詩，與牧之此詩用韻並同，此湖南當是湖

---

① "苻"，原本誤作"符"。
② "十三日"，據原詩應爲"十二日"。

州之誤。"

《懷鐘陵舊游》第一首。漢之豫章郡，隋改爲縣，唐改爲鐘陵縣，後改南昌縣。征南，指沈傳師也。傳師太和元年卒，子樞、詢皆登進士第，詢歷清顯，至禮部侍郎，故以機、雲比之。

第四首。馮注：《通典》："南昌有龍沙。"《水經注》："龍沙，沙甚潔白，高峻而阤，有龍形。"國藩按：此詩之意，謂沙之白細，就中可揀出蜀羅也。以比就紅粉隊中揀選絕色，蓋攜妓夜游之詩。

《咏歌聖德遠懷天寶因題關亭長句四韻》："聖敬文思業太平。"宣宗徽號曰聖敬文思和武光孝皇帝。

《寄浙東韓乂八評事》："一笑五雲溪上舟。"會稽若邪溪，徐浩改爲五雲溪。

《書懷寄中朝往還》。往還，猶云舊游。"爲吏塵中勢自回"：回，猶云變易也。

嘉祐集

《詩論》："以爲可以博生也。"博，換也，貿易也。古琴曲有《不博金》，猶諺稱"金不換"也。宋世有博馬司，謂以茶易蕃馬也。

元豐類稿

《序越州鑒湖圖》："謂湖不必濬者，曰益堤壅水而已。"湖不必復，前八說所無。益提壅水，刁約、張伯玉之言也。

《宜黃縣學記》："則其材之不成，夫疑固然。"① "夫疑固然"四字，似當作固然無疑。

《越州趙公救災記》末段文氣平衍。②

《廣德軍重修鼓角樓記》氣體頗近退之，但少奇崛之趣。

東坡文集

《石鐘山記》。自咸豐四年十二月，楚軍水師在湖口爲賊所敗，自是戰爭八年，至十一年乃少定。石鐘山之片石寸草，諸將士皆能辯識。上鐘岩與下鐘岩，其下皆有洞，可容數百人，深不可窮，形如覆鐘。彭侍郎玉麟於鐘山之頂建立昭忠祠。乃知鐘山以形言之，非以聲言之。酈氏、蘇氏所言，皆非事實也。

《代張方平諫用兵書》。東坡之文，其長處在徵引史事，

---

① "夫"，陳校本改爲"無"。
② "災"，原本誤作"菑"。

切實精當；又善設譬諭，凡難顯之情，他人所不能達者，坡公輒以譬諭明之。如《百步洪》詩，首數句設譬八端。此外，詩文亦幾無篇不設譬者。此文以屠殺膳羞喻輕視民命，以箠楚奴婢喻上忤天心，皆巧於構想，他人所百思不到者。既讀之，而適爲人人意中所有。古今奏議，推賈長沙、陸宣公、蘇文忠三人爲超前絶後。余謂長沙明於利害，宣公明於義理，文忠明於人情。陳言之道，縱不能兼明此三者，亦須有一二端明達深透，庶無格格不吐之態。"至於興事首議之人，冥謫尤重。蓋以平民無故緣兵而死，怨氣充積，必有任其咎者"：數句非儒者之言。亦失陳奏之體。"此豈爲善之報也哉"：武氏之禍，謂由太宗窮兵所致，亦非事實。"譬猶屠殺牛羊，刳臠魚鱉，以爲膳羞，食者甚美，死者甚苦"：姚姬傳氏謂東坡此書是子虛烏有之事，方平並未入奏，蓋在黃州時聞永樂徐禧之敗，神宗悔痛，故追作是文以發揮己意。其以屠殺膳羞爲喻，亦是黃州戒殺時議論也。國藩謂東坡好佛，以好殺喻黷兵，理自可通，惟首段言"冥謫尤重"，則失體耳。

《圜丘合祭六議札子》。按：秦氏蕙田録此疏於《五禮通考》中，極辨其謬。蓋主天地必宜分祭之説，雖依經據古，確不可易，而蘇氏酌時勢以立言，亦自不可廢也。

《上皇帝書》。奏疏總以明顯爲要，時文家有典顯淺三字訣。奏疏能備此三字，則盡善矣。典字最難，必熟於前史之事迹並熟於本朝之掌故，乃可言典。至顯淺二字，則多本於天授。雖有博學多聞之士，而下筆不能顯豁者多矣。淺字與雅字相背，白香山詩務令老嫗皆解，而細求之，皆雅飭而不失之率。吾嘗謂奏疏能如白詩之淺，則遠近易於傳播，而君上亦易感動。此文雖不甚淺，而典顯二字，則千古所罕見也。

"臣近者不度愚賤，輒上封章言買鐙事"：篇首三百餘字，失之冗漫。漢唐制科對策往往如此。今京曹奏疏，首段亦多浮詞。若督撫奏疏，宜就事論事，閑語不可太多。"驅鷹犬而赴林藪，語人曰：我非獵也。不如放鷹犬而獸自馴。操網罟而入江湖，語人曰：我非漁也。不如捐網罟而人自信"：善言事者，每於最難明之處設譬喻以明之。東坡詩文皆以此擅長。"宰相，人臣也，且不欲以此自污，而陛下獨安受其名而不辭，非臣愚之所識也"：四句有傾軋王介甫之意。"今者徒聞江浙之間數郡雇役"：王荆公新法惟雇役爲善政，當日諸君子亦爭之不已，厥後司馬溫公改雇役仍爲差役，東坡又力爭之。雇役，猶今軍中雇募民夫給與飯錢也。差役，猶今擄人當夫，不給錢文也。"又欲官賣所在坊場，以充衙前僱直"：衙前，猶差總之名也。凡縣有大役，如運送官物錢糧之類，則責成衙前爲夫役之總。故宋時派充衙前者，鄉之富民，立即貧窮。韓魏公、司馬溫公皆有疏論之。王荆公以坊場爲衙前雇價，較之前此全不給錢者，已稍優矣。"且東南買絹本用見錢"節：買絹之初，本發見錢，後亦失信。揀刺義勇之初，本言永不戍邊，後亦失信。以喻王介甫放青苗錢之初，本言不許抑配，不久亦必失信也。東坡言事，或引古事以譬之，或引近事以譬之，取其易曉。"計其間願請之户，必皆孤貧不濟之人家，若自有贏餘，何至與官交易"：今之領常平倉谷者，亦皆孤貧不濟之人；況宋領青苗錢須還利錢乎？"頃在陝西，見刺義勇提舉諸縣，臣嘗親行，愁怨之民哭聲振野。當時奉使還者，皆言民盡樂爲"：又以刺義勇時民怨而帝不聞，喻青苗一事亦民怨而帝不聞。"縱使其間薄有所獲，而征商之額，所損必多"：均輸，猶官運之鹽也。商稅，猶各卡之抽釐也。①官運多則釐稅少，自然之理。"使天下常調"：循資按格者，謂之常調官。"許以風聞而無官長"：無官長，猶云無上司也。今都察院之總憲、副憲雖稱臺長，亦非堂官之體。"臣恐自茲以往，習慣成風，盡爲執政私人，以致人主孤立。紀綱一廢，何事不生"："執政私人"等句，亦有傾軋之意。"臣之所謂願存紀綱者，此之謂也"："存紀綱"一節，事實太少，議論亦淺，與前二條殊不相稱，不足平列爲三。

東坡詩集

《和子由踏青》前八句，叙踏青。後八句，就道人賣符生波。

《石鼓歌》“下揖冰斯同糓糓”以上，推尋字體。“豈有名字記誰某”以上，敘石鼓爲周宣王時作。以下至末，論鼓不爲秦所掊擊。

《司竹監燒葦園因召都巡檢柴貽勛左藏以其徒會獵園下》“欲出已被蒼鷹遮”以上，言狐兔歲藏葦中，敘獵之地。“野人”以下正賦獵事。末言獵罷置酒。

《朱壽昌郎中少不知母所在刺血寫經求之五十年去歲得之蜀中以詩賀之》末引六事作收，別是一種章法。

《續麗人行》“心醉”二句拙。“孟光”二句腐。

《次韻答劉涇》前嘲劉之苦，後敘己之樂。

《和子由送將官梁左藏仲通》前八句，自敘閒適之趣。後八句，敘梁來徐兼憶子由。

《次韻孔毅父久旱已而甚雨三首》第一首專咏久旱。第二首前半喜已得雨，後半將謀作塘。第三首咏甚雨而及楊道士。

《和蔡景繁海州石室》“蒼髯白甲低瓊户”以上，敘石曼卿種桃。“我來”四句，敘公嘗攜家一游，有婢彈胡琴。“爾來”十句，因蔡寄詩復念及胡琴婢。

《張近幾仲有龍尾子石硯以龍劍易之》此等爲後世惡詩所藉口，① 最不宜學。

---

① “龍劍”字誤，當爲“銅劍”字。

《寄蘄簟與蒲傳正》翻從寒冷時倒映出炎熱得簟之妙，亦自昌黎"卻願天日長炎曦"句脫胎。

《送表弟程六知楚州》三老，當謂東坡與程六德孺之祖爲二老，又加石氏一老也。諸孫，即指程六及坡自謂耳。前十句，叙少時故鄉聚處。後十句，叙暮年京師送別。

《送王伯敭守虢》"爭入崤函"句，謂行人爭入函谷關而至長安，不肯久留虢州也。

《武昌西山》前十二句，叙昔在黃州，往來西山。"浪翁"六句，叙鄧曾作窪尊銘。"當時"六句，叙會宿玉堂。

《次韻米黻二王書跋尾二首》前六句，叙曾在三館見二王真迹。後八句，羨米得此本。

《書王定國所藏煙江疊嶂圖》前十二句，狀畫中勝境。"使君"四句，點明題目。"君不見"十二句，言樊口勝境亦不減於途中之景，但人自欠閒耳。

《喜劉景文至》前十二句，喜劉至。後八句，念蘇杭舊游，以劉自杭來也。

《軾在潁州與趙德麟同治西湖，[①] 未成，改揚州，三月十六日湖成，德麟有詩見懷，次其韻》首四句，辨杭潁之雌雄。"我在"六句，叙在杭修堤。"揭來"四句，叙在潁治湖。末六句，叙見官揚州。

---

① "軾"，原本脱。"趙"，原本脱。

《游博羅香積寺》首六句，叙麥禾之美。"誰言"六句，因見麥禾溪水，而謀及臼磨。末八句，艷説飽食麥禾之味。"收麵"句，麥也。"春穬"句，禾也。"雲子"句，禾也。"瓊肌"句，麥也。"牢九"句，[①] 麥也。"真一"句，禾也。

《荔支嘆》後八句，因荔支而嘆貢茶、貢花之弊。

《次韻正輔同游白水山》首八句，言被塵俗所纏縛，欲爲物外之游。"首參"十句，叙自到嶺南，備歷諸勝。"朱明"八句，言自羅浮游白水。"故人"至末十四句，有飄逸出世之想。"仙山一見五色羽"：此句謂有五色雀，曾一至儋耳庭中，公後有《五色雀》詩。

《歐陽晦夫遺接羅琴枕戲作此詩謝之》首六句，自叙至嶺南後冠服。"見君"六句，叙送冠枕。末十句，有懷歐、梅。

《常潤道中有懷錢塘寄述古第二首》："去年柳絮飛時節，記得金籠放雪衣。"按：映雪堂刻東坡帖，有"開籠若放雪衣女，長念金剛般若經"一事，亦與此詩相合。

《與參寥師行園中得黃耳蕈》：[②] "蕭然放箸東南去。"東南去者，公此時將離徐州改官湖州矣。

---

① 原本"九"應爲"丸"，"牢丸"爲一種麵食。
② 原本脱"師"字。

卷十　集五

山谷詩集

《送范德孺知慶州》。德孺，名純粹，元豐八年八月除知慶州。山谷以次年春爲此詩贈之。乃翁，謂范文正公。阿兄，謂忠宣公純仁也。

《次韻李之純少監惠硯》。汝州葉縣有黄公山。山谷熙寧間嘗爲葉縣尉，當迎候之純也。猛獸蟲鼉，借以言石之狀。仙伯，謂李之純。蓬萊，謂見李於京師也。與清流者，山谷以哲宗初除館職也。黄山，即黄公山。謂前此見石，不知其可爲硯材。

《咏李伯時摹韓幹三馬次蘇子由韻簡伯時兼寄李德素》。太史，當謂子由作起居郎左史之任。云雨垂，謂如在天上也。"馬官"二句，言其馴伏如此，必非新自西極來者。任注詩意："若曰老於中朝之士，與來自釣築者，其英傑之氣固自不

282

同，如仗下馬與渥洼之驥也。""士或"句，言五羖皮已自輕
其身矣，而今乃有並不須此價者。

《次韻子瞻和子由觀韓幹馬因論伯時畫天馬》。翰林，謂
東坡也。坡詩云："少陵評書貴瘦硬，此論未公吾不憑。"言
少陵評幹不畫骨，李侯亦不以爲憑也。

《謝黃從善司業寄惠山泉》："錫谷寒泉撋石俱。"撋，音
妥，圓而長曰撋。① 撋石，所以澄水也。

《次韻錢穆父贈松扇》。銀鈎，字也。玉唾，詩也。幀溝
婁，高麗城名。襥襫，謂不曉事人，山谷以自道也。

《戲和文潛謝穆父贈松扇》。山谷有《猩毛筆》詩，蓋亦
穆父高麗所得。文潛體肥，故有肉山之譏。黃間，弩名。

《次韻王炳之惠玉板紙》"董狐南史一筆無"二句，山谷
時爲史官，自謙云爾。

《送鄭彥能宣德知福昌縣》。冠氏縣，屬大名府。鄭由冠
氏遷福昌，故稱之曰鄭冠氏，猶稱王元之曰王黃州，稱范德
孺曰范慶州，② 稱孫賁曰孫陽翟耳。

《雙井茶送子瞻》。雙井，在洪州分寧縣，山谷所居也。

《和答子瞻》。山谷時病目，故首二句云云。東坡《謝山
谷餽茶》詩云"明年我欲東南去"，故曰"貽我東南句"。

---

① 撋，古同"榍"。
② "范慶州"，原本無"范"字，據陳校本補。

《子瞻以子夏丘明見戲聊復戲答》"上清虛皇對久如"
句，謂奏對久之。詩箋曰："丞然，猶言久如也。"軒轅，謂
神宗。時山谷修實錄，故云。

《省中烹茶懷子瞻用前韻》。文德殿東上閣門之東，有井
絕佳。陸羽，復州竟陵人，著《茶經》三篇，以廬山康王谷
水簾爲天下第一。"爭名"句，謂眾人爭名於烈焰之中，東
坡則以水沃其焚如之焰也。

《戲呈孔毅父》："校書著作頻詔除。"山谷以元豐八年四
月爲校書郎，元祐二年正月爲著作佐郎。

《以團茶洮州綠石研贈无咎文潛》。元祐元年十二月，試
太學，錄張耒試太學正，晁補之並爲秘書省正字。所謂"道
山延閣"，所謂"此地"，並指禁省館閣言之也。思齊，指宣
仁太后。紫皇及訪落，並指哲宗也。

《次韻答曹子方雜言》。山谷在京寓居醴池寺。首五句，
山谷自敘近狀。時持戒律甚嚴，故有"齋盂"之句。冷卿，
如稱詞部爲冷廳，廣文爲冷官之類，謂光祿卿也。或云：冷，
姓也。國藩按："冷卿"以姓爲是。"往時"以下八句，山谷
昔在冷宅，始知曹之名。"誰憐"四句，敘與曹相遇，時曹
貧而冷亦不如昔矣。末七句，招曹偕隱。張侯，似是張仲謀。

《次韻子瞻武昌西山》。元次山因石巔有窊，因修之，以
藏酒，命爲窊樽而銘之。鄧聖求在武昌，嘗作《元次山窊樽
銘》。東坡在玉堂與鄧同夜直，話及此事，因作《武昌西山》

詩，請鄧同賦，山谷和之。首四句，叙次山作窪樽。“平生四海”以下十二句，叙東坡在黄州尋次山之遺迹。“鄧公”四句，叙東坡摩挲鄧公之銘。“謫去”至末八句，叙東坡還京與鄧同直玉堂。

《謝送碾賜壑源揀芽》。熙寧末，神廟有旨下建州，制密雲龍建州茶，以北苑壑源爲上，沙溪爲下。第一春，謂元豐元年。睿思，蓋神宗便殿也。橋山，謂作神宗裕陵也。右丞，謂李清臣邦直。校書郎，山谷以元豐八年召爲校書郎也。春風，謂茶。

《以小龍團及半挺贈无咎並詩用前韻爲戲》。佳人，謂无咎。棋局，謂團茶下隱隱有此文，蓋篆痕也。雞蘇、① 胡麻，俗人煮茶，多以此二物雜之。晋有羌人姚馥，但言渴於酒，群輩呼爲渴羌。

《送謝公定作竟陵主簿》。謝公，謂師厚。公定蓋其子也。竟陵與襄陽皆在漢水之濱。“四海”句，以習鑿齒比公定才行之高。“拄笏”句，以王徽之比公定襟懷之雅。

《僧景宗相訪寄法王航禪師》首二句，山谷自叙近狀。三四句，指智航。“一絲”句，謂智航無罣無礙，脱離世網。“萬古”句，慨世人爲物所牽，如蟻之旋磨。末二句，謂智

---

① 雞蘇，草名，又名龍腦薄荷、水蘇，其葉辛香，可以烹雞，故名。蘇軾《石芝》詩：“鏗然敲折青珊瑚，味如蜜藕如雞蘇。”

航能以法力致雨，熟其田園，不須令小僧景宗乞化也。

《次韻子瞻詠好頭赤圖》："精神權奇汗溝赤。"《銅馬相法》曰："汗溝欲深長。"

《觀伯時畫馬》。元祐三年春，東坡知貢舉，山谷與李伯時皆爲其屬，故試院中作數詩。儀鑾司掌奉供帳之事，翰林司掌供御酒茗湯果及内外筵設。太極老君與傅先生木鑽使穿，一石槃厚五寸許，積四十七年而石穿，遂得神丹。

《記夢》《洪駒父詩話》謂山谷見一貴宗室攜妓女游某寺，此篇記其事也。僧惠洪《冷齋夜話》謂山谷晝卧醽池寺，夢與一道士游蓬萊，覺而作此詩。二説未知孰是？

《次韻子瞻送李豸》。豸字方叔，東坡知貢舉，而豸不第，有詩送之，"巨浸"二句，言其所成者大。"風蟬"二句，勸其不求速化。

《次韻子瞻寄眉山王宣義》。王淮奇，字度源，蜀之青神人，東坡叔丈人也。東坡有《王丈求紅帶》詩。"林間醉著人伐木"：聞伐木喧噪之聲，猶以爲追呼也。

《聽宋宗儒摘阮歌》。翰林尚書，當是宋景文公。耆域，天竺高僧也。嘗以淨水一杯、楊柳一枝，起滕永文之病。

《答黄冕仲索煎雙井並簡揚休》。王戎封安豐侯，善發談端。此引以比揚休。"秋月澄江"，言詩之清絶如此。"夜堂"句，不知何指。

《再答冕仲》"春溪蒲稗没鳬翁"：《急就篇》顔注曰：

"翁毳，頸毛也。""他日過飯隨家風"：《漢書·鮑宣傳》："俱過一宣飯去。""走謁鄰翁稱子本"：稱子本，謂稱貸於鄰家以治具。韓文："子本相侔。"

《戲答陳元輿》。元祐二年八月，陳軒爲主客郎中。軒，字元輿，陳汀州亦猶稱鄭冠氏、孫陽翟之類。任注云："東門拜書，當是拜誥於東上閣門。"小人，山谷自謂也。"迎笑"句，謂少婦也。"夜窗"句，謂寒宵也。"秋衣"句，謂侍妾薰衣也。謂元輿雖甘枯淡，恐有少婦寒宵薰衣，意根復動耳。

《再答元輿》。牛鐸，山谷自比。黃鐘，以比元輿也。邂逅，謂不期而得之。補袞，謂名位也；謂名位倉卒可得，不如不忘其本也。

《演雅》"稑蜂趨衙供蜜課"：唐《食貨志》有課戶，今猶以賦稅爲國課。此謂蜂以釀蜜爲課也。"黃口只知食飯顆"：黃口，小雀也。

《戲答趙伯充勸莫學書及爲席子澤解嘲》"平生"二句，言不好飲。"我醉"二句，言不好色。崔，謂崔瑗。杜，謂杜度。長沙僧，懷素也，自言得草書三昧。任注："席君蓋京師醫者，與山谷寓舍相鄰，山谷書帖中所謂席三，即其人也。杭州永明寺智覺禪師延壽著《宗鏡録》一百卷。"

《戲書秦少游壁》。微服過宋，謂少游過宋之南京，今之歸德也。宋父，以喻所盼者之父。百牢，喻百兩之禮。鸜鵒，喻此女也。秦氏，喻少游之夫人。兄，喻少游之子已長矣。

“憶炊”句，喻少游昔年與妻同貧苦。“未肯”句，喻妻意不欲少游納妾。“莫愁”句，勸少游妻無怨其夫。“但願”句，言富貴後不妨廣置姬妾也。任注云：“觀此詩意，當是少游過南京時有所盼。主翁待少游厚，欲令從歸，而其家難之也。”

《送少章從翰林蘇公餘杭》：“即如常在郎罷前。”顧況詩曰：“隔地絶天，直至黄泉，不得在郎罷前。”

《便繇王丞送碧香酒用子瞻韻戲贈鄭彦能》。王詵晋卿，①尚蜀國公主，其家酒名碧香。彦能，名僅，漢賜丞相。上尊酒，言貧者無此骨相，不能邀給賜也。“應憐”二句，皆謂王憐山谷，憐其坐側無氈，出則被謗也。

《再答景叔》：“賜錢千萬民猶飢，雪後排簷凍銀竹。”元祐二年十二月，以大雪寒，出錢百萬，令開封府賜貧民。銀竹，謂冰柱也。

《次韻李任道晚飲鎖江亭》。任道，名仔，梓人，寓江津二十餘年。鎖江亭，在戎州之東，今叙州也。唐改豫章曰鐘陵，山谷自思鄉里也。

《送石長卿太學秋補》“漢文”句，謂徽宗初立也。

《寄題榮州祖元大師此君軒》“王師”四句，② 叙其善鼓琴。“神人”四句，叙其善推命。“程嬰”句，狀竹之勁。

---

① “繇”應爲“繇”。
② 原本脱“寄”字。“州”，原本作“君”。

"伯夷"句，狀竹之瘦。"霜鐘"二句，因竹而及琴，回顧篇首。

《戲贈家安國》。安國字復禮，眉山人，初以武進，後入左選。二蘇，謂東坡、黄門，亦眉山人，皆有贈安國之詩。

《和王觀復洪駒父謁陳無己長句》"九鼎"句，① 謂無己有前輩典型，足爲士林之重。一角，以無己比麟，謂如學士中之端也。"砥柱"句，言無己獨立於頹波之間。

《送密老住五峰》。密老，蓋法昌之嗣。"螺螄吞大象"：法昌《法身頌》中語也。"美酒無深巷"：古語也，謂酒之美者，雖在深僻之地，人必就沽。山谷之意，以爲密老但解法昌宗旨，何患不爲人所知哉？

《武昌松風閣》。山谷以崇寧元年壬午九月至鄂，東坡已於前一年辛巳死矣。故曰"東坡道人已沈泉"。文潛時謫黄州安置，尚未到黄，故曰"何時到眼前"。

《次韻文潛》。淩江，即淩雲、淩波之類。韓詩："遂陵大江極東陬。"任注云："三豪，當是東坡先生及范淳夫、秦少游，於時皆死矣。""有人"二句，謂安民修政，自有廟堂諸人身任茲責，吾輩政可隱幾學道，息諸妄念爾。末二句，言賢愚邪正，久而自明，猶水清而石自見。

《次韻元實病目》首二句，言爲道者惟恐心之不灰，爲

---

① "己"，原本誤作"已"。

學者惟恐見之不博，各異趣也。

《花光仲仁出秦蘇詩卷思兩國士不可復見開卷絶嘆因花光爲我作梅數枝及畫煙外遠山追少游韻記卷末》。仲仁，^① 蓋衡州花光山長老。夢蝶真人，用《莊子》事。籬落逢花，用陶潛事，以比秦少游逢花便醉也。法融禪師入牛頭山幽棲寺，有百鳥銜花之異。少游卒於藤州，其子處度槀殯於潭，故有長眠桔洲之句。霜前草，言喜尚未死也。

《太平寺慈氏閣》。元結在零陵尋得巖洞，名曰朝陽巖。結爲春陵刺史，死已久矣，故曰“不聞皁蓋下”。愚溪，懷柳子厚也。

《題淡山岩》第二首。徵君，謂周貞實，零陵人，居淡山石室，秦始皇三徵不起，遂化爲石。元次山有大回中、小回中詩，言樊水之回洑也，此借用以言巖洞之回環。

《明遠庵》。淵明好眠，空瓶亦好卧，故曰“同此趣”。甕頭，初熟酒也。梨花，酒杯樣製如此。

《戲答歐陽誠發奉議謝予送茶歌》。歐陽昔年曾爲東坡所賞，饋之以酒。茲以與山谷往還，饋之以茶。歐陽君必多髯，故用宋華元于思事。

《和范信中寓居崇寧遇雨》。慶、旻，蓋崇寧兩禪僧。徽宗崇寧三年，詔天下置崇寧寺觀，爲上祈年。

---

① “兩國士”當作“二國士”。

《還家呈伯氏》："强趨手板汝陽城，更責愆期被訶詬。"山谷初到汝州，時鎮相富公以到官逾期下吏。

《流民歌》。熙寧二年，河北於旱後又遭水災，流民南渡就食襄葉間。① 所云疏遠之謀，老生常談者，山谷是時必陳救荒之策也。

《次韻答和甫廬泉水》：②"此邦雖陋有佳士。"當指德平言之。

《贈趙言》"北門"六句，山谷時在北京，謂他人不顧而趙言獨來相尋訪也。

《次韻晁補之廖正一贈答詩》《晁无咎集》云："及第東歸，將赴調，寄李成季。"又云："復用前韻答明略，並呈魯直。""頃隨計吏西入關"以下七句，俱言其不得志。"輕裘"句，言其登科也。

《再次韻呈廖明略》："君既不能如鍾世美，甌函上書動天子。"元豐元年十一月，鍾世美以内舍生上書，稱旨得官。世美蓋黨附王安石者，山谷此言特戲之耳。

《走答明略適堯民來相約奉謁故篇末及之》"省庭無人與爭長"：唐宋進士曰省試。韓公詩："下驢入省門。"此云"省庭"，皆指試進士言之。"比鄰著作相勞苦"，指堯民也。

---

① "間"，據原詩原本作"閒"。
② 據原詩原本前脱"次韻"二字。

《答明略並寄无咎》"已得樽前兩友生"：謂堯民、明略。"更思一士濟陽城"：謂无咎時在濟州也。嗣宗，謂无咎之諸父，以无咎比阮咸也。

《再次韻呈明略並寄无咎》"一夫鄂鄂獨無望"四句，①言舉世混濁不清，是非不明，故但當拄笏看雲，不問榮枯耳。後忽幻出一夢，夢與二子對酒，奇甚。

《再答明略》第一首。"讀書糊口"，言不能有爲於時也。"南箕北斗"，言故人各在天一方也。"當時"四句，言良友遠別，不復向時人索知音也。

《次韻孔四著作早行》"但問無恙"者，②言過家不遑久處也。"何意"句，言更不能過訪親長也。韓文以孔戣之白而長身類孔子，山谷此詩以孔著作之好古發憤類孔子。史注云："先言明經使者，又言北行河決，蓋比之漢平當也。"平當以明經爲博士，又以明經《禹貢》使行河。

《次韻无咎閻子常攜琴入村》山谷嘗寫《梁父吟》，跋云："武侯此詩乃以曹公專國，殺楊修、孔融、荀彧耳。"此用《梁父吟》，亦跋中之意也。"村村"四句，咏入村也。晋石崇及衛瓘傳，皆言飯化爲螺榖。"成螺"句，借用以言榖已堅栗也。公子，謂晁氏之群從也。

---

① 據原詩原本前脱"再"字。
② 據原詩原本脱"四"字。

《贈張仲謀》首二句，山谷自言近狀也。平日出門極少，今張君遣騎來迎，故往張氏，盡醉極歡。

《送薛樂道知鄢鄉》首八句，叙昔年交好，重以婚姻，近年同居京師也。“城頭”四句，叙送薛出都。史注云：“無玉佩以贈送，而徒折柳，與千里駒不相稱也。”國藩疑“不”字有誤，或作慚對千里駒耳。“念君”以下九句，論其到官後飲酒奉親行孝。至末六句，囑其過南陽問訊謝家也。南陽，漢之南都、宋之鄧州。山谷繼室，南陽謝師厚之女。諸謝，謂公靜、公定輩。

《對酒歌答謝公靜》“南陽城邊”十句，言雨雪嚴寒，小民貧餓可憂。而又以不居其位，憂亦無益，故作寬解之詞。青童之辭，蓋有勸以枉尺直尋致身通顯者，而答以但當飲酒，詭辭謝之也。

《和謝公定征南謠》。熙寧八年，[①] 交趾入寇陷欽、廉、邕三州。神宗以趙卨爲招討使，郭逵爲宣撫使，討平之。而費錢帛甚多，二廣之民大困。標槍、大盾，南蠻所執之軍器也。合浦，廉州也。晋興，邕州也。後漢永和二年，日南徼外蠻反，李固薦張喬、祝良爲刺史、太守，募蠻夷自相攻，嶺外悉平。

《送劉道純》。劉格，字道純，劉恕道原之弟，爲司馬温

---

① 據原詩原本脱“和”字。

公、蘇東坡所知。道純時當爲銅陵主簿，故首四句云爾。七八句，謂道純對衆人自神王，而衆人則以白眼向之。"皆朱顏"句，謂長醉不省事也。阿翁，謂劉凝之。子政，謂道原也。諸兒，曰羲仲，曰和叔，曰秤。

《次韻子瞻春菜》"蒓絲色紫菰首白"："菰"與"苽"同，雕胡也。"驚雷菌子出萬釘，白鵝截掌鱉解甲"：萬釘，喻菌子之形。鵝掌、鱉甲，喻菌子之色與味。"軟軟香秔煨短苗"：短苗，筍之初出者。

《次韻子瞻與舒堯文禱雪霧豬泉倡和》："老農年饑望人腹。"按：《説文》："朢字從臣，月滿也。望字從亡，望其還也。"《莊子》："無聚禄以望人之腹。"謂無禄以滿人之腹，當取盈滿之義，不取盼望之義，當從臣，不從亡。山谷曰"年饑望人腹"，蓋誤用《莊子》耳。閔雪，用《穀梁》"閔雨"字。豈云，猶曰豈止。得微，猶云得無也。"寧當罪繫葛陂淵"句，後漢費長房曰："東海君有罪，吾前繫於葛陂，今出之，使作雨。於是雨立注。"齊博士，指舒堯文，時爲教授。"請天"二句，堯文告龍之詞。爾，指龍也。從公指東坡也。

《答王道濟寺丞觀許道寧山水圖》首四句，叙昔在京師見許作畫。"異時"至"非筆力"十四句，叙許曾在黃家作畫。先君、我君，似皆指山谷之父。史注云："張京兆，疑是張乖崖。"自"自言"以下至"市盡傾"，叙許自言在蜀畫八幅山水，而黃家在汴梁以十萬錢購得也。

《聽崇德君鼓琴》。朝議大夫王之才妻南昌縣君李氏，尚書公澤之妹，能臨松竹木石等畫。山谷有《姨母李夫人墨竹詩》，又有《觀崇德君墨竹歌》。

《次韻答楊子聞見贈》首六句，敘昔在京師宴游之盛。第七句，元注云："太和縣，古白下。""分吞聲"，猶云甘吞聲，以其獨唱無和，故甘吞聲不復道及也。

《答永新宗令寄石耳》自"荷眷私"以上，贊石耳之佳。自"吾聞"以下，言不以石耳難得之物累民。

《奉答茂衡惠紙長句》。征南，謂索靖爲征南司馬。黃門，謂史游也。梵語伽佗，此言諷誦。

《長句謝陳適用惠送吳南雄所贈紙》：①"桄榔葉風溪水碧。"桄榔，木，廣南所出。南雄，亦隸廣南。

《追憶予泊舟西江事次韻》。按：山谷以元豐六年十二月移監德平鎮，此詩題曰追憶，當在已離太和之後。

《次韻郭明叔長歌》"鵬翼"句，指郭。"燕巢"句，山谷自謂也。山谷時自太和還家，故云見社。

《奉送時中攝東曹獄掾》。時中蓋太和同官，將赴廬陵郡城攝事。首四句，山谷自述近狀。"遣騎"句，山谷遣人邀時中來同飲也。"昨日"句，時中甫自外歸，又將赴郡也。

---

①　原本脫"謝"字。

《次韻和答孔毅父》："六年國子無寸功，猶得江南萬家縣。"六年國子監，謂作北京教授也。萬家縣，太和也。

《更用舊韻寄孔毅甫》。溢浦、庾公樓、香爐峰，均指毅甫時在江州也。

《寄朱樂仲》："故人昔在國北門。"國北門，謂北京大名也。

《戲贈曹子方家鳳兒》。揀芽蠟，茶名也。鳳兒，當是子方侍婢。末句，恐其以閩語而變矯音也。

《和曹子方雜言》。龜藏六，謂首尾及四足凡六皆藏也。六用，又借用《楞嚴經》字。

《奉謝劉景文送團茶》。鵝溪，蜀絹也。以絕細之絹爲羅，使茶如雪落也。粟面，蓋茗花也。

《謝景文惠浩然所作廷珪墨》。蘇家，謂蘇浩然墨也，用高麗煤雜遠煙作之。李成，營丘人，有《驟雨圖》。

《戲答仇夢得承制》。秦少游作《任師中墓表》云："元豐中，朝廷治西南乞第之罪，至於斬將帥，紬監司，兩蜀騷然，四年而後定。"黃口兒，指夏主乾順方幼也。

《玉京軒》前六句賦山，後六句賦軒。

《宮亭湖》史注引神仙欒巴一事，又引《高僧傳》安清一事。山谷似專指欒巴事。"一官四十已包羞"：山谷以乙酉生，至元豐七年甲子，去太和而北行，恰四十歲。

《別蔣潁叔》。蔣之奇，字潁叔。新法行，屢爲福建通判、淮東運副、江西、河北等運副，又爲陝西運副，後爲淮南轉運使、江淮荆湖等路發運副使。此詩當在蔣爲陝西運副時也。金城千里，謂秦中。"三品"句，蔣於元年六年奏計，賜三品服。"鑿渠"句，蔣在淮南始鑿泗州股渠，以避長淮之險。

《書石牛溪旁大石上》。石牛洞，在三祖山山谷寺之西北，其石狀如伏牛，因以爲名。初，李伯時畫魯直坐石上，因此號山谷道人，題此詩於石上。

《巖下放言》史注："《文選》陸士衡有連珠五十首，山谷效其體而更其名曰放言。"國藩按：冠鼇臺池亭之末，不用偶句。靈椿之首，不用韻語，又不與連珠體相合。此體篇無定句，句無定字，蓋雜言之類耳。

《二十八宿歌贈別无咎》。有心，謂虎犀與蜜；無心，謂藥材同一死也。神龜爲江使漁者豫且網得之，宋元王問衛平而知之。見《史記·龜策傳》。"無南箕"云者，謂衛平之口大於南箕也。"此二"句，言神龜以慧而死，與上六句同意。觜觿，龜也，謂等蓍龜耳。"歲晏張弓"二句，不知所謂。

《再和公擇舅氏雜言》自"覷文字"以上，感其教養之德。自"更蒙著鞭"以下，專謝其贈研。

《贈鄭交》。山谷以元豐六年解官太和，過武寧，聞惟清上人當至延恩寺，因謁鄭交問消息，題此詩於鄭交草堂之壁。大士，指惟清也。丈人，指鄭交也。"壞衲"句，謂惟清尚未來延恩也。"白頭"句，謂交也。老禪，指延恩長老法安師也。

《和游景叔月報三捷》。元祐二年八月，禽西蕃首領果莊青宜結，檻送闕下。蓋游師雄與种誼所定之謀，而誼與姚兕所攻破者。師雄有絶句四首，七律一首，山谷並和之。景叔，師雄字也。

《王聖美三子補中廣文生》"囊書"句，當是饋以書籍，故曰"當贈錢"，"舍中犢子"句，《晋書》石勒之母曰："快牛爲犢子時，多能破車。"

《次韻王定國揚州見寄》元豐中，導洛水入汴河，謂之清洛。首二句云者，謂山谷在汴京晝夜思王，猶清洛水之晝流下揚州也。

《同子瞻韻和趙伯充團練》"金玉"句，指趙謂宗室富貴之家而能自處於寂靜也。"仙班"句，謂東坡與趙同在朝列也。兩宮，指宣仁后及哲宗也。老臣，指文呂諸公。

《送顧子敦赴河東》第二首。青牛，謂老子乘青牛。"車也"句，當謂功成名遂身退之語。

第三首："行臺無妾護衣簏。"《漢官儀》：尚書郎入直臺，中女侍史二人執香爐燒薰以從入，使護衣服。此句謂顧未攜家往耳。

《次韻宋楙宗僦居甘泉坊雪後書懷》："馬瘦三山葉打門。"元積《望雲騅歌》曰："胯聳三山尾株直。"山谷此句，用"官清馬骨高"之意。

《次韻宋楙宗三月十四日到西池都人盛觀翰林公出遨》："還作遨頭驚俗眼。"蜀人好游樂，謂成都帥爲遨頭，此借用。

《次韻張昌言給事喜雨》第五句，謂朝廷以旱故減常膳。第六句，謂遍走群望以禱雨。

《次韻奉酬劉景文河上見寄》。歸鴻，用雁寄書事。石友，指劉。潛郎，山谷自謂。

《和答元明黔南贈別》。紹聖二年山谷年五十一歲，以國史事爲蔡卞所中傷，謫黔州安置。與其兄元明出尉氏許昌，出漢沔，趨江陵，上夔峽，四月二十三日到黔州。後元明別去。

《贈黔南賈使君》"春入"二句，任注謂皆言故園無主之意。國藩以爲此詩蓋送賈出行者。山谷放臣，既少歡悰；賈又出巡，城中無主，故待賈征還日，鶯花梨棗皆有主耳。

《次韻奉答文少激推官紀贈》第二首。① 少激，登元祐三年進士第，時東坡知貢舉，山谷爲其屬，頗有師友淵源。自紹聖改元，東坡謫竄，時去而勢移矣。三四句，言蜀國淒愴。五六句，言交舊凋疏。少激與坡皆蜀人，故因坡貶而言蜀中蒼涼之狀。

---

① "文"，原本脱。"推官"，原本脱。

《次韻馬荆州》。馬城，① 字中玉。山谷自館閣遷貶，故以劉向自比。荆州，即漢之南郡，故以中玉比馬融也。

《贈李輔聖》三句，謂將逐冥鴻而遠引。四句，謂不復浮沈京洛風塵間也。

《和高仲本喜相見》。南浦，山谷自蜀放還過萬州，曾見仲本，萬州即唐南浦郡。

《和中玉使君晚秋開天寧節道場》。徽宗以十月十日降誕，爲天寧節。開啓，蓋九月十日。

《新喻道中寄元明用觴字韻》。山谷以崇寧四年四月省元明於萍鄉，同住十五日而去。任注以爲別後所作。然"獲稻"殊不類四月間事，未知其審。末二句指元明送山谷至黔中時事。

《湖口人李正臣蓄異石九峰，東坡先生銘曰壺中九華，② 並爲作詩云云》末二句，言壺中九華石雖爲人偷取，而石鐘山則不能偷去，猶可聽其音響。

《次韻德孺五丈惠貺秋字之句》三四句，言未應鬢髮遽白，豈不見有卻老之丹砂邪？末二句，言區區憂國之心，徒過計耳。

《宜陽別元明用觴字韻》："老大永思堂下草。"明月灣、

---

① "城"應爲"瑊"。
② "銘"當爲"名"。

永思堂皆在雙井堂，在先墓之側，故以永思爲名。

《再次韻兼簡履中南玉三首》第一首鎖江主人、第二首江津道人、李侯皆謂李任道也。任道名仔，本梓人，寓居江津。第三首"經術"二句，指當世誦法王氏之學者。抱關，用蕭望之事。

《罷姑熟寄元明用觴字韻》："追隨富貴勞牽尾。"《太玄經》："勤道曰勞牽，不於其鼻於尾弊。"范注曰："牽牛不於鼻而於尾，故勞弊。"

《送劉季展從軍雁門》第二首。代州五臺山有仙人迹，石巖出美石，金剛窟出藥草。三句五句，皆承石言。四句六句，皆承草言。

《送徐隱父宰餘干》第一首。"贅婿"句，用《唐書·張允濟傳》事。"長官"句，用《唐書·馮元淑傳》事。① 第二首："江南生賢"句，謂徐穉生於南昌也。第三句承首句，言徐陵。第四句承次句，言徐穉。

《池口風雨留三日》。池口，即今池州府江口。山谷之官太和縣，自此經過。

《思親汝州作》。富鄭公以前宰相判汝州，山谷爲葉縣尉，九月至汝州，吏責其愆期，拘留至歲晚。五六句，言丞相不以爲罪，吏或讒之，三人成虎耳。末二句，言事本極小，

---

① "淑"，各本均誤作"叙"。

而傳播故鄉，老母懸念也。

《次韻戲答彥和》《傳燈録》："布袋和尚形裁朓朒，① 蹙額皤腹。"此借以喻彥和之肥偉。

《和答孫不愚見贈》五六句，謂因奉台相之筆牘，而困於簿領。因迎使星之鞍馬，而困於風埃也。

《世弼惠詩求舜泉輒欲以長安酥共泛一杯次韻戲答》舜泉，河北酒名。

《閏月訪同年李夷伯子真於河上，子真以詩謝次韻》："十年不見猶如此。"自治平丁未與李同唱第，至是十一年矣。

《次韻元日》前一歲十二月，山谷謫授涪州別駕，黔州安置，故此詩有"霜威""嚼蠟"等語。

《衛南》："白鳥自多人自少。"此句用杜詩"江湖多白鳥，人少豺虎多"二句之意。

《題落星寺嵐漪軒三首》三詩非一時所作，故語有重複。

《次韻胡彥明同年羈旅京師寄李子飛三章》"看除日月坐中銓"：唐制三銓選士，曰尚書銓，曰侍郎中銓，曰侍郎東銓。宋有侍郎左右選，胡彥明隸左選，故曰中銓。第二首："丁未同升鄉里賢"：胡與山谷以治平四年丁未同登第。

《次韻奉寄子由》。山谷之兄元明寄子由詩云："鐘鼎勛名淹管庫，朝廷翰墨寫風煙。"管庫，謂子由監筠州鹽酒稅

---

① "朓朒"，亦作"朓朒"，肥貌，含有猥瑣而缺乏神采之意。

也。子由思東坡，山谷思元明，故曰"脊令各有恨"也。

《寄黄從善》："渴雨芭蕉心不展。"渴雨見《雲漢詩》箋。

《廖袁州次韻見答並寄黄靖國再生傳次韻寄之》。干寶作《搜神記》、徐鉉作《稽神録》，廖君當有小説。

《觀王主簿家酴醾》《冷齋夜話》云："詩人咏花，多比美女。山谷咏酴醾，獨比美丈夫。"

《登贛上寄余洪範》：①"二川來集南康郡。"二川，章水、貢水也。

《同韻和元明兄知命弟九日相憶二首》第二首阿熊、阿秦，當是山谷兄弟小字。山谷兄弟五人：長大臨，字元明；次庭堅，字魯直；次叔獻；次叔達，字知命；次仲熊，字非熊，即此詩所謂熊也。阿秦可類推已。

《子範徼巡諸鄉捕逐群盜幾盡，輒作長句勞苦行李》："乃兄本是文章伯。"子範之兄李觀，字夢符，爲清江尉，其文嘗爲歐陽公所稱。

《喜太守畢朝散致政》："萬夫爭處首先回。"萬夫爭處，即功名富貴也。

《次韻君庸寓慈雲寺待韶惠錢不至》："馬祖峰前青未了，欎孤臺下水如空。江山信美思歸去，聽我勞歌亦欲東。"馬祖

---

① "登"，應爲"發"字。

峰，在太和。欝孤臺，在虔州。時君庸在虔，山谷在太和，皆有思歸之意。

《趙令許載酒見過》："買魚斫鱠須論網。"論網，謂數網而論價，言其賤也。

《初望淮山》："想見夕陽三徑里，亂蟬嘶罷柳陰陰。""三徑""亂蟬"，指雙井家林也。

《漫書呈仲謀》："不然吾已過江南。"過字疑當作返。

《曹村道中》首句"嘶馬蕭蕭蒼草黃"，第三句"瓜田餘蔓有荒隴"，蒼字有字疑誤。

《食瓜有感》："蘚井筠籠浸蒼玉，金盤碧筋薦寒冰。"食瓜者先以井水浸之，或以竹籠置井中。蒼玉，喻瓜之皮。寒冰，喻瓜之瓤也。

《講武臺南有感》。有感者，哀逝也。

《七臺峰》後六句，以七人比山之七峰。

《靈壽臺》：[①]"何時暫取蒼烟策，獻與本朝優老成。"蒼烟策，謂竹之根節可作杖者。優老成，用孔光靈壽杖事。

劍南詩集

《望江道中》。此由判建康府改判隆興府，道出望江。隆

興，今江西南康府也。

《送劉改之東歸》五六句言迹今雖在斜谷，情已若出玉關也。

《八月二十二日嘉州大閱》。王炎辟先生幹辦公事，是時當隨王至嘉州。

《六月十四日宿東林寺》："遠客豈知今再到。"先生自蜀歸，遷江西常平提舉。江西水災，出峽後，舟過荊州武昌，自九江登岸赴南昌，故經過東林寺。先生昔嘗判隆興府，故曰今再到。

《過采石有感》。先生至江西不久，即召還與祠，又出江，自小孤、金陵至浙江還家，故過采石。

《歸雲門》："微官行矣閩山去。"《宋史》先生本傳但載自江西召還與祠，即起知嚴州，不載閩山微官之事。

《奏乞奉祠留衢州皇華館待命》。先生自建安至鉛山、至玉山、常山，遂達衢州。

《行至嚴州壽昌縣界得請許免入奏仍除外官感恩述懷》。先生自蜀歸山陰後，一出官於建安，再官於撫州，自撫州謝事後至高安一行，又還至嚴州，得免入奏之命，從此又歸山陰矣。

《臨安春雨初霽》。先生還自蜀中，一爲江西常平，即歸山陰數年，今始入朝，旋即還山。此詩之末句已決矣。考其時，當在孝宗淳熙十三年丙午之春。

《縱筆》第三首："行省當年駐隴頭。"行省，謂蜀帥王炎輩開幕府於隴蜀。

《感憤秋夜作》此詩已自嚴州謝事還家矣。

《舟中大醉偶賦長句》三句，謂初離嚴州。四句，謂已歸山陰也。

《醉中浩歌罷戲書》。此時解軍器少監之職，又回山陰矣。

《自局中歸馬上口占》先生自紹熙元年還山，家居十有三年。至是嘉泰二年，以孝宗、光宗兩朝實録及三朝史未就，詔同修國史實録院同修撰，免奉朝請，尋兼秘書監。明年，書成致仕。

《舟行錢清柯橋之間》："逾年夢想會稽城。"先生以壬戌六月十四日入都門，癸亥五月十四日去國，中有閏月，相距恰及一年，至是又歸山陰。

《和高子長參議道中二絶》："共憶扁舟罨畫溪。"罨畫溪，在越州思鄉也。

《思政堂東軒偶題》："喚起十年閩嶺夢。"先生嘗爲福州寧德主簿，故曰"閩嶺夢"。

《游仙》。羅澗谷選放翁詩，有《游仙》七古一首，即飄飄、初珥、玉殿三絶合成者。

《贈道友》。凡游仙及學道詩，都無事實，縹渺恍惚，語在可解不可解之間。太白最多，放翁亦屢爲之。此末二首，又似先生自述之詞。

朱子文集

《戊申封事》此篇正文一萬一百一十字，公之自注、夾行書寫者又二千九百一十四字。北宋之萬言書，以蘇東坡、王介甫兩篇爲最著。南宋之萬言書，以公此篇及文信國對策爲最著。文章則蘇、王較健，義理則公較精。篇中約分四節：一節，言所以不上殿入對而僅陳奏封事之故。第二節，陳大本一端。第三節，言急務六事。第四節，辨駁當時士大夫四說。第三節所指各務，皆切中時政之得失。其戇直殆過於汲黯、魏徵，其氣節之激昂，則方望溪氏以擬明季楊、左者，庶幾近之。他人諫其事，公則格其心。他人攻君之失，公則並糾大臣近臣之過。第二節、第四節所論，皆本其平日讀書學道深造有得之言，實有諸己而後以獻諸君。初無一語取辦於臨時者，此非文士所可襲取也。惟過於冗長，似一筆書成，無修飾潤色之功，故乏勁健之氣、鏗鏘之節。其逐段夾行分注，以達未盡之意，似不可以爲訓。第四節辨駁四說，似不宜羼入此篇之內，學古者不可不知。

“往者淵覿說抃之徒。”龍大淵、曾覿、張說、王抃，皆以近習而至卿相。

“獨有前日臣所面奏者。”所面奏者，即内侍甘昇也。

“豈有一毫愛戴陛下之心哉。”方望溪謂朱子封事，雖明季楊、左之忠直敢言，無以過之，當即謂此等處耳。

“是以除書未出，而其物色已定；姓名未顯，而中外已逆知其非第一流矣。”此等語實甚戇直，孝宗以其爲賢者而優容之耳。

“一遭飛語，則體究具析。”體究具析，皆宋時公牘字樣，猶今曰懲究，曰查辦也。

“蓋取版曹歲入窠名之必可指擬者，號爲歲終羨餘之數，而輸之内帑。顧以其有名無實，積累掛欠，空載簿籍，不可催理者撥還版曹。”窠名，猶今日款目。版曹，今之戶部也。必可指擬者，猶今日有著之款。不可催理者，猶今日無著之款。

“徒使經費闕乏，督趣日峻，以至廢去祖宗以來破分良法。”舊法：州縣催理官物已及九分以上，謂之破分。諸司即行住催，版曹亦置不問，貧民此少拖欠亦得遷延以待蠲免。自曾懷用事，始除此法，舊欠悉行拘催。

“而祈以姓名達於陛下之貴將，貴將得其姓名，即以付之軍中，使自什伍以上節次保明，稱其有材武堪任將帥，然後具爲奏牘而言之陛下。”今軍中士卒稟保而後具奏，當時蓋有此例。咸豐十年，王有齡令軍中將士具呈公保何桂清，請免治罪，或亦仿其例與。

“夫將者三軍之詞命”節。理直而氣剛。

“至於屯田，則彼自營者尤所不願。故朝廷不免爲之別置使者，以典治之，而屯兵之衆資其撥遣，則又不免使參其務。然聞其占護軍人，不肯募其願耕者以行，而強其不能者以往。”屯田之眾，須由軍國撥交屯田使者，不得不令參與其事。占護，猶今言霸占、祖護也。

“屯田不立，漕運煩費。”水路輸送曰漕，陸路輸送曰運、曰轉。凡物皆然，不獨米糧也。

“伏惟陛下察臣之言，以究四説之同異，而明辨之。”因循奮勉。老莊管商，即上文所駁之四説也。

元遺山詩集

《寄希顏二首》。希顏時在徐州粘合幕。兩首殆非同時作，故再用元龍事。

《橫波亭》自注：爲青口帥賦。青口帥，即移剌粘合。初帥彭城，雷希顏在幕，楊叔能、元裕之皆游其門，時望甚重，金亡降宋。

《葉縣雨中》自注：時崧前旱尤甚。遺山僑居崧山，故以家鄉旱爲憂。

《圍城病中文舉相過》。圍城，天興元年汴京也。文舉，白華也。

《永寧南原秋望》。永寧，即今河南府永寧縣。天興元年，遣帥守永寧元村寨。十一月，爲元兵所破。遺山此詩蓋在未設防戍以前。

《甲午除夜》。金亡以甲午正月，遺山是年在聊城度歲。

《出都》。元之中都，即今順天府也。遺山於金亡后曾至燕京四次。

《衛州感事二首》。金哀宗自汴京突圍出走河北，令白撒攻襲新，① 衛州爲史天澤所敗。哀宗單舸走归德。遺山此詩蓋國亡后，過衛州而憑吊也。

《贈馮内翰二首》序中云："丙申夏六月，公自東平將展墓於鎮陽，以某在冠氏，枉駕見過。"冠氏縣，宋、金屬大名府，今曰冠縣，屬東昌府。遺山自金亡，拘管聊城，旋即寓居冠氏。馮公，蓋真定人，寓居東平。鎮陽即真定也。還家省墓，故過冠氏，一訪遺山。丙申之夏，金亡已三年矣。

陽明文集

文章之道，以氣象光明俊偉爲最難而可貴。如久雨初晴，登高山而望曠野。如樓俯大江，獨坐明窗淨几下，而可以遠眺。如英雄俠士，褐裘而來，絕無齷齪猥鄙之態。此三者，皆光明俊偉之象。文中有此氣象者，大抵得於天授，不盡關乎學術。自孟子、韓子而外，惟賈生及陸敬輿、蘇子瞻得此氣象最多。陽明之文，亦有光明俊偉之象。雖辭旨不甚淵雅，而其軒爽洞達如與曉

---

① "撒"，應爲"撒"。完顏白撒（？—1233），初名完顏承裔。金朝宗室，大臣，將領。

事人語，表裡粲然，中邊俱澈，固自不可幾及也。

《申明賞罰以屬人心疏》：“盜賊習知官府之不彼與也。”
與，敵也。《左傳·襄二十五年》：“一與一。”謂一人敵一人
也。吾鄉諺語曰個打個。《史記》龍且曰：“吾平生知韓信爲
人易與耳。”謂易敵也。此“與”字之古義也。陽明云不彼
與，猶俗云官府不敢惹他也。

“題封欽依備行前來。”欽依，今曰欽遵。備行，今曰行
知，或曰咨行、移行。

“夫任不專，權不重”節。自請旗牌，恐人疑爲貪權，
故又自明其脱屣名位之素志。

望溪文集

《送左未生南歸序》。“而孫之死”二句，承接牽強。

《請矯除積習興起人才劄子》。① 望溪先生古文辭爲國家
二百餘年之冠，學者久無異辭。即其經術之湛深，八股文之
雄厚，亦不愧爲一代大儒。雖乾嘉以來，漢學諸家百方攻擊，
曾無損於毫末。惟其經世之學，持論太高，當時同志諸老，
自朱文端、楊文定數人外，多見謂迂闊而不近人情。此疏閱
歷極深，四條皆確實可行，而文氣深厚，則國朝奏議中所

---

① 原本脱“請”字。

罕見。

"兵部之實，在戢將校之驕氣，以綏兵民。"此條立論太高，多不切於實際。今之兵部與將校並不相接，何能戢其驕氣？

孫文定集

《三習一弊疏》。乾隆初，鄂、張兩相當國，蔡文勤輔翼，聖德高宗，聰明天亶，如旭日初升，四海清明，每詔諭頒示中外，識者以比之典謨誓誥。獨孫文定公以不自是，匡弼聖德，可謂憂盛危明、以道事君者矣。純廟御宇六十年，盛德大業始終不懈，未必非此疏裨助高深。厥後嘉慶元年、道光元年，臣僚皆抄此疏進呈。至道光三十年，文宗登基，壽陽相國祁寯藻亦抄此疏進呈。余在京時，聞諸士友多稱此疏爲本朝奏議第一。余以其文氣不甚高古，稍忽易之。近年細加紬繹，其所云"三習一弊"，凡中智以上，大抵皆蹈此弊而不自覺。而所云"自是之根不拔，黑白可以轉色，東西可以易拉"，亦非絶大智慧猛加警惕者不能道。

文　選

揚子雲《長楊賦》："猋屬而還。"注：善曰："委屬而還，謂委擇其事，連屬而來還也。骫，古委字。"按：骫，骫奌大也。屬，連屬也。骫奌者，欹斜聯翩之狀，謂翩然相引而還。善說非也。

"拮隔鳴球。"拮隔，與《尚書》之"戛擊"音義同。

潘安仁《西征賦》："稅駕西周。"對洛陽之東周言，則長安爲西周。對鞏縣之東周言，則洛邑爲西周。

古文辭類纂

桐城姚姬傳郎中鼐所選《古文辭類纂》，嘉道以來，知言君子群相推服。謂學古文者，求諸是而足矣。國藩服膺有年，竊見其中亦小有疵誤，兹摘舉於左。

論辨類：太史公談《論六家要指》。司馬遷《自序》中，述其父太史公談論六家要指，諸家互有得失，而終以道家爲本。此自司馬氏父子學術相傳如是。其指要，則談啓之。其文辭，則遷之爲之也。在《自序》篇中，僅文中之一段，故無首尾裁成之迹。今姚氏割此爲一篇，而標其目曰《論六家要指》，失其義矣。遷作《五帝本紀》《夏本紀》，所引《堯典》《禹貢》等書，尚多改經文之舊，此述其父之語，豈獨無所刪改？且如《管晏列傳》中，管仲自述感鮑叔之言，豈得遽錄以爲管仲之文？《淮陰侯傳》中，韓信說高祖定三秦一節，豈得遽錄以爲韓信之文邪？

313

奏議類：匡稚圭《論治性正家疏》此疏凡分三段：首段言遵祖。次段言治性。末段言正家。姚氏目以治性、正家，則首段無所附麗。

匡稚圭《戒妃匹勸經學疏》《漢書·匡衡傳》"成帝即位，衡上書戒妃匹勸經學威儀之則，曰"云云。國藩按：此疏凡三條，妃匹一也，經學二也，威儀三也。自"妃匹之際"至"遠技能"止第一節，言妃匹也。自"竊見聖德純茂"至"宜究其意"止第二節，言經學也。自"臣又聞聖王之自爲動靜周旋"至末第三節，言威儀也。今姚氏録此文，標其目曰《戒妃匹勸經學疏》，是於三條獨遺其一，而於班書所叙，若未之深究者，亦一失也。

書說類：樂毅《報燕惠王書》應入奏議。

駢體文鈔

蔡邕《陳留東昏里庫上里社碑》漢碑多酬應諛頌之文，此碑亦專爲虞氏而作。

王延壽《桐柏廟碑》、韓退之《南海神廟碑》蹊徑似仿此文，而青勝於藍，不啻百倍。

附：廣韻

一東：衷。《左傳》："楚辟我衷。"按：謂楚邪而我正也。

二冬：農。《吕刑》："農殖嘉谷。"王念孫曰："農，勉也。"《廣雅》云："農，勉也。"《左傳》："小人農力以事其上。"

三鍾：從。《左傳·昭五年》："以亂大從。"杜注："亂大，和順之道。從，順也。"《左傳》："吾所問日食從矣。"按：謂子之言皆驗矣。

五支：披。《左傳》："又披其邑。"注："披，析也。"按：謂分析之也。

離。《左傳·昭元年》："楚公子圍設服離衛。"① 注："離，陳也。"

九魚：居。《左傳》："民其居乎。"注："民將有事，不得安也。"

如。《左傳·昭十三年》："則如違之，以待所濟，則如與之，以濟所欲。"按：如，猶云不如。

二十一欣：勤。《書》："周公咸勤。"謂勞勉也。

---

① 原本脱"圍"字。

二十二元：藩。《左傳·昭元年》："貨以藩身。"按：猶衛也。

二十三魂：敦。《莊子》："使士敦劍。"注："敦，斷也，試使用劍相截斷也。"《莊子》："敦杖蹙之乎。"晴注："敦，讀曰頓，豎也。"

二十五寒：奸。《莊子》："以奸者七十二君。"注："犯也。"

二仙：鮮。《左傳·昭五年》："葬鮮者自西門。"杜注："不以壽終爲鮮。"

四宵：橋。《莊子》："欲惡去就，于是橋起。"按：橋讀上聲，謂昂起勁挺也。《禮記》："奉席如橋衡。"《莊子》又云："橋運之相使。"並同。

十一唐：傍。《莊子》："求禪傍者斬之。"注："棺之全一邊者，謂之禪傍。禪音膳。"

十七登：能。《書》："不能厥家人。"按：相處久而安也。《左傳》："大能其大夫至于君祖母。"《書》："柔遠能邇。"與此義同。又《左傳·昭十一年》："而不能其民。"

十八尤：由。《左傳·昭八年》："猶將復由。"按：謂將萌蘗滋長也。

十九侯：鈎。《莊子》："一君無所鈎用。"注："鈎，取也。"

二十一侵：淫。《左傳》："淫芻蕘者。"按：謂縱淫之。

二腫：壅。《左傳·昭十一年》："楚將有之，然壅也。"注："乃所以壅積其惡也。"

六止：以。《左傳·昭三年》："君求以貧。"按：以，與已同。

理、李。《左傳·昭十三年》："行理之命。"注："即行李也。"按：司理，亦作司李。《漢書》："有黃帝李法。"與理同。

八語：圉。《莊子》："其來不可圉。"按：與禦同。

二十八獮：選。《左傳·昭元年》："針懼選。"按：謂指數其罪也。《詩》云："不可選也。"與此義同。

六至：自。《左傳·昭五年》："不敢自也。"按：猶云不敢從也。

九御：著。《左傳·昭十一年》："朝有著定。"注："朝內列位常處，謂之表著。"《左》又曰："則固有著矣。"

十遇：寓。《莊子》："寓而政於臧丈人。"寓，猶付托也。

十一暮：故。《莊子》："證曏今故。"注："今故，猶古今。"

胙。《左傳》："以胙乃勛舊。"

布。《禮記》："季氏旅歸四布。"按：謂四方貨財也。《莊子》："千金之布多矣。"

十三祭：際。《莊子》："仁義之士貴際。"按：言交際也。《左傳》云:"爾未際饗大夫以落之。"《莊子》又云:"不應諸侯之際。"

蔽。《書》:"丕蔽要囚。"按:謂蓋覆也。猶《易》言"冒天下之道"之"冒"。《論語》"一言以蔽之",《呂覽》"功名蔽天地",皆當以此訓通之。一訓決也,斷也。

二十六恩:恩。《左傳》:"主不恩賓。"按:謂主不以賓爲羈擾而安之也。《史記》:"無久溷子。"與此恩同。

二十一禰:間。《左傳》:"間晋而取諸杞。"按:候晋之間隙也。

二十七號:奥。《左傳·昭十三年》:"國有奥主。"按:謂在内也。

四十一漾:羉。《莊子》:"證羉今故。"注:"羉,明也。"

十七薛:説。《左傳》:"子産立伯有後,公孫洩何爲曰説也。""杜蕢飲酒之役,晋侯立荀躒以説焉。"

徹。《左傳·昭二年》:"徹命於執事。"按:猶達命也。

十九鐸:落。《莊子》:"絡馬首,穿牛鼻。"與絡同。

二十陌:莫。《莊子》:"莫然有間。"注:"定也。"擇。《呂刑》:"敬忌,罔有擇言在身。"王引之曰:"擇,讀曰斁。斁,敗也。"

二十二昔:昔。《莊子》:"蚊虻噆膚,則通昔不寐矣。"注:"昔,夜也。"

二十五德：國。《莊子》："未得國能。"按：曰國能者，猶士曰國士，馬曰國馬，奕曰國手，琴曰國工耳。

二十八盍：闔。《莊子》："闔胡嘗視其良。"注："闔，語助也。"按：與曷同。